# 三十七道品講義

# 目錄

## 【四念處篇】



## 【五根篇】

# 自序

證嚴一介緇衣，成年披鬀；愧得人身，復現僧相；日所思者，生命無常，八苦交煎；目所睹者，業海漫漫，都無怙恃。復以掩靜花蓮之僻鄉，爲報四恩，欲範古德自利之先於利人，乃創精舍，立百丈之規，自給自度；於佛道之外者，以棉薄之力，從事「濟貧教富」之餘行，得我道法侶之赤忱關護，使「慈濟大業」巍然聳現於太平洋之濱。邇來於拯救生靈病苦之醫院揭幕之次，勞碌於救世法業與領衆修道之間，特於民國七十六年七月十日起，假精舍清晨爲諸出家與在俗從事慈濟志業之初機佛子，以「三十七道品」爲題，闡述大乘修行法門要義，至十月十日圓滿。除錄音之外，今復記錄成文，由本會台北慈濟文化志業中心編纂結集，與錄音帶一併流通，以供諸道侶一窺佛法門徑。

證嚴於內典入門未深，所述皆粗文略義，所謂聊備一格耳，比之先賢講經論道，抉幽闡微，發人之所未發，何敢僭越？特以隨緣所見所聞，與內典相印，發揮法義而已。

「三十七道品」亦云「三十七助道品」、「三十七道諦」、「三十七覺支」、「三十七菩提分」、「三十七要行」、「三十七修道法」……，詳分則爲三十七項修道要目，爲佛法基礎名相與助道之精要，乃初學者不可或缺之知識；其原典則出於「大毘婆娑論」（九十六）、「俱舍論」（二十五）、「雜阿毘曇心論」（八）、「大智度論」（十九）等諸大論中，爲大乘佛法初期施設之入佛階次。今講文倖以成書，盼我佛門大德先進，吾師吾侶，有以教焉，有所得焉。

謹序問世因緣。

**釋證嚴**

民國七十七年八月一日

序於花蓮靜思精舍

# 前言

釋迦牟尼佛爲了救濟衆生而示現人間。世間的宗教有些是有組織性、有教育性的，例如天主教、基督教、佛教……等，然而，在這些有組織的宗教中，教育內涵最豐富的，莫過於佛教。佛教的團體與組織非常殊勝，其教團最顯著的特色是——僧團龐大，弟子傑出。如大迦葉、舍利弗、目犍連、阿難陀……等，都是當時印度社會代表性的人物。大約有千餘人常隨佛陀到處說法、弘揚教義，而且每位弟子都依自己的本性特質，接受佛陀應機普被的教育。

佛陀是一位大覺者，成佛之後，應機應緣——也就是應機施教、應緣施法，因應每個人的根機而施予教育；所以每一位佛弟子，都能領受並且身體力行，從而再教化他人。因此，在世界各大宗教中，佛教可以說是教團組織最龐大，且人才濟濟的宗教。

佛陀教團最初成立之地是鹿野苑，鹿野苑是佛陀第一次說法度衆的地方，所以此地是三寶具足的發祥地。慈濟功德會會歌開頭第一句：「慈濟發祥地，禮拜靜思堂」，所以慈濟功德會的發祥地就是在臺灣省花蓮縣的靜思精舍。

「三寶」即佛寶、法寶、僧寶。

我們每一個人都是佛教徒，佛教徒又可稱爲「三寶弟子」，因爲我們所皈依的是佛、法、僧三寶。何謂「寶」？凡是稀奇珍貴者皆稱爲寶。釋迦牟尼自成佛至今，已將近二千六百年，在此漫長的時間裏，人間沒有再出現第二尊佛，因此，「佛」即是寶。佛陀是一位大覺者，除了能「自覺」之外，更能「覺他」；世尊不只是自己透徹了解宇宙的真理、物理與衆生的心理、生理，更以這些真理教育他人，使後世的弟子能源源不斷地接受佛陀的教育，一直到今日仍然綿延不絕。所以，佛陀是一位曠世的大聖者，是超越世間凡夫智慧的大聖者。

我們信仰佛法、身爲佛的弟子，應該將佛陀聖化，切莫將佛陀神化；因爲佛陀是一位聖人，並不是神。佛陀——是人，只是他的智慧超越一般人，他的毅力與勇氣更是超越常人；我們學佛也一樣可以成佛，只是我們的意志不堅强，毅力與自信心也比較差，如果我們能與佛一樣有信心、有毅力、有堅强的勇氣，也可以成聖成佛。

我們既然身爲佛弟子，就不能迷信，要有智慧的信仰。所謂「信」，就是以佛陀的真理來抉擇自己的心理觀念，對外無所求，而自身有所付出。每一個人都有佛性，都有非常豐富的潛能，所以要不斷地發揮自我的功能、付出自己的力量，此即是佛陀的教育。我們不應該祈求佛陀給予我們什麼，也不應該向衆生求取什麼，因爲「求」是一件痛苦的事情，只有付出才是真正快樂之源！

這些都是佛陀對我們的教育，唯有在佛教的教育中開啓智慧，才能夠解除困惑，且因爲不斷地付出而得到無限的快樂。

總之，我們佛弟子不可將佛神化，將佛當作神來祈求；我們要將佛當作聖人——一位超越人間，透徹真實智慧的大教育者，以做爲我們學習的對象與榜樣，這才是真正踏實的人生，也是佛法内涵的豐富教育。

人應該追求的是確實存在的事物，而不是虛幻縹緲的假相；佛教的意義在於求真求實，此即是佛教的價值觀。

佛弟子，要學佛的大慈悲心，深入佛法具足智慧；學僧人的清淨懿行，早晨做早課，下午做晚課。課誦時皆要「三皈依」——皈依佛法僧三寶：

**自皈依佛，當願眾生，體解大道，發無上心！**

**自皈依法，當願眾生，深入經藏，智慧如海！**

**自皈依僧，當願眾生，統理大眾，一切無礙！**

「自皈依佛，當願衆生，體解大道，發無上心！」——皈依後，要體解大道，與佛一樣拓展智慧、啓開心性，追求宇宙的真理，接受佛陀的教育，了解三理四相：

**宇宙有成、住、壞、空四相**

**心理有生、住、異、滅四相**

**人身有生、老、病、死四相**

大地萬物、宇宙物質，都在演説「成、住、壞、空」四種道理。花蓮的太魯閣、長春祠，天然峽谷景色壯觀，山崖峭壁奇絕美麗，不僅是臺灣的風景名勝，更是世界聞名的觀光勝地。然而昨天發生山崩（民國七十六年七月六日），長春祠的廟宇全被山上落石擊毀掩埋，有三名遊客不幸被壓死，受傷的人亦不少。像這種突發的災變，就稱爲世間無常，也就是「成、住、壞、空」的道理。

宇宙有物理四相，而人的生理則有「生、老、病、死」四相。有誰來到人間能夠常住不滅呢？人生壽命長短不一，若能夠透徹四相之理，對於生、死就不會感到惶恐不安，也不會覺得煩惱憂慮。

每一個人都會生病，即使是醫生也會生病，而且病一來連自己都無可奈何。例如，一位外科權威、教授級的醫生，在手術檯邊為病患進行手術時，突然腦溢血，至今尚未康復；他雖然專門研究有關腦神經方面的病症，但是自己一旦病發也無可奈何。也有耳鼻喉科的權威，自己卻罹患鼻咽癌，他平時很能安慰病患，一旦自己真的罹患癌症，精神也變得萎靡不振，消極頹喪。

許多學者雖對病理有相當的研究與了解，但對自己的心理卻沒有任何準備。而宗教家不但能了解病理，還能夠透徹自他的心理。人、我的心理也是一樣有四相──「生、住、異、滅」，世間所有的物質與生命，沒有常住不滅的，若能夠有這種長期的心理準備，則無論發生任何事情，我們都會覺得很平常，因而能淡然處之。我們應該提起勇氣，勇敢面對無常的生與死、順與逆、樂與苦，因為這些事實隨時都會來臨，不管人願意或不願意、歡迎或不歡迎。「煩惱」徒令人度日如年，日子過得更慢、更苦，若能歡喜接受就會過得更坦然、更自在，我們何不好好來接受人間的事實呢？

總之，佛教所要追求的就是宇宙間的大道真理，而「皈依佛」最主要的是要體解大道。所謂體解大道，即是教我們要親身體會，深入教法去研究、了解；若等到發生事故時才臨時抱佛腳，那是沒有用的。因此，皈依佛之後就要下定決心體解大道。

體解佛法，了悟大道後，必須發無上心——即是發大心。大心就是展開心胸，容納一切衆生。佛教中有「四弘誓願」，教我們發四種大願：

**衆生無邊誓願度，**
**煩惱無盡誓願斷，**
**法門無量誓願學，**
**佛道無上誓願成。**

我們學佛就是希望學有所得時，回饋社會，度化一切衆生，這就是「衆生無邊誓願度」——發願度化普天下無量無盡的衆生。例如學生在讀書求學時，立下心願將來當老師，把自己所學都教給學生。一個人若能夠如此發大心、立大志，則將來教導出來的學生必然無數無盡，「桃李滿天下」！

學佛也是如此，只要我們用心追求佛法無上的真理，真正身體力行去體會，不逃避人生的坎坷，面對現實的考驗，就能夠學以致用，教育衆生。

我從來不祈求佛陀讓我事事如意，我只求增加我的勇氣、增加我的信心與毅力。我認爲，人生要經歷許多坎坷才能具足毅力；就好像一個已經失去電力的電池，一定要再補充電力才能夠發揮功能一樣。

想解開社會人間的「心結」，必須自己先經歷這些煩惱、憂慮，才能真正體會到其中來龍去脈，而後再將親身體驗到的心得告訴大家。所以，學佛一定要身體力行，體驗無量無數的煩惱。

慈濟醫院的興建，就是因爲我本身也多病，能夠體會病痛之苦，所以發願建院，以解決衆生的病苦。我常常生病，病痛隨時隨地都會發作，在慈濟醫院尚未落成時，每當我一生病，總有一種措手不及的感覺，即使是牙痛時，醫生也不敢開止痛藥，怕我心臟承受不了。每次病情穩定下來，不再作痛時，我總是認爲沒事了，不必看醫生了。

像我這樣心絞痛的毛病發作時，臨時找不到醫師，病痛過後就覺得沒什麼大礙的人，可能不少，所以我想：「人的生命非常寶貴，我應該以一己的生命換取一座醫療設備周全的醫院，使東部地區的民衆就近得到救治，即使是掛急診的病危患者，無論日夜都可以馬上獲得醫治。」這就是因爲我感受到病苦，所以情願奉獻身命、盡形壽、付出時間來奔走，從事籌建醫院的工作。

我一向不求自己平安無病，只希望多受折磨，如此才能深刻體會到人生的苦處是什麼？然後再將接受病痛折磨的心得告訴大家。我們的身體如有病，就不要再在心理上加重心病，如果有心理與生理的雙重病症，那就是苦上加苦，的確非常痛苦了！這是我過來人的體驗——要放開心胸，歡喜接受現實的考驗。

總之，我將所有的病苦、困難、煩惱，都當作是人生的「再充電」，是一種最好的教育。我的一天即是日記簿上的一頁，每天所遇到人事或煩惱，就是這頁紙上的文章；我每日在這些人事中學習，這段人生便這般熬了過來。

學佛就是這樣，分分秒秒，每一天、每一年面對人生，都要抱著一份「我是在學習，我是在磨練」的心情；即使生病或煩惱，坎坷或阻礙，都是對自己的磨練。假如能抱持這種心態面對人生，就可以快快樂樂地過日子。這就是建立自己的信心、毅力、勇氣，向著佛陀聖者的境域，不斷地精進、不斷地學習。

佛教徒應該要多多體會佛法，體解大道。我們日常生活中所接觸的人、事、地、物，無一不是佛法，這些都是佛學，都是讓我們學習的。所以，我們要「自皈依佛，當願衆生，體解大道，發無上心！」

我們都是佛的弟子，也就是皈依三寶的弟子；既入佛門，就必須學佛——學佛發大心，即發大菩提心。菩提即是「覺」，因為我們要覺悟，所以要學佛。

所謂學佛，並非學羅漢，也不是學聲聞，而是真正的學佛。什麼是羅漢呢？只為求自我解脫而修行的，就稱為羅漢；我們要學佛救世，不是學羅漢自了。

什麼是聲聞呢？所謂聲聞，就是佛在世時，聽佛説法而悟道的人。現在有很多人學佛只認為：「我要找時間多去聽經，多聞佛法。」那裏有法師講經就到那裏去聽；聽了許多的經，究竟那位法師的話能深入其心、永遠留在腦海呢？這些人只知道「聽經就是功德」而已，對於人生真理，則未必能真正體會。

你們去聽經助道場，不知是否有助於自己心中的道場？如果只是去跟人家湊熱鬧，並沒有充實心田中的法味，這樣到底對自己有什麼益處呢？我們是要學佛，不是要學聲聞。請諸位多多用心思量，希望大衆發無上心，真正體會佛陀的本懷與佛教的真理，然後徹徹底底地發大心，如此才是真正學佛的弟子。

「自皈依法，當願衆生，深入經藏，智慧如海！」

每天課誦，除了皈依佛，「體解大道，發無上心」之外，還要皈依法，「深入經藏」，使我們的「智慧增長」，如海一樣廣大遼闊、淵博精深。

有人可能懷疑：「要深入經藏就是要多聽經，不聽經，如何能深入經藏？」諸位！所謂深入經藏，就是多多體會佛陀的教法，若是能真正體會佛陀的教法，則「一理通、萬理徹」；能探索到佛教的真理大綱，自然就可以深入經藏了。佛陀的教法從印度傳到中國後，歷代累世不斷地將梵文翻譯成中文佛典，至今流傳下來的有三藏十二部經，若只在文字上做研究，那就不對了，應該從佛陀的本懷去深刻體會，以深廣心去了解、體悟佛法的大綱。

佛陀說法的大綱不離「四諦六度」，四諦法的苦、集、滅、道，說盡了世間的真相、哲理。對於小乘根機的人，佛以衆生多苦來分析，教導他們看開人生，去除煩惱而得正道；對於中等根機的人，佛也是一樣以四諦法的道理來引導他們；甚至對那些向大乘菩薩道業精進的人，佛也是教以四諦六度行法，讓他們了徹人生的眞理，堅定心中的正念，而能在菩薩道上不斷地精進。所以四諦法對修學佛道者有三根普被的助益。

「三十七道品」是佛法的最基本教材，證嚴在靜思精舍與弟子共修時，曾以現實生活的事例，用最淺顯的口語字眼，爲大家講說其精義。先是錄成錄音帶流傳，嗣後慈濟功德會的委員與會員們，以說法淺顯易懂，藉小事例說明大道理，親切易解，有助於初入佛道者，建議整理成文，出版問世。這就是「三十七道品講義」印行的因緣，敬祈教內大德不吝指教。

**三四**

四正勤—已生惡令斷、未生惡不生、未生善令生、已生善令增長

四如意足—欲如意足、念如意足、進如意足、慧如意足

四念處—觀身不淨、觀受是苦、觀心無常、觀法無我

**二五**

五根—信根、精進根、念根、定根、慧根

五力—信力、精進力、念力、定力、慧力

**隻七**

七覺支—擇法覺支、精進覺支、喜覺支、除覺支、捨覺支、定覺支、念覺支

**單八**

八正道篇—正見、正思惟、正語、正業、正命、正精進、正念、正定

# 四正勤篇

- 已生惡令斷
- 未生惡不生
- 未生善令生
- 已生善令增長

## 1 已生惡令斷

學佛之前雖然糊裏糊塗，心中時常起惡念；但是學佛之後就要趕緊下工夫，以「正」確的觀念和方法，殷「勤」地精進用功。而首先要注意的，就是自己的心態——若心生惡念，就要立即斷除。

日常生活，不離人與事，對待別人一定要有一份平常心、平等愛。人與人相處，都是以聲色來相待：講話就是聲，態度就是色。我們與人講話（聲）要輕聲細語；對待人的態度（色）要微笑寬柔。當然，有時候難免有些人對我們粗聲粗氣地講話、對我們的態度冰冷無情，但是我們仍然應該自我要求，達到輕聲細語、態度寬柔的程度，並且多以微笑對待他人。

我們不可向別人要求，或跟別人計較，有時對方無意中說的話，自己卻有心去接受，而起怨心恨念，那就錯了；有時對方粗聲粗氣地說話，我們就埋怨在心，這也是不對的，說不定對方是無心的，只因為習氣影響，習慣大聲說話罷了；也有些人表面非常冷淡寡情，沒有柔愛的形色，但是說不定他內心隱藏著非常豐富的愛念。我們不可以在別人的形態上鑽牛角尖，應該時時善加警惕，和善待人，不要整日在人與事中起瞋、恨、愛、怒的心念。

若對人起了怨恨與瞋恚之心，必須將其斷除，甚至達到「令速斷」的程度，不可絲毫疏忽、懈怠，這稱爲「已生惡令斷」。

## 2 未生惡不生

我們若能以平等的愛心對待別人，那是最好的事，希望大家常常保持這種平等心；若對人未起惡念，也要時時保持這不生惡念的心理。有些人在不熟識對方時，彼此都客客氣氣地相待，講究客套與禮節，並且和樂相處；等到彼此相處日久，熟悉對方後，就「熟不拘禮」，不再講求禮節了。忘記禮節時，講話就開始發生衝突，所以有人說：「恨由愛起」，最初彼此客氣時，能夠相親相愛，等到熟識對方、講究客套的禮節漸失時，就會生起計較怨恨之心。

所以，我們要保持最初相識時的那種相敬互讓的態度，始終不渝，不可起瞋恨的心念，這就是「未生惡不生」——尚未生起的雜念惡念，千萬不可讓它萌生出來，要常常保持一份對人平等、平常的愛念。

## 3 未生善令生

還沒有生起善念的人，既然開始學佛，就要善加培養同情心等善念。

有一位委員帶了一位臺北會員回來本會，這位會員對我說：「師父，我非常感動，慈濟這個團體實在是太好了！勸人捐善款、響應善舉，我覺得非常有意義，能夠做多少就盡量做，希望能夠加入慈濟委員的行列去勸募善款。但是有件事我想請求師父，不要讓我去慰問病患和訪問貧民……」我問他：「為什麼呢？」他回答說：「我非常有愛心，但是我害怕看到病人，怕被他們傳染。而且我聽說委員必須幫人助唸，我也很怕死人，所以我求師父答應我，讓我不用參加這些工作。」

這位會員雖然有愛心，但是他還未生起一份「同體大悲」的善念。他若能將病人當作自己的親人，自然會了解自己該如何對待病人；若能體會到往生者也是自己「同體大悲」的親人時，難道還會堅持不肯接近死去的人嗎？

所以，很多人雖然有愛心，但卻尚未培養「同體大悲」的平等愛心，這樣的人我們應該趕緊鼓勵他，使他培養博愛、大悲的善念。慈濟也有很多委員以前都很怕病人、死人，但是他們加入慈濟團體後，受到其他委員們行動的鼓勵，慢慢地跟著大家去慰問病患，甚至願意親手去扶持、照顧；而且不只跟隨大家去助唸，甚至敢爲往生者換壽衣。這就表示，只要善加培養訓練，自然能生起同體大悲的平等愛念。

所以說，「未生善令生」——讓善念盡快地長養；人生無常，再不趕緊結善緣、生善念，還要等到什麼時候呢？因此我們要趕緊鼓勵他人，盡快培養「體解大道，發無上心」的愛念。

## 4 已生善令增長

他人若已擁有一份愛心，我們還要積極鼓勵他，使其愛心綿延不斷。不只是一時短暫的愛念善心，還要使他們能保持長期不斷的精進心，去完成菩薩的道路，此即「已生善令增長」，不僅是行十善道，還可以精進增長到行菩薩道的階段。

以上就是「四正勤」。

# 四如意足篇

- 欲如意足
- 念如意足
- 進如意足
- 慧如意足

## 1 欲如意足

欲就是希望，希望就是願。我們必須發大願，希望我們的願能隨心圓滿。學佛要發大願，有此大願就會產生大力，有願有力，則願力能夠圓滿。如果只具有希望——願，卻光想而不去做，則於事不能如意，事業難以成就；修行，也只是空「想」而已。我們必須去實行道業、推動道業，有修行而無道業，何異鏡花水月？有修行一定要有道業，「修」是發願，「道」是路，只站在原地不斷地發願，卻不肯去行走，就永遠不能到達目的地。所以，若希望自己的願能如意，就必須發大心，所謂「體解大道、發無上心」，這就稱爲「欲如意足」。

## 2 念如意足

念即心念。我們一定要時時刻刻心存正念，衆生的煩惱都從欲念起，所以想去除煩惱一定要調整自己的心念，心念正確則事事如意。必須存有「大慈、大悲、大喜、大捨」四無量心的念，才能圓滿如意。

## 3 進如意足

進即精進。「千里之路，始於初步」，從凡夫到聖人的境界，距離非常遙遠，若是想到達聖人的境域，一定要自起步開始。不過要注意的是，若差之毫釐，就會失之千里。在路上行走時，要認清方向，如果方針稍有偏差，距離目標就越來越遠了。

所以，「進如意足」就是希望我們精進的方向能夠正確，目標方向若正確無誤，則能如我們所願，到達目的地。設若只在原地打轉或迷途誤入「迷魂陣」，則目標越來越亂，不知所從。因此我們一定要有這份「進如意足」——正精進的行動，才能達成願望。

## 4 慧如意足

慧即智慧。我們若能夠對佛法有一份正確的認識，那麼，要到達修行的目標就很容易了。「足」字是表示以人的雙腳去進行、去實行；進一步而言就是福慧雙修。福與慧如雙足，若只有一隻腳則不能前進，一定要兩隻腳才能夠「進步」；所以，修福之時一定要修慧，修慧的同時必定要修福，福慧雙修就稱爲如意足。有福則有衆生緣，有衆生緣就能具足一切福業；有智慧則能領導衆生，所以福與慧兩者一定要雙修。

# 四念處篇

- 觀身不淨
- 觀受是苦
- 觀心無常
- 觀法無我

學佛是有法門的，佛法並非多麼深奧艱澀，但需要我們身體力行，好好地體會正法。佛陀的教法是以三十七助道品來做爲我們修行的基礎，這三十七種道法可以幫助我們深入經藏、體解大道。

我們既然是三寶弟子，身心皈依，除了皈依佛，體解大道、發無上心之外，還要進一步深入經藏，智慧如海。我們若能體會到佛陀教法的綱領，就可以深入經藏。

## 1 觀身不淨

我們既然要學佛，就要時時自我警惕，心存正念、行爲端正，也就是「顧念」自己身、心的行爲與觀點，對自我有一份認識與了解，若不認識自我，如何能認識身外萬物的道理呢？所以我們必須先認識自己的生理與心理，而「四念處」的內容，就是生理與心理，諸位要好好地體會。所謂「認識」即是「了解」，要如何了解呢？就是要集中精神，專一心思來「觀察」——分析自我及認識自我。以下將「四念處」臚列於後：

我們必須要有一份正確的觀念——人的身軀實在沒有什麼值得跟人計較的。世間大部分的人都是為了「我」而產生計較的心理。「我」是什麼呢？有身軀才有我，若沒有這個身軀，就不必為了「我」而生煩惱。但人人都以此身為中心、為出發點，處處都要與人計較。所以佛陀教我們看開一切，教我們好好用心，專一精神去分析這個「身軀」。

現代社會的垃圾問題非常嚴重，每一個家庭都有這個隱憂，因為目前的家庭住宅大都在高樓大廈裏，有的甚至高達二、三十層樓，這些住戶的用水都是從地下室抽水上去的；有時電力不足、水壓太低，就無法將水輸送上樓，而造成缺水現象。我想，一個家庭若停水，不出一天的時間就會令人受不了，為什麼呢？因為沒有水可以沖洗啊！要沖洗什麼？相信大家都了解。

## 九孔常流不淨物

水懺文中有一段話：「九孔常流不淨物」，除了五官七孔之外，還有便溺糞屎等排泄物，有那一種東西是乾淨的呢？痰液從口中吐出；不如意時眼淚、鼻涕俱下；耳內積有耳垢；鼻中常有鼻垢……，人身有那一種是乾淨的東西呢？

又如在醫院裏，有那一個房間是乾淨的？儘管大家都誇讚慈濟醫院非常清潔，而且清潔人員也打掃得很勤快，但是病患還是會不斷地排泄體內的穢物。有一次我在醫院看到一個年僅十一歲的孩子，他被一位委員自蘇澳送到慈濟醫院來開刀。原來他自出生以來，雙腳的腳板畸型，正常人的腳底都可以踩在地面上，但是這個孩子的腳板卻不能著地。他的父母都是小工人，育有三、四個孩子，而他們仍然要將這個天生雙腳畸型的孩子醫治好。父母愛子之心都是平等的，那一個父母會忽視他的任何一個子女呢？即使是家庭經濟困難，他們還是想盡辦法送這小孩去開刀治療，希望醫院幫他整型後，能和其他子女一樣正常行走。

因此，他出生不久父母即送他去做整型手術。不幸的是，自從開刀之後，孩子雙腳的傷口不曾復原，不斷地流膿、流血，至今已十一歲了。醫生說，孩子的雙腳脹滿了膿與血，現在既然送來慈院，醫生們一定盡量想辦法醫治好，使他能正常健康地站起來；但是不得已的話，很可能必須鋸掉雙腳。當然我們不希望這小孩失去雙腳，儘管他的家庭經濟非常貧困，我們仍將全心全力地救治，設法使他站起來，健康地走出去，將來靠自己的力量發揮功能，爲社會服務。

人生就是如此，甚至有的人開刀之後，必須從腹內接引一條導管用以排出穢物，所流出的東西，惡臭難聞；像這些不淨之物，都是自體內排出來的。諸位皆是健康人，但是你們以爲健康人的身軀就很乾淨嗎？其實不然。例如大熱天，早上每個人上殿拜佛早課，做完早課已經滿身是汗，等到工作一整天後，晚上一定要洗浴以清潔污垢；所以健康人的身軀也是不淨的。

再說，除了有病痛身不由己的人，因不能清潔身軀而骯髒污穢之外，人到了一息不來時，塵歸塵、土歸土，身軀在幾個鐘頭之後就開始發出一股臭味，尤其是在酷熱的天氣，很快就會浮腫、臭爛。所以我們究竟爲了這個身軀在計較什麼呢？人們爲了身軀的愛與欲，不知造了多少業啊！

因此，我們應該依照佛陀所指示的教法，時時刻刻觀身不淨——世間一切醜陋的東西，無不是由身軀造作出來的。世間上所有的爭鬥紛亂及種種的人我是非，那一樣不是從「我」的身軀所發起的呢？「身」可以作十善業，也可以修行證果；「身」也能造十惡業，也會墮落到三惡道中。這個「身軀」，常會使我們上天堂、下地獄，總之，所有的事物都是以此「不淨身」爲中心。在這個人間社會，我們若能夠先看破自己的身軀，就會將此不淨物善加利用；若不能看破這個身軀，而將它視爲寶物藏在保險箱裏，那麼，無論如何保護，它都不能發生作用。

記得「慈院」尚未開幕之前，我爲了籌建醫院，歷盡千辛萬苦，心懷無限憂愁與萬分煩惱，因爲醫院自動土、開工後，龐大的建院經費來源遙不可期。幸好有許多愛心善士了解我建院的宗旨，鼎力護持。有的人從自己的保險箱中拿出幾十年的金塊，有的人將祖傳的鎮家寶及紀念物奉獻出來，並親手交給我；我雙手接過這些珍品後就對他說：「這些東西在你們家是如此寶貴，怎麼會捨得捐出來呢？」

他回答的是：「這些東西在我手上，只不過是讓保險箱增加累贅而已；我聽了師父講法後，已經知道如何利用世間財物。這些稀奇珍品藏在我的身上是一種累贅，如果放在師父的手中，卻可以將金塊換成磚塊，以及無數的鋼筋水泥，用來從事救人的工作。」

磚頭當然不如金塊，但是，金塊放在保險箱中一點都不能發揮作用，而磚塊卻能建造出宏偉的醫院，成就有意義的事業。所以，我們若將自己的身軀當作金塊，則永遠都封閉在保險箱中，少有作用；若將它換爲金鍊子掛在身上，日夜出門都會提心吊膽，沒有一點安全感，這豈不是因爲將身軀或物質當作寶物而生煩惱呢？同樣的道理，我們若太保護自己的身軀，則任何事情都不敢去做。

現在社會能夠如此繁榮，勞工界人士居功甚大。看看臺北市到處林立的高樓大廈，那一棟不是憑靠那些苦力與建築工人，冒著生命危險，頂著大太陽，或是冒著嚴風寒雨，不怕險又不畏苦所蓋起來的呢？因爲，有了這些勞工朋友，不怕生命危險、不惜身體受風吹日曬之苦，才能成就社會如此富裕的環境。

今天我們能夠吃得飽、穿得暖，若沒有那些在田中汗流浹背、付出勞力播種及收割的農夫，即使有千金萬兩在身，也無法生存下去。修行必須有農夫的精神；想利益衆生，就必須有苦力的精神，將自己的身體奉獻給世間、社會，才能使生命得到有價值的利用。

時間會耗損人的生命，人的身體有一口氣在時，只要地、水、火、風四大調合，就稱爲健康。有健康的身體，就會有新陳代謝，稍多運動便汗流浹背，若用水沖洗乾淨，再吹吹冷氣或電扇，馬上又覺得無比清爽潔淨；但是，乾淨的身軀又能夠保持多久呢？世間所有污穢的東西，都是從人的身體排出來的，人的身軀「九孔常流不淨物」，健康的人都無法終日保持潔淨，何況是生病的人，根本對自己的身體不得自主，如何能自己清理？

尤其是醫院中的病人，儘管每一個人都誇讚慈濟醫院的衛生良好，而且每天早晨都有清潔公司的人員來打掃，但是若進去病房裏看看，就會了解病人的情況。我有時候進入病房，就感覺有一股很難聞、令人噁心的氣味，但每當我一聞到這種氣味，就會馬上想到：要將心比心，假如我是這個患者的眷屬、或是患者本人時，對這種惡臭難聞的氣味能起厭煩之心嗎？而且那些醫生、護士及工作人員還得親手照料這些病患的身軀啊！

我們若常常自認身軀非常乾淨，那就錯了！有朝一日，我們的身體也是一樣會敗壞；那我們何不善加利用今日健康的身軀，能付出生命的功能時就盡量多付出，使生命更有意義與價值！

## 色身猶為載道器

「身」，雖然污穢不淨，但是身體也是載道器。上天堂或下地獄的業因，都是由身體所造，有此身體才能行十善，能行十善則能上天堂；有此身體，才能修四諦法，修了四諦法之後，才能了斷「分段生死」；有此身體，才能行六度波羅蜜、修菩薩道，發大菩提心而斷「變異生死」。以上這些都是道，也是由於我們有此身體，才能夠修行解脫啊！所以，我們要善加利用身體，會利用的人就可得救，不會利用的人就會墮落。

人生無常，我們應該常常存著這份「無常觀」。所以佛陀教導我們將時時向外計較的心神，先回過頭來觀察自己的身心——究竟我們計較這麼多的事，能得到多少的利益呢？所以，我們要專注精神，好好地「觀身不淨」。這個身軀既然是污穢不淨之物，又何必為它與人斤斤計較，招惹一些人我是非，做出令人不高興或怨恨的憾事呢？因此，與人計較時，必須趕緊自我警惕，了解此身是不淨之物，既然不潔淨，就不需要為它計較了。這就是佛陀希望我們做的「觀身不淨」。

我們何不將此身軀廢物利用呢？亦即我剛才所譬喻的：倒不如將金塊換成磚塊！金子只會讓我們掛念煩惱，而磚塊即使運一大堆在門口準備蓋房子，也不會被人偷、搶。如此，既消遙自在又能夠利用物資，不是很好嗎？所以，我們應該將身體當作磚塊來善加利用！

雖然身是不淨物，但是我們若能善加利用，則可成為「載道器」，所以在我們有生之年，一定要好好地利用時間，發揮身體的功能。

## 身懷寶藏不相識

佛經上有一則故事這樣譬喻：一位孤苦無依的老者，一生貧困，只靠伐木來維持生活，他手中的斧頭已經跟隨他幾十年。有一天，一位從外國來的人，無意中看見老人手持的斧頭，忽然間眼睛一亮——因爲他認出這把斧頭不是普通的東西，實乃世間最貴重的寶物；可惜的是，這把斧頭卻已被老者拿去劈薪砍柴，以致磨損了一大截。儘管如此，這位識寶的人還是告訴他說：「老伯伯，你手中的這把斧頭是否能賣給我？」這位老伯就說：「怎麼可以呢？我一生都靠這把斧頭來生活，我要伐木、劈柴，工作以維持三餐啊！」這位大生意家又說：「那我用一百匹的錦緞和你交換，好嗎？」老伯聽了心裏很不舒服，以爲這位年輕人和他開玩笑，索性不理會他。

結果這位年輕的商人以爲開出的價錢還不夠，就說：「老伯伯，你是不是嫌我給的太少了？那我就付給你兩百匹吧！」老人聽了很生氣地說：「我現在正忙著，你卻在這裏糾纏，浪費我的時間，別跟我開玩笑！」老人家臉上露出不悅之色，年輕商人看他這麼不高興，以爲這種價格仍然不夠，就馬上改口說：「那五百匹好嗎？」這位老伯見他如此認真的態度，於是開始相信自己手中已磨損的斧頭，能夠換得五百匹貴重的布，他突然非常傷心難過，竟然悲傷地哭了起來……。

這位商人以爲老人捨不得賣斧頭，就安慰他：「老伯，你不要再哭了，如果這樣還不夠的話，我再加到一千匹好啦！」老人嗚咽著說：「太多了，實在太多了！只是這幾十年來，我竟然不知這寶物在我手中，還用它來伐木砍柴，使這麼寶貴的東西磨損了大半截；假使我事前知道這把斧頭是件寶物的話，一定會好好地保護，不讓它受到絲毫的損害，那現在的價格就不只一千匹了，可能還可以換得二千匹、三千匹錦緞，甚至是無價之寶！如此，我就可以成爲大富翁了。我是因爲這樣而哭的，哭我無知不識寶啊！」

## 轉污染為清淨

佛陀講完這段故事，就跟弟子說：「你們知道嗎？我舉此譬喻就是要告訴大家，每一個人都和這位老者一樣，有一份豐富的智慧寶藏，但是我們卻將這寶貴的智慧用在無所事事上，只爲了貪求五欲而不斷地空過時光。人生在世僅有短短的幾十年，大家卻這樣消磨時間、浪費生命，豈非可惜？」佛又說：「那位識寶的商人，一眼就識出這件物品的價值，反而是擁有這件東西的人，不知道自己手中寶物的價值，而不知加以珍惜。」

與此同理，佛陀透徹宇宙的真理，並用佛法開示人們；佛陀開始講經時，以華嚴經來教導大衆，但由於衆人的愚癡與無知，所以佛陀必須再設二乘、三乘、四乘、五乘這些教法來觀機逗教。佛陀開示教法，就好像一位大善知識一樣，從一、二……至五，慢慢地引導我們，而我們卻不能體悟，還在那兒猶豫不決，消磨時光。我們的人生就這樣，無所事事地浪費掉了。而我們此時尚不知善用手中這個寶，換取更貴重的資生物品。

衆生就是如此，所以，我們必須好好地觀照自身——人的身體雖然是不淨之物，但是我們有一份非常清淨的寶物，那就是隱藏在你我內心中的明睿智慧。不要爲了不淨之身，執着於「我」而浪費時間，我們應該將此身做爲載道之器，因爲修行也是要利用這個身軀啊！設若能好好利用色身、把握時間，就可以修得明睿的智慧。

所以，「觀身不淨」意謂身是不淨之物，不可因爲身軀而妨礙了我們的道業。而雖然身軀是如此骯髒污穢，但我們應該轉污染爲清淨，好好把握時間，善加利用以完成道業。

## 2 觀受是苦

人生在世，處處可以聽到人們喊苦；若世間沒有苦，則永遠也不會有佛存在人間。佛陀就是因爲世間有苦，所以才出現人間；他爲了解救世間疾苦，才出家修行，而後成正覺，度化衆生。

過去的人雖然知道人生是苦的，但是不知苦源何在？也說不出苦的各種名稱，更無法分析苦因。等到釋迦牟尼佛找到苦的源頭，並解開苦因後，他才以這份超越凡夫的智慧來向人間說法。

受，有幾種呢？大約有三種，即苦、樂、中等三受；若細分則有五種，另加憂、喜二受。苦是一種感受，我們唯有親身處於苦的環境去感受，才能夠了解何謂苦？凡夫將如意之事稱爲樂，不如意事稱爲苦，究竟世間有多少樂事呢？俗云：「世間不如意事十常八九。」我們要求達成十件事，但是真正能圓滿如意的只有一、兩件而已；而這一、兩件事完成後，是否能滿足人的欲望呢？仍然無法滿足啊！

人的欲望就像一個破桶一樣，將它注滿水放置一旁，仍然會流失掉，而且無論添多少水，過一段時間後，還是一樣會漏掉，永遠無法填滿；人的欲望也永遠有不得滿足的痛苦。雖然我們現在生活在物質豐裕的社會裏，但是一日之中至少有三次的苦——那就是三餐之前的飢餓苦。例如早上吃飽飯後，到了中午將近十二點，即使你忙得忘了時間，不知不覺中仍會由於食物消化掉而感到飢餓，因爲你的肚子已經空了；中午再填飽飯，到傍晚時肚子又開始唱空城計，仍需再補充食物。你們看看，一天之中，至少有三次令你覺得不足而有所求，有的人甚至不只三餐，還有五餐、六餐、點心，外加睡前的消夜。

人的一生單爲了填飽肚子就無法滿足，所以有一句話說：「世間的大海有漲滿之日，而人的鼻下橫卻無填滿之時。」「鼻下橫」就是這張嘴巴啊！無論你填多少東西，也無法將其填滿。人再怎麼吃，仍然只有這樣的身高體重，再吃多少東西，也是如此而已，但是這張嘴巴卻永遠都填不滿。

## 浮生如夢可成真

有形的物質從口進入肚中都永遠不能填滿了，何況是無形的欲心呢？

「欲」即希望，世人的希望無窮無盡，永遠無法到達滿足的程度。如一個女孩自呱呱墜地，到了讀書求學的階段，心中就開始描畫未來的藍圖，她心裏可能會想：「我現在讀高中，將來要唸大學，那時候，我就要開始找朋友……」不斷地編織著少女的美夢。

如果真如她所願，找到了一位理想的對象，他們就會開始共同計畫——「既然我遇到了白馬王子，而你也找到心目中的白雪公主，將來就可以建立一個非常美好的家庭……。」當然，此時她又希望自己的先生從事什麼行業、擁有什麼地位，家庭住屋裝潢得美輪美奐、富麗堂皇。結婚之後，她便希望自己有幾個子女：「假如是女孩子，我要將她妝扮得像一位美麗的小公主；如果是男孩，我期待他能成爲一個傑出的小王子。當他們到了入學年齡，我要爲他們找間貴族學校，並且安排在智優班級裏，讓他們能接受最好的教師指導。」如此，朋友或鄰人問起他們子女就讀的學校時，做父母的就會因這所「貴族學校」而覺得很有面子，無比榮耀。

唸完小學後，他們也是一樣費盡心思地要將子女送進「明星學校」，由於現在的學生是分區入學，所以他們不擇手段，以夫婦分居爲理由，將戶籍分隔兩地。只爲了使子女就讀「明星學校」，不惜一切地辦理夫婦分居手續。等到國中三年級，他們又爲子女緊張，擔心他是否能考上高中，因爲要讓子女上大學，不得不找一所好的高中。父母爲了子女的高中聯考，憂慮到席不暇暖、食不知味，雖然參加考試的是子女，其實考得最苦的卻是父母，被「烤」得心焦如焚，真是所謂的「考」者「烤」也。

等到子女高中畢業，父母又擔心他們的大學聯考。幾天前，電視新聞報導考場情形，在螢光幕上可以看到，考生在試場內考試，父母親一個拿扇子、一個拿水壺，站在烈日下，等待爲子女「服務」，甚至連祖父祖母都到場助陣、加油，一個考生就有三、四個陪考者。休息時間一到，母親就拿著扇子拼命扇風，手酸了就換祖母；父親提水壺提久了，就換祖父。你們想一想，這都是心存「希望」啊！希望自己的子女、子孫能夠金榜題名。而十幾萬的考生只錄取二、三萬人，那些考不上的人怎麼辦呢？這是不是「不如意事十有八九」啊！

## 苦樂憂欣總是幻

人多數都有這份苦受，所謂「苦」就是求之不得而產生煩惱、憂怖。佛陀說：「衆生之苦就是從欲所生；因欲生憂，因憂生怖。」由於有欲望所以會生憂愁，有憂愁就會起恐怖驚惶之心，怕「求不能得」。有錢時煩惱，深怕投資生意太大，遇到經濟不景氣而損失錢財；沒錢時怕生活物資無著落，由於憂愁煩惱就產生惶恐不自在的心態，這種感「受」確實是苦啊！

樂也是苦。你們是否曾經聽說「樂極生悲」這句話呢？有一則新聞，報導新竹游泳池因毒氣外洩導致幾十人中毒的不幸。這種因娛樂而招致的苦果，就是「樂極生悲」。

有的人是苦受，有的人是樂受、喜受、或憂受，還有一種是不苦不樂的「中受」。因為心中本來就沒有很大的欲望，別人的煩惱看起來很可憐，但是那是他的事，與我無關；有人中「大家樂」的獎金而興高采烈，那也是他的事，與我無關；反正都是別人的事情，所以我的感受是不苦也不樂，這就是「中受」。「受」的類別一共有五種：苦受、樂受、喜受、憂受及中受（不苦不樂受）。若大致分類則有苦受、樂受、中受，謂之「三受」。

只要好好用心觀察，此身軀就是不淨之物，世間的人我是非，無不在於個人的感受之中，若能夠看得開，則不會有太痛苦的感受；若看不透，就會常常覺得痛苦難堪。

## 王老師的眼鏡

所有的喜怒哀樂都是我們心態的感受，而每一個人的感受並不一致，必須視個人的觀念而定。有的人常常有快樂的心情，雖然缺乏物質生活，而且環境惡劣，卻能時時守志奉道，心胸平靜寬廣，對自己的人生常常感到心滿意足。像這種人即使欠缺物質生活的享受，精神上仍能知足常樂。

有一天晚上，我去看王老師和吳教授教導大家拉坯、製作陶瓷藝品，王老師將一團土拉坯製成花瓶，那塊土看起來非常不起眼，只是一團橢圓形的土而已，當他抱起這團土時，旁觀的人若是用心看，就會體會到這塊土有多麼重，若是心不在焉的人，就覺得這只是一團不起眼的土而已，這也是種「感受」，個人的感受不同。

王老師將這團土放置在轉盤上，開始進行拉坯，他渾身使勁，用力地拉、捏、壓，做得汗流浹背，滿頭大汗。當時你若在旁用心觀看，雖然使勁出力的人是王老師，但是那份感受是與工作的人付出同樣的力氣，說不定還比他費更大的勁呢！這也是旁觀者的一種感受。若是不認真用心看的人，不會感覺到他是用了多少力氣，消耗多少體力與精神。

繼續看他努力地工作著，全身汗涔涔，鼻樑上的眼鏡不斷滑下來，他就拜託旁人拿條橡皮筋幫他把眼鏡綁緊，固定起來。我見了此景，實在是十分感動。一個年輕人，戴這麼一副普通的眼鏡，而且還用克難式的方法防止它鬆脫。若是平常的人，大多要求美觀、方便，一定要配戴最合適、舒服、美觀、大方的眼鏡。而他這一副眼鏡的兩邊架上，另外裝置了鉤環，看起來似乎是長期爲了準備眼鏡滑落時掛上橡皮筋的裝備。

我於是問他：「王老師，你爲什麼不再配一副新的眼鏡呢？」他回答的話令我非常感動，他說：「可以用就好了啦！」這就是他有一份滿足的心態，儘管他分分秒秒都必須戴著眼鏡，但是他卻不求舒適，認爲可以用就好了，那種愛物惜物的心理，實在是非常難得！

## 情與無情同有受

「生命」，不只是會活動的東西才具備，凡是一切物質皆有命——「物命」。同樣是一張紙，你們可能用一次就丟了，而我使用紙卻能使其壽命增加三、四倍，因爲最初我用鉛筆書寫，然後用原子筆、紅筆，最後再以毛筆書寫；一張紙能夠讓我重複使用好幾次，這就是愛惜物命。

我們在物質的使用上，應點滴愛惜，更要時時有滿足之心，人生在世，一切的物質只是讓我們在日常生活上能便利，我們應該對一切物質心存感恩，如此，生活在人間就會處處感到心滿意足、時時覺得歡喜快樂。若是心不滿足，即使用金、銀等珍貴之物做成金碗、金筷、金杯、銀盤……，在日常生活上使用，也一樣會覺得不滿意。像這種不知足的人，他的人生就會不斷地痛苦啊！

所以，佛陀教導我們，必須用心「觀受是苦」，心不知足的人，永遠會生活在痛苦之中。現在的人大多住在高樓大廈中，夏天有冷氣，冬天有暖氣，看起來似乎非常享受。我想，生活在裏面的人，他們不一定很快樂。反而是鄉居的人，雖然住的是簡陋的茅屋，較涼爽之處只有門前的大樹下，但是我認爲，在大樹下乘涼的人一定比在冷氣房裏的人更快樂。所以說，心滿意足的人，即使是一草一木，無不是美景春光，亦覺得非常快樂滿足；不知足的人，即使享受人間天堂中最豐富的物質生活，也有心靈空虛之苦。這即是佛陀所說的「觀受是苦」。

## 3 觀心無常

心理有四相——生、住、異、滅。

「生」——我們的心理有時生歡喜之念，有時起怨怒、仇恨之念，爲什麼心中會有這些念頭呢？因爲我們面對各種不同外境的緣故。若面對一位我所喜歡的人，心中就會「生」起一份愛念。愛是苦啊！世間有多少人爲了愛而受盡苦的折磨，造成終身的遺憾呢？尤其是男女之愛，很多人因爲不能獲得對方的愛，而造了殺業，不只是一對一的由愛生恨，甚至許多的滅門血案，都是由於這男女之間的愛恨而引起的。

死者已了，而活著的人，卻是苦不堪言啊！誰無父母、兄弟姊妹，自己的子女或兄弟姊妹爲了一個人而造成人生的悲劇，實在是令他們痛苦難堪。所以說，人爲了一份自私的感情，會造成終身的遺憾，更會連累到愛他的親人——受痛苦之煎熬。一個愛念尚且落得如此悽慘的下場，而仇恨、怨怒，更是會造成重大的罪業。這些悲劇都起於一念之間，所以稱爲「生」——心念之所生。

「住」——即是心念時時執著於心中，不能解開。例如，心裏恨此人，一看到他就心生厭煩；即使分隔兩地，還是記恨他，並且不斷地發誓要報復。記得有一則報上的新聞說，二十幾年前，一個學生被老師打了一耳光，懷恨在心二十多年，如今他找到機會報仇，便拿刀殺死這個老師。這份仇恨的「念」放在心中二十多年，無法解開，就是「住」——心念執着。

「異」——即變遷轉移。人對於仇恨能夠永遠記在心裏，對於恩情卻無法長記不忘。現在這個人對他恩重如山，但是他的感受卻是很短暫的，只在此時此刻會說：「你對我這麼好，將來我一定會報答你……」等到環境變遷，事業發達時，過去對他有恩的人，現在有求於他，他卻忘恩負義，完全變心了。

所以說，人的愛念，不是變質就是遷移了。如同愛一個人，有時候會由愛生恨，毀滅了許多人，這稱爲愛的變遷——本來是愛念卻變成恨意。有的人接受別人的恩惠，卻很快就忘記，反恩爲仇，這稱爲異——變異。世俗人常用一句話來形容說：「十餐米糕飯，一餐吃稀飯」，即使以前享用了許多豐富的美菜佳餚，卻全部都忘得一乾二淨，只記得他今天讓我吃了一餐剩下的稀飯，而憤恨難消。這就是「異」，變異的凡夫心，反恩為仇。

「滅」——完全消滅殆盡。有的人可以將別人的恩情一筆勾消，全部忘記，最初受惠時還發誓說要報答恩情，經過一段時間後，他卻忘得一乾二淨，這就是善念滅除。

以上是心理的四相——生、住、異、滅。

## 4 觀法無我

我們除了要瞭解心理的四相之外，還要透徹宇宙萬物的道理，所以必須「觀法無我」。世間上有那些東西是「我」所擁有的？又那一樣東西永遠是「我的」呢？人有一口氣存在時，就有佔有心，「這個人是我的什麼人，這間房子是我所有的，這些田地、財產、地位、名銜……都是我的。」

### 萬古金城一廢墟

等到「我」這口氣斷了以後，這個「我」，是否還能擁有這些房屋、財產、土地，甚至包括自己的身軀……呢？這時候連「身軀」都不是自己的了！因為一個死了的身軀，家人不會永遠將他留在家裏，更不可能繼續愛他，甚至很快就被埋掉或燒掉——這個「身軀」根本不再屬於「我」，那些親朋好友也不再是「我」所擁有的了！

這些房子、家園，是我辛辛苦苦、費了多少心血賺錢，好不容易才建立起來的，房子富麗堂皇如同皇宮，而田園建設得又多又大又寬廣；但是一旦一口氣不再來的時候，這些房子和田產能帶得走嗎？有些子女為了孝敬父母，感謝父母為他們建立美好的家園，於是燒一間大紙屋讓父母往生後居住。燒了這間紙屋，難道父母帶得走嗎？陰間若是真的有房屋可居住，那麼在陽間的人是否應該查查陰間的都市計畫，看看這間房子會不會造成違章建築？否則臨時燒了這麼一間紙屋，要安置在何處是好呢？該不是要讓父母扛在身上到處走吧？

其實，靈魂一脫離軀殼時，任何物質都不需要了，因為靈魂脫殼時，其所到之處，根本不需要任何物質依存寄託。所以說，世間一切的物質，究竟那一項是我們的呢？「萬般帶不去，唯有業隨身」，這就是「觀法無我」啊！

世間一切物質是四大假合所成的，過去我曾經分析物理的分離法，世間的物質是由種種的因緣與物理和合而成的，若將「地、水、火、風」——四大分離，則究竟那一種東西能真正存在呢？當我翻閱介紹世界風物的書籍時，總有一種感慨——那些世界聞名的建築物，在公元幾千年前多麼雄偉莊嚴，但是如今都成了一堆廢墟。世間有那一樣東西能夠久留於人間呢？

## 有色無色皆是法

前面提過「四念處」——觀身不淨、觀受是苦、觀心無常、觀法無我。「法」是世間一切有形與無形的道理，有形就是色，無形就是聲、香、味、法等。

六根——眼、耳、鼻、舌、身、意，因接受外界的六塵——色、聲、香、味、觸、法，而產生見、聞、嗅、嚐、覺、知等分別作用，稱之為「六識」。例如我坐在這裏，你們在對面就可以用眼睛看到我的「人」，此即是「色」——有形體的物質。與「色」相對的是「見識」，眼睛接觸外物會產生「視」的作用，即是「識」。眼睛亦稱爲「眼官」，在佛教中的名稱是「眼根」，醫學上則稱爲「視神經」。「色」是有形體的物質，「識」則是感覺神經所產生的感覺作用。

我們有幾種感覺神經呢？有六種。例如眼根的視神經能分辨一切動靜景物。而舌根的神經可以嚐出味道。舌根也是有形體的物質，舌神經接受外物而分辨出味道，就是「識」。現在是夏天，大家最愛吃的是冰涼飲食，這些食物皆是由舌根神經去體味，才產生冷、熱、甜、酸、鹹……的感覺，這就是「舌識」。

總而言之，有形體的東西稱爲「色」塵，無形體而能分別外物的則稱爲「識」，亦即是神經的感受、感官的知覺、或是心靈的意識。所以我坐在這裏，你們用眼睛看我，是因爲你們的視神經將我的「人」收入眼底，然後在大腦裏發生分辨的作用，這就是「眼識」。有形色的物質對己稱爲「根」，如眼根等；對外稱爲「色」，物體無形色但可感覺其存在的，稱爲「識」。這就是「色」與「識」的分別。

又如我現在在此講話，你們可以用耳朵聽到聲音，但是卻不能用眼睛看到它的形色，有聲音而無形影，所以聲音是一種「無色」的法。

總而言之，有形、無形、有色、無色，宇宙間所有的萬事萬物，沒有一樣不包含於這個「法」之中。

## 眾生皆為「法」所困

眾生都在諸「法」中執着，所以佛陀舉一個守門奴隸的故事來譬喻：

佛陀教誡，常守根門，莫着六塵，
守無明驢，着於愛索。
而諸比丘，不奉佛教，貪求利養，詐現清白，
靜處而坐，心意流馳，貪着五欲，
為聲香味之所惑亂，無明覆心，愛索纏縛。
正念、覺意、道品、財寶，悉皆散失。

佛陀舉例說：有一位富有的人，他的家中藏了許多珍奇財寶。有一天他想離家外出，便僱請一個奴工幫他看家，出門前再三地交代他說：「我要出門了，家中有許多寶物，我希望你好好地看門。」但是這個主人知道此人天性愚鈍，說一是一，不知應變，於是再更進一步仔細地囑咐說：「要守住這個門，家中財物才不會遺失；除了屋內的寶物之外，還有屋外的一隻驢也必須看好。」

這個傭人聽完此話，就慎重其事，忠實地看守這個門，以及屋外的這隻

驢。正好隔壁鄰居有人在慶祝喜事，請歌伎舞團來助興，傭人一聽到歌聲就知道有歌舞表演，便開始蠢蠢欲動、不由自主地想去湊湊熱鬧、欣賞表演。但是他必須盡忠職守，看好家門、驢子，真是進退兩難，不知該怎麼辦？於是他絞盡腦汁，想了一個方法：「我把門好好的綁緊，並且將繩索的另一端綁在驢身上，然後牽著驢到那裏去看歌舞表演。如此，驢子和繩索都不會遺失，而門也被繩子綁住，一定非常安全。」

他自以為這樣做是很聰明的，於是牽著驢子高高興興地去看人家唱歌跳舞，結果樂而忘返，忘記了繩索另一端的門究竟如何。等到主人回家時，看見家門被人打開，而守門傭人也不知跑到那裏去了，只見一條繩索掉在地上。於是他沿著繩索一路尋找，終於找到守門人和那隻驢子。

這個主人就叫他回家，對他說：「我叫你守門，為什麼你跑去那裏呢？」傭人回答：「我按照你所說的話去做啊！你看，門依然還在，繩索也沒有斷掉，而驢子還被我牽著，我那裏做錯嘛？」這個主人就說：「我叫你看門是希望屋內的東西不要遺失，你雖然幫我緊綁住這個門，繩索、驢子也是安然無恙，但是門已經被人打開，裏面的財寶也被拿光了！」

## 六根六塵蔽真心

這個故事就像前面的經文內容一樣，佛陀示現人間，就是要教誡我們好好守住「根門」。「根」即我方才所說的，人的身體有六根，包括「眼、耳、鼻、舌、身、意」六根門。「門」即是我們的意識，眼睛視物、舌頭嚐味、耳朵聽聲、身體感觸外界環境……，有種種與根門相對的外境，就是因爲根緣外境，所以難免擾亂了我們的意念，而修行就是要守住六根門，不使意念一直緣著外境而動。

佛陀就是要教我們守根門，因此說「莫着六塵」，所謂六塵即「色、聲、香、味、觸、法」。我們的眼「根」所接觸的是「色」，外界的顏色何者較美？我所愛的環境是如何？……這些都稱爲「色」，除了我們身體的感官是有形的東西之外，外界的物質也是一樣，所以佛陀叫我們「莫着六塵」。

有的人喜愛聽音樂，整天泡在音樂廳裏，這就是耳根着於外界的聲塵；有的人愛喝酒，一天到晚喝得醉醺醺，那就是因爲他的舌根貪着於酒的味塵；有的人貪圖身體的享受，厭惡勞苦，爲了此身着於享受，所以在外造出種種污染的塵境。總之，外界事物會引誘人的意志，分散了人的心念，都稱爲「塵」。

## 莫使無明驢亂意

佛陀又叫我們要「守無明驢」，這個驢就好像人的心猿意馬一樣。驢可負載重物，可載很多的寶物，也可以載許多髒物。有如我們的意識一樣，心向正道的人，此身就可作爲載道器；心失去良性、迷失了道理的人，此身就會造作惡業。所以我們要好好地守住心意。這裏的無明是指人的亂心，偏向罪惡及心猿意馬的妄念。

「着於愛索」，愛是情愛或愛慾，即污染貪着的愛，同樣是愛心，卻有兩種形態：一種是染着的愛，一種是清淨的愛——大慈大悲無染着的愛，它的愛非常透徹且清淨無色；而我們凡夫的愛，都是有色彩的染着，就像一條繩索一樣兩頭繫著。佛陀與菩薩都是覺悟的有情，他們的情與愛普遍於大地，而凡夫之愛只是一對一，像一條繩索繫縛著對方。因此佛陀叫我們好好看守住這條愛索，莫將這條愛索牽綁在無明的根門上；否則就像那位傭人守門一樣，將繩索的一端繫在無明驢的身上，另一端綁在寶藏的門上，其實這寶藏之門已經被人打開了，寶物被偷而繩索還牽繫在「無明驢」的身上。所以，凡夫就像那個守門奴一樣，只看守驢子身上的繩子，卻不知寶藏之門是在繩子的另外一端，還一直將這隻驢牽在身邊呢！這就是我們凡夫，偏於這份無明而忽視了那份寶藏。

## 磨磚爲能作明鏡

以下又接著說：「而諸比丘，不奉佛教，貪求利養，詐現清白，靜處而坐，心意流馳，貪着五欲，爲聲香味之所惑亂，無明覆心，愛索纏縛。」這一段文明顯地說，既然要學佛，就要尊奉佛陀的教誡，但是很多人卻不肯善加奉守佛的教法。

我們既是要「學佛」，那就一定要奉教，要得一善而拳拳服膺，好好守持佛陀的教法。縱然一個人發心出家，若不能好好地體會佛法、守持佛的教誡，則必會貪求利養。能奉持佛教的人，必然知道世間一切萬物萬法，終究歸於「空」，就因爲人不能體會佛陀的教法，所以才會貪求利養。

凡夫還沒出家時，不斷地貪求情愛欲念，一旦看透情愛而出家，若不能斷除煩惱，則出家之後所貪求的就是利養，這都是沒有透徹了悟佛法的人。

所以佛陀說：「不奉佛教戒法的比丘，雖然不貪求情愛之欲，卻貪求利養。」

有的人剛出家時，乍看之下令人覺得他已顯現出清白的形相，並認為他的心已經清淨，看開一切而出家。他出家後，口口聲聲說要修行，於是常常找靜處打坐參禪，但是他的形貌雖在參禪，內心卻流馳不定。記得我過去曾說一則故事：

有一位參學者到一個禪師的門下去求法，禪師問他欲求何法？他回答說，想參禪了脫生死。

這位祖師就說：「好！我倒要看看你如何參？」

隔天，這個祖師就坐在門口，拿一塊磚頭拼命磨，這個行腳僧一見此景，就趕快問祖師：「和尚為何在此磨磚呢？」祖師回道：「我欲磨磚做鏡。」參學者大惑不解地問：「磚如何磨成鏡呢？磚越磨越損，根本不能做成鏡子！」祖師卻答說：「既然磨磚不能成鏡，那你坐禪難道就會成佛嗎？」

這個行腳僧恍然大悟地說：「對呀！學佛不是只學禪而已，學佛應該學佛心啊！」

參禪若是一味地追求名聞利養，那有什麼用呢？所以說「靜處而坐，心意流馳」就是貪着五欲，只想爭一個名氣，讓人誇讚他的禪功精深！其實，這不是正確的方法。

## 自家寶藏善珍攝

「貪着五欲，爲聲香味之所惑亂，無明覆心，愛索纏縛。」五欲即色、聲、香、味、觸、法等，貪求五欲者，易被這些色聲香味惑亂心念，因此稱爲「無明覆心」。「無明」是不明白道理。我們的心本來像一面鏡子，但是被染污的色彩染着，所以不能照見外界清淨的景物，這就是「無明覆心」。「愛索纏縛」，由於人被情愛的繩索纏繞，所以無法脫離無明。佛與凡夫本來是平等的，我們不比佛缺了多少，佛亦不比我們增加多少；唯一不同的是，佛陀能脫離無明愛索的纏縛，而得逍遙自在，對大地萬物與衆生都具有一份平等的愛念。所以我們學佛最重要的是要學得「平常心」與「平等心」，一個人若有平常心，則無論遇到任何環境及挫折，都能夠安然自在，莊敬自強，把日常生活的一切變動視爲很平常的事。

若想對任何事皆以平常心處之，則必須先斷除私我的愛念，而佛陀就是已經將私我的愛念斷除，有如解開無明繩索，不再受愛索纏縛一樣。這是因爲佛陀有正念、覺意、道品等超然的智慧。而凡夫則是因爲有愛的無明，所以正念、覺意、道品等財寶，全部都散失了；也就像那個守門的傭人一樣，只看守住驢子和繩子，卻沒有看守屋子，而使屋內的寶物全部被人搬光。

世間的凡夫大都如此，若能看得開，則萬法皆能透徹。學佛就是要去掉無明漏。「漏」即遺漏——沒有尊奉佛法而使其漏失。我們今天學佛就是要守好自己的慧性，才不會使這份寶藏漏失掉，請諸位多多在日常生活上用心，那怕是多麼微細的事物，也要認真地觀察分析，這樣，才不會散失了自我的慧性。

## 颱風轉向，宜哀矜而勿喜

前面已提到四念處的「觀法無我」，「法」包括有形的法與無形的法；有形者爲色，無形者爲心，亦即「色法」與「心法」兩種法。

「色」——凡是世界上我們能看得到的東西，都包括在色法中，它是由四大元素和合而成的。「四大」即地、水、火、風；宇宙天地萬物，皆不離這四種元素。例如衆生所依止之處就是大地，沒有一個人能夠離開土地而生活，人必須立於土地上，房子必須蓋在大地上，而穀物也是種植在土地上。總之，人的食衣住行……，皆不能離開此「地大」。

還有不能離開水。人在日常生活中不能缺少水份，設若四大調和，物質充足，就容易忽視它的重要性，一旦遇到久旱不雨時，方始憂心水源不足。看看印度、伊索比亞，及非洲國家，皆因缺少水份，農作物無法在土地上生長，結果有無數的人因此餓死。

又如有一年賽洛瑪颱風接近臺灣時，我們都非常擔心它是否會帶來強風豪雨侵襲臺灣。但是剛從日本回來的杜院長卻說：「日本人一聽到賽洛瑪颱風的消息，都非常高興。因爲他們一直期待此颱風能夠爲日本帶來充沛的雨量，不過卻有聲無影，還是無法帶來一點水分。」在臺灣，由於雨量充足，因此非常擔心它登陸，而日本因缺少水源，所以很期待這個颱風能帶來雨水，解決旱象。

結果卻出乎我們的意料之外，這個颱風本來直撲花東、宜蘭等地區，在距離陸地不遠的海面時，竟轉向韓國而去。第二天的新聞報導播報韓國風災水患的消息，死亡人數高達七十多人，失蹤幾十人，而且有六千多災民無家可歸。一場颱風帶來的强烈風雨，竟然使人間發生這麼多的悲劇，衆生所居住的地方，不能缺乏適量的風與水，但是超過其量時，就會變成災害了！

## 四大調和，少病少惱

「地大」如以人的身體來說，所有堅硬的物質皆可稱爲地，包括皮肉、筋、骨等，皆屬於「地大」。而血液、唾液、水分等都可稱爲「水大」。人的水分及血液不能太少也不能過量，否則會不調和。人也不能欠缺「風大」，風即人的呼吸，人體必須靠呼吸使氧氣流通，促進循環作用，以維持生命。「火大」即熱能，人的身體有一股暖氣，就表示生命的存在，設若失去了這股體溫，就是生命結束之時，分辨活人與死人，只要摸摸其體溫是冷是熱，就明顯易知了。

以上（地、水、火、風）四大，人體雖不能缺少，但是也不能過量，過量了反而會生病。例如現在有許多人想減肥，因爲太肥胖了也是一種毛病，所以要減肥，此即是地大不調和。有的人爲了減肥，儘管每天吃得很少，但是卻瘦不了，而且造成營養不良，行走時更是暈頭轉向，站也站不穩！如此，「地大」不但不能減少，還損壞了其他機能，造成許多病症，這就是「地大」過量。

「風大」亦不可缺少。人的呼吸若不順暢則會造成氣喘病，有的人更會形成心臟病。人的生命就是靠這口氣，呼吸若不順暢，一口氣不再來時，心臟就會停止跳動，而血液若無法輸送到腦部，就會造成腦死。人體的各項組織機能都是息息相關、血脈相連的；腦的組織細胞是靠心臟輸送上來的血來活動循環，而心臟的搏動與呼吸系統有連帶關係，在一呼一吸、一進一出之間，心臟的動脈及靜脈便利用收縮及舒張作用，將血液輸送到全身；如果血管不堅韌、太脆弱而破裂，或是收張壓的速度不平均，血液不能順利地流到腦部，使腦細胞缺氧幾秒鐘，那就會導致「腦死」——即使呼吸恢復正常，但腦部已經失去功能，不能與心臟配合，指揮全身的各部組織。所以呼吸對人體而言是非常重要的，呼吸作用帶動血液的循環，而腦細胞若有充足的氧，就可發揮功能，接受各種外境刺激，並指揮各部位做反應動作……等等。

因此「風大」絕對不能失調，稍增或稍減都可能造成生命的危險。一個人若處在一間密閉室中，幾分鐘之後就會因缺乏空氣而死亡；若被悶住鼻子、堵住呼吸道、關在冰庫或空氣稀薄的櫥櫃中，時間稍久亦會缺氧致死，因爲這些空間的氧氣含量有限，一旦消耗完畢，生命也結束了。

所以說，生命也必須依靠大地上的「風大」（空氣）來維持，人的鼻孔一呼一吸，將空氣吐納，出入於呼吸系統間，因此「風大」是人賴以維生的要素之一，一定要使其調順。呼吸太快或無力呼吸都會發生危險，必須順暢調和，不增亦不減。

「水大」即人體中的血液，不能過量也不可太少，太多則會腦充血，太少則會貧血，使循環不順利，血氣不通而致身體虛弱，所以「水大」不能增亦不能減。

「火大」也是一樣，人的生命必須靠體內的熱能（即卡路里）來維持，而宇宙間的能源可以充實人體的能源，這就稱爲「火大」。

宇宙間除了土地是衆生所賴以生存的要素之外，人、動物、植物……，等還須依靠大地中的水份才能生存。物質也是一樣，都是四大假合而成的，例如我們現在所學的「手拉坯」，要如何製成一件陶藝成品呢？必須將一堆乾土加上適量的水分，然後攪拌均勻，再用手去揉，並且要有一定的方向和角度，使泥土紮紮實實地成爲一個橄欖球形，然後安置在機器轉盤上，轉動開關運轉時，再開始壓拉、揉捏。

除了泥土加水，再加上手的拉捏之力外，還必須靠熱能的風動，例如電力轉動機器輪盤，就是熱能的作用；除此之外，拉製好的成品還要用高溫烘烤。所以，要成就一件物品，不僅需要各種工具的輔助，還必須「四大」調和。而電源（火）本身也是要具足「四大」才能產生電力。所以，有許多無盡無量的四大，形成各式各樣的物質，用這些無數的物質，就可以成就我們日常生活的用品。

以上這些就稱爲「色法」，所有有形體的物質皆屬於「色」，而這些物質，若每一樣都將其分離，則不能形成任何物品。例如手拉坯，缺少水就拉不起來了，因爲土不加水就無法黏合、沒有韌性，所以不可有土而缺水，但是有土有水而缺熱能也不行。同理可知，有土有水有熱能而缺乏空氣也不能拉坯。總之，一切物質若將四大分離，則什麼東西都不能完成了。

人也是一樣，必須四大調和，人若四大調和則少病少惱身體健康；宇宙若四大調和則風平浪靜，四季調和則人在天地之間，能過著安和樂利的生活。若四大不調和，就會造成不測的災難，因此四大調和是非常重要的。

## 善惡唯心所造

四大的調和與否，是受無形的法則所主宰的，這是什麼法呢？是「心法」——人的心理。

佛陀、孔子……等聖賢都有相同的說法。孔子說：「擇不處仁，焉得智？」一個人若不懂得選擇仁德淳厚的環境住居，必定是個沒有智慧的人，因爲唯有居處在仁德淳厚的環境，才能安居樂業，平和快樂。

有人跟我說：「師父，我非常嚮往靜思精舍的生活，能在精舍裏生活是我一生最大的期望！我看見大家雖然工作得非常辛苦，但是心中卻都很歡喜。」這就是心法，在精舍裏的人，不論是義務性或職務所在，甚至是修行的人，都是抱持相同的心態與目標，都是以歡喜心而來的，所以能歡歡喜喜地工作，雖然很辛苦，但是心中卻很快樂。大家若能歡喜快樂，團體就會非常和睦。

從一個小團體推廣到一個大團體也是一樣。佛陀說，世間會發生災害、變動及破壞現象，都是衆生的心業所造，也就是衆生的共業。衆生若有較多的善念，就稱爲「善業共聚」；衆生心中的善念若減弱，就會增加惡念，惡念一增加，社會作惡就多，「惡業共聚」，感引天災禍亂，並且災害叢生，這就是佛陀所謂的「衆生共業」。

佛陀出現於世，就是爲了要救濟世間，而救世必須先救心，也就是所謂的端正人心，使人心存善念。人心至善，則世界和祥。若能親近仁人善士，就會了解「善」之所以爲美的感人之處。

## 回去以後，趕快回來

例如有一次，我實在深受王老師的感動。王老師隨著他的老師吳教授來這裏教導我們學手拉坯，我相信他當初要來此地時，一定不了解我們這個團體的情形，只是因爲師生之情而應吳教授的邀約而來。他每天盡心盡力，辛勤地教導我們，在他要回去之前，來慈院向我辭行。當時，我與杜院長、王副院長正好在慈濟部，他前來跟我辭行說：「師父，我今天晚上要暫時回家一趟，我在這裏拜別師父。」我就對他說：「回去以後，你要趕快再回來！」他聽了這句話之後就掉下眼淚、哭出聲音，在我面前頂禮三拜。

當時，我被這一幕景象所感動，因爲他的內心已經感受良深，很可能是幾天以來大家相處在一起，他已體會到精舍爲什麼要工作？如何生活？以及種種救貧善業的推動情形。他要回去時，我叫他有空就趕快回來，他大概因爲這句話觸動了心弦，悲心溢於肺腑而聲淚俱下，所以我看到他如此誠懇、如此感動的情景，心中有無比深刻的印象。

人就是要互相多接觸了解，他來到我們這裏，由於我們大家這份摯誠，使他深入了解並深受感動。

佛陀來人間也是要教導衆生，使衆生能了解何者是「有色」的法，何者是「無色」的法。若能透徹「有色」及「無色」諸法，則心性自然會不由自主地趨向善法，人人都善的話，這個世界不是非常美好嗎？昨天的那個景象，在場者都被王老師所感動了！雖然他不了解佛法，但是卻能體會到宗教家那份懇切的心態。

## 真我大我，充盈法界

杜院長曾跟我提起，他在日本見過一位基督徒醫生，每日爲三百名患者看病，休息日還下鄉到各地去佈道，將此生心力全部奉獻，爲大衆服務。杜院長說，這就是宗教的力量啊！

賢人、聖者、佛陀……出現在人間，無非就是要使我們了解世間法及體會衆生的心理需要。佛陀教我們要「觀法無我」，除了讓我們了解有色的物質是四大元素所組成之外，還要我們透徹「四大假合」。「我」並沒有什麼，世間一切物質，即使是我最愛的東西，在我生命終了時，難道能帶走嗎？而我最愛的人，在我生命的最後一刻，他能將我留住嗎？

人的至親就是父母、夫妻、子女，到了生命最後一刻，不但這個身體沒有人能爲你留住，連原有的這份感情也消逝得令人驚懼。究竟什麼是真正的「我」呢？若能看透人生無「我」，只有「大我」，那麼，就要將「小我」的生命與時間多付出，奉獻給「大地」的衆生。

事實上，什麼都不必留，只要你肯多付出，自然而然，你的精神就會萬古長存，永遠受到後世子孫的懷念。大家都會常常記起，某個時候，有某個人，爲我們做了某些善事，造福衆生，利益世人……，那麼，這就是人生真正的「我」——真我、大我。古今中外，有許多先賢聖哲到今天仍讓後人傳頌，就是如此。

例如釋迦牟尼佛，兩千多年以來，他的精神還是永遠留存於世間，還有孔子、孟子、老子……這都是曾經出現在世間的人，他們都值得人們的敬仰與學習。這就是留在世間的不朽精神——真我、大我。人最後究竟帶走些什麼呢？「萬般帶不去，唯有業隨身」，唯有「業」由不得自己，每個人都會受自己的業所牽引。

# 五根篇

- 信根
- 精進根
- 念根
- 定根
- 慧根

要入佛門絕對不可欠缺「信」，「信爲道源功德母，長養一切諸善根」，有「信」才能產生力量，有了這股力量才能成就我們的道業，所以我們必定要以「信」爲入門之基。

但是「信」一定要「正信」，若是稍有偏差則容易誤入歧途，走上邪道，入了邪道就有邪思，有邪思就有邪行；所以若要心無邪念，就必須避免接受偏邪不正的道理，以免做出邪行。

很多人對正確的佛法還不了解，他們所謂的「信仰」就是見「神」就拜，見「公」便叩頭，不論是什麼神、鬼、公、婆……，凡是拿香拜拜的，他們都將其納入佛教；因此常常在邪、正的十字路口徘徊，不知所從。

有一位高級知識份子，他是個醫生，常常爲病患看病，他跟我說：「有一個患者在某家醫院看過病之後，跑來我的診所讓我醫治，我幫他急診後，他就離開了。但是過了兩個鐘頭以後，他又跑回來跟我說他已經去問了某某公，並指示他一定要來讓我治療。」那麼，這位醫生信以爲真，以爲他所信的某某公、某某婆非常庇護他，還會指點患者到他的診所來看病，所以無比興奮。

連知識份子都分不清公、婆、神、鬼……到底是不是真正的佛教，只因爲有人去占卜問卦，碰巧卜中他的名字，使這些患者都來找他看病，他就認爲某某公非常照顧他，更以爲這是由於自己平時虔誠地信奉，所以才有神通感應。像這種情形，他的思想與精神都會永遠在那裏盤旋逗留。所以我昨天就對他說：「真可惜啊！雖然你是一個知識份子，卻沉淪於鬼道之中，實在是太可惜了！你若再繼續下去，必定會迷惑不能自拔！」

他聽我說了這幾句話，眼睛睜得大大地說：「咦！師父啊！你所說的話，我已經深深體會到了，因爲我有時候覺得受到某某公、某某婆的指點，連頭腦都轉不過來了。我現在已經開始迷惑，難道我將永遠依靠這些公、婆、神、鬼來指示嗎？目前我做任何事情都要去占卜問卦才能安心，才敢放手去做，而且動不動就緊張兮兮、惶恐不安。如今，我才恍然大悟。」

諸位，同樣是信，假使我們的思想稍有偏差，就不能在邪、正之間，清楚地分辨何者爲正確的道路，那麼，我們的精神、思想、心理狀態，就永遠會停留在迷途中，無法找到出口繞出來。所以我們選擇一個正確的信仰是非常重要的。

## 寧願無信也莫「迷信」

人不能没有宗教信仰，一個人若没有宗教信仰，就好像茫茫大海中一隻漂流的舟船，没有指南針，不知何去何從。若是在風平浪靜時，還覺得平安無事，一旦遇到狂風暴雨，没有指南針指示方向，分不清東西南北時，就會驚懼惶恐，不知所措。所以我們在茫茫的人海中，一定要有一個正確的宗教信仰；如此，即使突然遇到危險或坎坷的環境，仍然能夠莊敬自强，處變不驚，在茫茫無際的驚濤駭浪中，穩固地掌握住人生之舵，認清方向，即能平安地渡過人海的風浪。

所以，信仰是非常重要的。但是同樣是信仰，卻有不同的目標，現在的社會，人心非常複雜，有許多迷惑人心的教團，我們若不能選擇事理究竟圓滿的宗教，也是一樣會迷失，無法走出邪道，趨向光明正大的康莊大道。所以我常常說，「無信」與「迷信」兩者，寧願「無信」也不要「迷信」。無信的人，心中對宗教全無概念，一片空白，只要用理事圓融的道理來感化他，就能使他依正道而行；就像一張潔淨白紙一樣，寫上端正的字體，則字字分明、清晰可見。若是迷信的人，他已經誤入迷途，即使以正信去教育他，他的心仍迷惑不清，徘徊不定。

現在出現許多非正信的宗教，也就是沒有究竟教法的新教團。若有人想要入教，就必須立願發誓，例如說：「我既然入教，就必須遵守教規，否則會遭……責罰」等等，各種毒誓。如此，他的心理就會受到束縛，盡管他知道自己的信仰並非真正究竟的宗教，而且已了解佛教的教法是透徹、明朗的真理，是人生正確的方向；但是他卻心存畏懼邪教毒誓……。雖然他非常崇仰敬重佛教的真理，卻不敢接近，這就是因爲他的內心已經被迷信所縛，無法自在解脫。

所以，我才常常說，與其迷信不如無信，無信的人接受了佛教的教理之後，自然會萌發正念的道苗；而迷信的人，若要他轉迷入正，則必須再花費一番工夫。因此我們一定要謹慎地選擇自己的信仰，不可因一念之迷而步步皆錯。

有一對年輕的夫妻到精舍來，他們是現今臺灣社會上許多大企業家的其中之一。這對夫妻問我說，他們想入佛門，但不知入佛門的初步基礎。我就告訴他們：「你們若想入佛門，首先在心靈上先要有正確的了解：佛教是生活化的宗教，教育我們的精神，能淨化人們的心靈妙法，它能教導我們如何預防自己心中存有自私不淨的欲念，這必須從個人的修養做起，然後感化自己的家庭，使社會和睦安詳，若能做到這些，就已經進入佛門的初機階段了。

「最怕的是你誤以爲佛法深奧難懂，而不敢去親近。佛教的深奧是後世人爲的，並非佛教本身的教理多麼深奧，因爲佛陀在世時，他教導弟子也是依照日常生活一切行動的準則，以及待人接物的道理爲基礎。那爲什麼現在我們總覺得佛法很深奧呢？是因爲它源遠流長，經年累月下來，由於人們對其尊仰崇敬，難免有各種精深的描述。如此代代相傳，無非是要使衆生了解佛法是無上的妙法，是高深的道理，然後衆生才會加以珍惜而保存下來。這只不過是爲了適應世人的心理，所以學者、專家才費盡心思，將淺易的道理化爲深奧的文字。事實上，若往上推溯到佛陀的時代，佛法並不是那麼深奧的，而是真正平易近人、淺顯易懂的教育，也是我們日常生活中做人的道理而已。」

最後，我又對他們說：「若能抱持著佛教是日常生活心靈教育的心念，那麼你們進入佛門之後，就自然能得到佛教的人生真理了。」

## 沒有根那裏有樹

與此同理，「信」的初步非常重要，若初入佛門就想要信仰很深奧的道理，那就難了，我們應該信仰佛法是人間所適用的道理，如此才是真確的「正信」。所以，「信根」的基礎一定要正確無誤。「根」，是一棵樹的根本，一棵樹苗能生長茁壯成枝葉茂盛的大樹，必須靠樹根的作用，樹根若健康強韌而且有力，則可以吸收水分、養料，使樹木順利地生長，長成枝葉茂盛的大樹，並且牢牢地固定於地上，不怕風吹或雨打。所以，要有正確的「信」仰，「根」本必須往下紮深，打好基礎，唯有正信才是進入佛門最重要的道路，此即所謂「信根」。

第二個是「進根」，這也是很重要的，有信而無進，則永遠停滯不能進步。從凡夫地要到佛的境界，是一段非常遙遠的距離，我們選擇了自己信仰的目標之後，一定要努力精進，絕對不可停留下來，若一停留則會故步自封，永遠無法進步。

「修行」，就像人的雙腳走在道路上，「千里之路始於初步」，即使走多麼遠的路，都必須從第一步開始。走路靠著兩隻腳，前腳踏地的同時，一定要將後腳提起，不可一直踩在地上；如此重複，前後交換，才能夠前進，否則前腳落地而後腳不提起，就無法向前「進一步」了。

人生非常短暫，所以我們要加緊腳步，快速前進，不可拖泥帶水。時間的累積可以使我們在路程上更進一步，增長我們的功德與道業，所以要好好把握時間，向前進步。如一棵樹最初從一粒種子開始發芽，然後長出小樹苗，再由樹苗長成大樹，一定要依賴樹根來吸收水分、營養，才能逐漸往上生長。同樣的，要成就任何事業或道業，都必須以努力精進爲發展的基礎，這就是所謂的「進根」。

第三是「念根」，念即心念。我們既然有了正確的信仰，就要時時刻刻地培養這份仁厚的道德觀念，也就是培養愛心。一個人若缺乏愛念，則萬事都無法於精進中成就了。我們看看佛陀，他能夠放棄個人的私愛，就因爲他對普天之下的衆生有大愛，有了這份大愛的「念」，他才能毅然決然地提起勇氣，創造人間真善與美的康莊大道。所以，這份心念非常重要，學佛就是要培養這份正確的愛念。「根」是根本，也就是慈悲與正確的「根」本心念，故稱「念根」。

第四是「定根」。衆生之所以不能解脫、不得自在，只因迷執癡愛，而易被牽動以致心失定力，所以常停滯於過去的雜念，及未來的虛幻妄想，因此而顛倒、而造業，不得自在。學佛者重在定力，若有定根則能解脫自在了。

信念一定要正確，人一定要努力精進，從凡夫到聖人的境界，必須「前腳走、後腳放」，不要常常徘徊於過去之念，要好好把握住今日應該精進的道心，不要再有計較過去的種種雜念。過去之念稱爲雜念，最好是把握今日此時的道念。

第五是「慧根」。就是離妄念的平等慧，也就是沒有污染的清淨本性。「慧」能體證真理而不被事相迷惑，且能理事圓融，運作無礙，常以平常心以處「理」行「事」，則是淨慧功能具足。

前面已經分析過的道法有四念處、四正勤、四如意足，而四念處之下還得再進一步修五法（五根），以加强其道法。

修四念處觀，
雖善萌微發，
根猶未生，
根未生故，

善萌易壞，
今修五法使善生，
故以為名。

## 今修五法使善生

「修四念處觀」——「四念處」即觀身不淨、觀受是苦、觀心無常、觀法無我。一切事物都是無常、苦、空、無我。世間萬物皆不離色法與無色法，這就是「法」。若能看開有色法，放下無色法，則是修了四念處觀，了解世間法；如此自然會將執着於佔有的小愛看開。人的欲念是無底深淵，爲了這個欲念，造了無數的罪行。這就是因爲人不能看開色法，也無法拋下無色的心法，若能看得開、放得下，自然能使善根萌發。

「雖善萌微發，根猶未生」，我們看開萬法之後，雖然已經萌發善種，但是幼芽細弱微小，容易受損折斷，而且根鬚尚未生長，所以不夠强壯堅固，以致剛萌發的善芽易受毀壞，這就是「根未生故，善萌易壞」。

我們以前曾經種過稻穀、大豆、花生……等各種農作物，這些植物發芽的時候，新芽都非常幼弱微嫩，很容易就折斷損壞。我們的心就像一畦田地，當善種撒播在這塊心地上後，便開始慢慢發芽，這初生的幼芽非常脆弱，很容易被破壞，又加上樹根尚未生長，所以不能牢牢地固定於土中，更加顯得嫩芽的脆弱與易損。

要如何使善種茁壯生長呢？「今修五法使善生」——就是要修「五法」。五法是「五根」和「五力」。世間一切都是無常苦空，雖萌發善心，但是必須使善念更加堅固，繼續增長。「四正勤」內容是：已生善令增長，未生善令速生；已生惡令速斷，未生惡令不生。已萌生的善念必須使其更加茁壯，而「五根」、「五力」就是要使微發的善萌往下紮根、往上生長。根部茁壯後才能穩定牢固地附著於泥土中，吸收水分及養分以供植物幼苗的成長，然後長成枝葉茂盛的大樹。這兩種五法就是幫助善種、善根的增長，使其更加堅强壯大。

## 1 信根

謂信於正道，

**及助道法，**
**則能生出一切無漏禪定解脫，**
**是名信根。**

人的信念必須循乎正道。目標方向若稍有偏差，就很容易走入邪道，入了邪道之後，便會受邪法的影響，一旦接受邪法就無法解脫了。現在有很多人非常熱心於學佛求道，如果他的信仰與所接受的教法不正確，那麼，儘管他非常用功地拜佛、打坐，卻容易走火入魔。一走火入魔就很可怕了，常常會心不由己、神不能定——不能控制自己的心念，也不能安定自己的精神，這是求道時最危險的一件事；不但邪魔會來擾亂，而且心虛不能成道。所以，我們的信仰絕對不可偏差，一定要以明淨的心態來接受佛陀的教育。人都是因爲有所求，才會走入偏差的道路，如果無所求，則精神會非常明朗，心靈無比安定。

## 無相之相是實相

佛陀曾經舉一個例子來譬喻：

以前有一位商人，用驢子拉了一整車的寶物，想越過山嶺到另一個城市去。這座山的路途非常險峻陡峭，一邊是斷崖，一邊是峭壁。他戰戰兢兢，非常小心謹慎地拉著驢車，一步一步往上爬；一面保護驢兒，一面又要保護整車的寶物。這隻驢兒吃力地拉著大貨車走在崎嶇坎坷的山路上，没多久就已經筋疲力竭，爬不上去了，這位商人只好暫停下來。一回頭，遠遠看見後面有兩個過路者，心中生起一股期待與盼望的歡喜心，於是趕緊招呼他們，請他們幫忙推車，以減輕負擔。

然而，這兩個人卻先問他：「我們付出勞力為你推車，你用什麼來報答我們呢？」商人回答：「無物！」這兩個人把各自背着的包裹行囊解下來，幫忙商人推車；終於在三人的合作下，離開了險阻的山路，到達寬敞的平地。這兩個人又問了：「你究竟有没有什麼東西可以做為報酬的？」這位商人還是回答同樣的話：「無物！」

其中一人便說：「我們付出那麼多的力量，又放棄自己的包袱為他推車，怎麼可以說無物呢？」另外一個人就告訴他：「那位商人不是已經將『無物』給你了嗎？『無物』的意思，就是『無相』，世間一切萬物皆無相，無相之相就是實相啊！没有給你東西，其實已經真正給了你歡喜心了。」

索取酬勞的人一聽到這些話，馬上明白這就是「道理」，因而不再要求什麼。

佛陀於是告訴大家：這就是明智之人——能夠體解大道，深明道理。

## 人能弘道．非道弘人

佛教有三寶，即佛、法、僧三寶。佛陀爲了教育衆生而來人間，單單只有佛陀一人，仍無法施行教法，惠及衆生，必須憑藉源遠流長的佛法，才能流傳萬世以教導人們。有一句話說：「人能弘道，非道弘人」，所以，唯有靠人才可以弘法利生，延續佛陀的慧命，而這個責任就在於僧伽（出家人）的身上。

出家人爲了追求佛陀的真理，一定要放下自己的小包裹；就如同剛剛所說的這兩個過路人一樣，商人請他們幫忙推車，但是一開始便先聲明「無物」可報答他們。最初，這兩個人高高興興地抛開自己的包袱，自願幫忙推車。但是到達目的地時，其中一人卻又開口向商人索求報酬，另一個人馬上對他說：「無物」已經給你了！這就是表示「法」原本即爲「無相」，「無相」之理才是實實在在的真理。世間「以有易有」者，其情非常短暫，因爲這是以勞力來換取物質，以時間來求取報酬；所以感情不能持續長久，而且這種愛也是非常狹窄的。

法，就是要教導我們無相、無始、無終；所以，我們一定要抱持著「無所求」的心態來追求佛法，在追求時若對佛法有所體悟與了解，就必須多付出，存有這種心理就是正信——在正法的理念之中。所以這段文中說：「信於正道及助道法，則能生出一切無漏禪定解脫。」「無漏」就是無煩惱，無煩惱是因爲無所求，無所求的佛法就是靜定。因爲人的心中若無煩惱，心就能常在「定」中，精神也會時時明朗靜寂。

學佛就是要如此，有如佛陀在前面拉車一樣，後面必須有人幫忙推車，人與法一定要合一。爲了推行佛陀一乘之道，我們要放掉私我的包袱，專心一意爲這「無物」回報付出力量；這就是「五根」之首——信根。每個人都必須相信佛陀的教法是正確的，並且以無所求的心態來求佛的道苗；若能如此，心中的善念才能往下紮根。

## 無所求心乃是道根

有時候我們會看到有些人，學佛學到走火入魔，真是可憐……。他們雖然有一份求道的善心與善念，但是方向一偏差，就困擾了心思、動亂了精神，實在是令人同情。佛法並非多麼深奧，最重要的事是——要在日常生活中，好好學習待人接物的禮節，以及做人的道理，修養自己的心性，清淨我們的心思，並接受佛陀「無我」大愛的教育。

若能如此，就可以常常神清心定，不會被外界的魔法及動亂的環境擾亂心神，不偏向邪知、邪見，如此才能產生正確的道根。

「信」一定要正信，請多多體會正信正道，以產生這種無漏禪定的解脫。「漏」即煩惱，煩惱就是欲念，欲念就是有所求。在學道期間若有所求、有所得，就會有煩惱，求學時也不可求有所得，我們要學的是求清淨心地、無所求、無所得；如此才是真正正信的道根。

## 2 精進根

謂既信四念處正觀，

及助道善法，

倍策精進，

**勤求不息，**
**是名精進根。**

「精進」，所謂「精」即精粹而不雜，「進」乃前進不退；專心一意前進就是「精進」，「專」是心無雜念。我們必須選擇正確的道路，而修行即修道，也就是走路的意思。佛陀講經便是講「道」，道就是路啊！我們既然在這條道路上修行，就是跟走路一樣。一個人的雙腳若很健壯，則可以行走長遠的道路，而且可以走得非常安穩。

走路，必須在前腳落地時，放開後腳，否則無法前進一步。一個人在日常生活裏必定要「行茲在茲」——做任何事都要專心一意於正在進行的事上，無論是說話、走路……都必須專一心思，貫注精神。總而言之，言談語默、舉手投足，一定要專心。「前腳走、後腳放」的意思就是說：昨天的事就讓它過去，要把心神專注於今天該做的事上。如果還不斷地回顧或憶念昨日之事，就叫做雜亂心，也可稱爲煩惱心。若能將心念放在今日此時此刻，則稱爲專心正念，如此就可以進步了。

## 說食數寶奈餓何

修行最主要的目的，無非是要修得我們這一念心能專一不雜亂，所以想要更加精進進步，就必須先修專心之念。做事業的人，定要專心做事業，積極發展才能成功；求學者更要專心唸書，學業才會進步；而道業要想有成就也是一樣，仍然必須靠專心，絕對不可能有你修我得的道業。

佛陀在世時阿難陀尊者有一天問佛陀說：「佛啊！我是您的弟弟，也是您的弟子、您的侍者，我每天跟隨在佛陀的身邊，我什麼時候才能夠智慧開竅？什麼時候才能與佛一樣呢？」佛陀手捧著缽，沿路托缽得了一些飯，就和阿難坐在一棵大樹下，一面拿起缽，一面叫阿難看，便開始吃飯了。佛從阿難問話開始，到佛陀吃飽飯爲止，都沒有回答任何話。吃飽飯後，他就跟阿難說：「阿難啊！我現在吃飽了，而你飽了嗎？」

阿難回答：「佛陀，我還沒吃飯，怎麼會飽呢？」佛陀就說：「阿難！與此同理啊！我修行是我所得，你用心是你所得，天下間沒有我修你得的事。所以，你要趕緊用心啊！好好地用這專一的心念去精進。」

這是佛陀與他弟子平時的說法，由此可知佛陀教導弟子修行的方法。佛陀的責任只是教導，而實踐的道路，還是必須自己去走。因此，我們一定要專心求道，這樣才能夠精進，這就是所謂的「精進根」。

## 修行必須有道路

「既信四念處正觀，及助道善法，倍策精進，勤求不息，是名精進根。」「四念處正觀」即「觀身不淨，觀受是苦、觀心無常、觀法無我」，「觀」也是用心的意思。除了四念處外，還有四如意足、四正勤……等等，是幫助我們成就道業的「助道善法」，我們必須每一項都專心思考，不只聽法就好了，一定要身體力行去體驗善巧，如此便可以倍策精進，事半功倍。

總而言之，修行必須懂得綱領。佛法如大海，究竟要選擇那一個法門呢？實在說，這是相當困難的事，佛陀的三藏十二部經，到底那一門才是初機呢？根本毫無頭緒。但是若能了解四聖諦法的「道諦」，也就是說從「三十七助道品」著手，那麼將可以事半功倍，倍策精進。所以，只要認清佛法的綱領去精進，用功就不會白白浪費了，而且更可以鞭策我們精進的道心，勤求不息。

我們常常因爲不知道方法，所以在研究法理時無法產生信心，沒有信心自然會懈怠下來，「不得其門而入，故而懈怠」。若是依循綱領開始用功，就會因爲認清方向、了解事理而倍加精進，不惑不疑而勤求不息。

## 善行原自涓滴起

就如我們慈濟的工作一樣，許多尚未了解慈濟的人，對慈濟總是抱以敷衍、應付了事的心理，認爲委員向他勸募善款是件好事，而且每個月樂捐五十元、一百元，對他的生活不會有什麼影響，於是看在委員的面子上，以及做善事的緣故來參加。

但是，只要親自來到這裏的人，就會了解自己每個月所捐獻的一百、五十，甚至三百、五百元，原來是在做這麼多救人的好事情。了解之後，不但本身加入長期會員，還將慈濟精神宣揚傳佈，讓親友及更多人知道。若是再多接近、多接觸我們的工作，就會更進一步了解慈濟，主動去探望貧病、孤苦無依的阿公、阿婆們，看看他們生活如何艱難與困苦。身歷其境的感動是筆墨難以形容的，許多會員便是這樣發心投入委員陣容。

只要親身去做、去體會，自然對慈濟這項事業能勤求不息，能真正懇勤地去付出、長期勸募善款，從事救貧教富的工作，而且愈做愈覺得有意義，這是因爲已經了解慈濟全部的精神。就像我們二十多年來，委員們只要一踏入慈濟之門，就終身不懈怠、不退轉，這便是因爲他們身心皆已經投入慈濟之中，並體會到箇中的意義，所以能精進不息。

修行就是要這樣，先堅固信心後，才能穩定精進。什麼叫做菩薩道？若只在文字上論菩薩，根本無法體會到菩薩那份付出的快樂與法喜。例如處在慈濟的世界裏，日常的工作無比辛苦，我相信每個人雖然身軀疲勞，但是心中一定不會厭煩，而且越忙越高興、越快樂。看看我們的委員，在醫院做了整天的義工，已經非常辛苦了，回到精舍，一看精舍的工作還這麼多、做不完，也不顧身體的勞累，一樣發心繼續幫忙趕夜工，這是他們的一份喜悅與歡喜心，這種歡喜心能夠消除身心的疲勞。

通常我們做事做累了就要休息，對我來說，休息的意義，應該是換另一種方式工作，這樣才是最適當的休息，並非靜靜地坐著不動。當我們做一件事或固定一種姿勢的時間太久，容易使身心產生疲勞現象，若感覺疲憊時，可以站一站或換個姿勢，更可以做做其他的工作，這才是消除疲勞的最佳方法。

我們要多多利用人生，你若能體會人生真正的意義，自然不忍心浪費生命與時間；多一份活動，就能多成就一份工作。我們修行時也是如此，能體會人生真正的道諦，自然就不會常常抱怨身體疲累，心神疲乏。所以說「倍策精進、勤求不息」，真正地慇勤不停息、不懈怠，則稱爲「精進根」。

## 3 念根

謂仁念正道，
一心觀想，
不令邪妄得入，
是名念根。

我們一切的舉動都是出於內心的一「念」，對於喜歡做的事，心中一念就能推動身體去行動，我們若能常常培養一份仁德之心，我們的念就能時時在正道中。大家要專心一意，好好地觀想：仁者人也，身爲一個真真正正的人，與禽獸之間的差別便是在此「仁」字。佛陀示現人間是爲了救濟衆生，

「衆生」不只是指人而已，其他的畜生類也是衆生之一，我們人類是各種蠢動含靈中的一種，所以孟子說：「人之異於禽獸者，幾希！」他認爲人異於禽獸的沒有多少；說句更坦白的話，就是說人與禽獸實在很類似，差不了多少，能異於禽獸的沒有幾人。

而佛陀來世間教育人們，就是希望人能夠遠離禽獸之心，返回接近原來的人性。三字經云：「人之初，性本善」，就是說每個人生下來時，本性都是非常善良的，善性就是仁心——仁愛的心；有善的性，就有仁愛的心。只可惜我們從小生長在人世間，受到種種雜念、物欲的引誘，使心中的仁念逐漸地淡薄了；欲心侵佔仁心，欲念代替了仁念；欲心逐漸增强，因此仁念就慢慢薄弱了。

所以，我們現在學佛，最主要的是希望我們能「反觀自性」。平時我們的心都是向外追逐，在社會上追逐人我是非及五欲，人性一直散放在外界，無形中與禽獸之性混在一起。佛陀來人間就是要教育我們，返回「人之初、性本善」的這份良知靈性，希望我們心存仁念（仁愛的意念），時時走在正道上，常常一心觀想，這就是「反觀自性」。

我們若能時時刻刻反省自我，好好來反觀自性，邪妄的念頭自然不會侵入自性。這裏所謂邪妄的念就是欲念、無明的念、人我是非的念，我們若能一心觀自性，自然會看開人我是非，心無私念。無私念就不會分別人我，就不會生出是非，所以說「不令邪妄得入」。若能如此，就能時時保持觀照仁念之心，此即稱爲「念根」。

## 治心守意於未萌

過去的聖人非常謹慎注意自己的心志，所以能治心於未萌——在惡念還未生起之前，就要善加治心，保護心念，並且防情於未亂——好好預防情緒的動亂。若能如此，就可以稱爲「覺有情」——「菩薩」了。

所以，賢哲「有終身之憂，而無一朝之患」。古聖先賢有一輩子的憂慮，卻沒有一日的錯誤，這裏所謂的憂慮，是說賢哲之人非常謹慎，不敢稍微放鬆心志，時時戰戰兢兢，保護自己的心念。所以說，古之聖賢有終身之憂，這個「憂」是「憂道不憂貧」——只憂慮自己是否終身都能行於仁道之上，而不煩惱自己今日是貧窮或是富有。人如果憂慮自己失去正道，自然會謹慎小心，而不致發生錯誤。

總之，請要多多用心，專心一意，要有這份仁心正道，一心觀想，不令邪妄得入，此即是「念根」堅固。萬法皆出於一念，所以我們必須時時注意自己的心念，先賢治心之道，是在於未生惡之前令其不生；對於感情，也是在情緒未亂之前防患未然。總而言之，學佛也是一樣，必須時時刻刻保持警惕，注意自己的起心動念。

## 4 定根

**攝心正道，**
**一心寂定，**
**相應不散，**
**是名定根。**

攝，即統一的意思。我們必須將心念統一起來，使其專一；若能專一心思，力求正道，則能達到寂定、心不散亂的境界。學佛有三無漏學，即「戒、定、慧」，要使自己的心念寂定，必須先守持戒律，也就是在未生惡念之前，要防患未然，守戒令其不生；在感情尚未動亂之前，要事先預防，這就是「戒」。我們能令心不生惡念，當然就不會去造惡業；能使情緒不亂，自然心能安定；心若靜定，就會產生智慧。

所以，此處所說的「寂定」，就是心思專一的意思，也就是佛陀慧命的最高境界。

## 心不散亂就是定

學佛有許多門徑可遵行，比如說淨土法門，專心念佛的目的，就是要使自己的心念專一。禪門中的打坐、參禪也是要訓練我們的心智一如，使心與智合一。智即對事理的分別與決斷，若能使心思專一，則可以同智一心，這就稱爲「寂靜」，也叫做「寂光」。心靜則能迴光返照，也就是說，將我們這一念在外遊蕩分別之心，收攝回來反照自己的本性，稱爲「常寂光」，又可稱爲「涅槃境界」。

何謂「涅槃」？有的人可能會以爲往生就是涅槃。其實不是的，涅槃是常寂光的境界，也就是說心念無生滅，沒有煩惱的染著。內心可產生慧性，並徹照本來的心地風光，這也可稱爲寂定、寂光——寂靜光明的意思。

因爲凡夫的心地雜亂、黑暗，所以修學就是要反暗爲明，使黑暗的心性反照，重見光明；那麼，就必須先使心念一致。若能如此，則寂定相應，心不散亂，心不散亂就稱爲「定根」。

## 大家樂的怪誕

現代的社會極需這個「定」，因爲現在的人都欠缺「定心」，所以社會形態變成「怪、力、亂、神」到處充斥氾濫的情形。最近幾年，泰半的宗教也是常常都在談論怪誕、鬼神……，尤其是這兩年來，社會大衆沉迷於「大家樂」，說什麼「明牌」，必須求神問卦指點中獎號碼，又有人傳言說，只要打電話撥一串數字，就可以在陽間和地獄閻王殿聯絡通話。那天我聽到一位會員跟我說個傳聞：

「有一個婦人第一次賭大家樂就中了五萬元，她覺得這麼容易就得到五萬元，簡直比辛辛苦苦地做生意賺錢好多了，所以從此著迷似地開始玩大家樂。結果一直沉迷下去，無法自拔，甚至傾家蕩產，還不知回頭；直到債臺高築，無法還債時，她竟跑去請問『明牌』。有人告訴她，只要到墓地找個墳墓，然後向著墓碑磕頭跪拜，請死者保佑，指示『明牌』，就能夠如願以償。

「她果真跑到墓場裏找墳墓跪拜，求墳裏的死人保佑她。拜完後，返頭回家，這時忽然出現一位老伯伯，看著她問道：『你來這裏做什麼啊？你拜的是誰？』她回答：『我想求明牌，所以來此求拜。』老伯伯就跟她說：『這還不簡單！我告訴你一個祕密，你回家後，晚上打電話撥……。』

「這個婦女到了半夜，真的拿起電話開始撥……，結果電話接通之後，對方傳來陰森森的聲音說：『你找我有什麼事？』她回答：『我請你指示一個明牌的號碼。』對方真的給她一個指示，她就趕快記下此號碼，卻忘了問對方是誰。後來，她真的幸運地中了大獎——兩千萬。她樂得不可開交，還沒去領錢之前，就跟她先生說：『我中了兩千萬，真是高興死了，我們開始來計畫如何利用這兩千萬。』

「那天晚上就寢前，她心裏想著：『那位不知名的人幫了我的大忙，使我中獎兩千萬元，我應該好好報答他，並且請教他尊姓大名。』於是趕緊又拿起電話筒開始撥那個神祕的號碼。電話的那一端同樣是那個人接的，她就問說：『你是誰啊？我想報答你給我帶來這麼大筆的財富。』對方傳來一陣令人毛骨悚然的聲音：『我不需要你報答，我只要你來——跟我作——伴——』這婦女一聽，嚇得拋開電話筒，急得叫醒丈夫，一五一十地把事情說給他聽，他先生在睡夢中被搖醒，就對她說：『你根本是在作夢嘛！』未予理會，一翻身，又繼續睡自己的覺。

「第二天早上，他先生醒來後，見太太尚未起床，就叫她起來，沒想到轉頭一看，她竟已七孔流血，一命嗚呼！就這樣，錢還沒領而人已經死了。」

這個故事到底是真實的，還是人家編造的，我並不清楚。不過這種傳聞，大多是人所揑造，然後一傳十，十傳百……不斷擴大。佛教中有一句話說：「一人吐虛，萬人傳實」，就是形容只要有一個人打妄語、說謊話，就會人人口耳相傳，弄假成真。

這就是「怪誕之說」，無中生有，這種「怪」會使人沉迷，雖然剛剛這位婦女的傳說不一定是真實，但是現在的「大家樂」真的使人沉淪墮落，而且許多家庭都發生悽慘的悲劇。最近，新聞報導又有一家五口死亡，原因不明。據說，這家主人平時迷於「大家樂」，沉迷到不願照顧事業生意，而且全部錢財都耗費殆盡，到處告貸，債務累累。所以有人猜測，他因爲無法償清債務，而下毒把全家人都毒死，此案仍在調查之中。

像這種情形，就是因爲財迷心竅，導致怪力亂神擾亂社會，不得平安寧靜，這是社會上「怪」的現象。

## 怪力亂神入邪道

還有一種是「暴力」問題。現在的社會，動不動就比刀動武。人與人彼此相處，別人對他的恩惠感情不論有多大，只一下子的時間就忘得一乾二淨，萬一那一天稍稍使他不如意，就會以暴力來報復。現在的人真是爲了一點芝蔴小事就要打人、殺人，連無冤無仇的陌生人，他覺得看不順眼，或是不如意，就動手動腳，使出暴力，橫行霸道，這就是「力」。

不只是民間社會常有暴力現象，連國家官員、政治團體，都發生這種暴力情形。在電視新聞報導裏，可看見他們在會議中，若有幾句話不投機，就動手打人，或跳到會議桌上搶奪麥克風，這不是動武的現象嗎？不是「力」的問題嗎？當然，這也是「亂」的現象。

現在的社會，人心亂成一團；而宗教大部分都談神論鬼，雖然拜佛卻不能接受正確的思想及宗教的教育。一般人入佛門便想求神通感應，心存這種念頭則容易走入邪道，使精神散亂；所以，心有所求的感應，不但不能修成正道，還會擾亂心神。這些都稱爲「怪力亂神」。

孔子是一位教育社會世人的聖人，他也禁止學者及人們談論「怪力亂神」，以免人心惶惶，社會不安。今天一大清早我看了一篇文章，不只是臺灣有這種情形，連先進國家都有怪異的現象：美國有位女學者，擔任某大學的教授，她爲了探討靈魂的問題，也跟著人家去研究催眠術，相信催眠術能夠引出人的靈魂，得知過去生的種種情形。這種方法有點像臺灣民間的乩童法術一樣，當被催眠者進入催眠狀態時，其面容形貌都完全變形走樣，全身扭動，坐立不住，搖搖擺擺地說：「我的前生是一個農夫，因爲國家發生戰亂，被徵調出征，結果死在戰場，墮入地獄。」

當她清醒的時候，還不斷地强調其前世是一個農夫，使旁觀的學者信以爲真，認爲催眠術確實可以使靈魂出竅，得知過去世的種種。此舉還掀起美國學術界的一陣風波，許多學者及民衆就一窩蜂地沉迷於催眠術。其實說好聽一點是催眠術，若以臺灣的世俗話來解釋，就是「牽亡」、「問乩童」這一類的道術，都是所謂的「怪力亂神」。

## 行住坐臥皆是禪

學佛並非要學這些，而是要修養本身的靈性，希望我們學得「戒、定、慧」——「戒」是我們日常生活的規矩，「定」可以使人專心一意，如此自然能產生智「慧」。所以，我常說要「念茲在茲」、「行茲在茲」，做事情的時候，若能夠專心做事，就是所謂的禪功。例如有一天大家在趕工作，五六個人擠在工作房裏，而屋外也有許多人繼續在工作，這種連貫式的作業，第一步驟若做不好，後面的人就得再多花一番工夫。

我走上前教他們怎麼做，怎麼拉直、撫平，一下子就完成工作，而且產量比五六個人做得多。爲什麼已經進行了兩三天的工作，還沒有想到這個方法，讓工作做得又快又完美呢？那就是心不在焉啊！所以常常有人說，每次師父來指導過的工作，都會更加快速、更加完美，那就是因爲我做事情都是「念茲在茲」，手在工作時，心思就在手上；雙腳走路時，心念就在腳上；開口說話，精神就放在嘴上。總而言之，就是我們的精神要統一，心念要一致，絕對不可分神，心神不分散就稱爲禪。所以過去的禪師曾說：「挑柴運水無非道，行住坐臥皆是禪。」吃飯、喝茶無不是禪。諸位，一切舉動若能將心念常常統一專注起來，就稱爲禪定。我們學佛就是要學這些，若能如此，「定根」才能發揮作用，穩固定力。如果在安靜無人打擾之處打坐，心思穩定不散亂，但是一離座位，與人交往談話，就開始起煩惱，或是一工作就不能定心，那麼，這種短暫的「定」是沒有用的，即使打坐的功夫非常高深，也是没有用的。

真正學「禪」練「定」，是在挑柴運水等一切舉動之中，精神統一、心念一致、不受影響，這就是「定根」。「定」並非爲了求神通，而是爲了心思能統一，簡單地說，心若能定，則做什麼事都順利通暢，一個人可抵過四、五個人的工作量，而且做得事事完美無瑕疵，這不是「神通」嗎？我們若能將佛法生活化，則舉手投足無不是在禪定中，所以，我們一定要多用心，要專心一念、精神統一，不可爲求怪力亂神而學佛。

## 5 慧根

**四念處之慧為定法所攝，**
**內性自照，**
**不從他知，**
**是名慧根。**

這裏所說的慧是「四念處之慧」，「四念處」即觀身不淨、觀受是苦、觀心無常、觀法無我。若能細心深思這些道理，並且加以研究分析，便能得智慧了。

而慧「爲定法所攝」——必須要有定心，才能夠產生慧根。學佛一定要專心，若能專心一致，自然可以精神統一，精神統一則無事不通。定能生慧，所以慧爲定法所攝。也可以說，慧即內性，學佛者大多求明心見性，要明心見性必須反觀觀自性。

## 智為分別知解心

平時我們的心思對外界的事物，會起分別認知的作用，這就是智，「智慧」二字雖常合稱並用，但是這二字的意思有所不同，「智」是分別智，社會人士及學者專家，都屬於智者；而「慧」是宗教家所具有的特性。「智」是有分別心的，能將世間的色法分辨得一清二楚，例如「智」能分離組合物理，尤其是現代的科技發達，生活水準提高，人類不僅可以從地球到達月球，還可以遠抵其他的星球，這些都是社會上的科學家及學者，專心致力研究宇宙的真象，積極發展科技所得到的成果；又例如牛頓，因爲一顆蘋果落地，而發現地球的地心引力。這都是「色法」。

總而言之，許多發明家、科學家，皆以智慧來分離組合物理，能專心探討最基本的物質元素，也能夠將各種元素組合成各種物質，這就是分別智。雖然能使人類的知識擴展，但是卻在人間潛藏著各種危機。

例如科學的發達，對社會的知識水準有提高的作用，對物質生活的享用也有所幫助，但是它卻造成許多後遺症，更潛伏著破壞自然環境的高度危機。現在的戰爭已經不像古代一樣，人穿著戰甲、騎在馬上，一刀一劍互相擊殺。隨著時代的進步，人類發明了手槍來代替過去的刀劍，刀劍必須在短距離才能殺傷對方，而槍只要在遠距離瞄準目標，就可扣板機，所以它的威力比刀劍更大。但手槍一顆子彈只能射中一個目標，於是更進一步，人類還發明炸彈，一顆炸彈就會毀滅許多生命，破壞無數的家園。而現在更進入核子時代。人類所生存的世界，能夠保持和平無戰亂，是人們最大的幸福，而如今世界的生滅大權已被少數人所操縱。這世界上幾個大國的少數人，若是在心理上稍不平衡，就可能控制整個核子武器，而使世界毀滅；因爲現在的核子武器，只要輕輕地按個鈕，就能夠發揮無比猛烈的威力，足以毀滅整個世界。

科學雖然能增加人類的知識，但是卻給人間帶來許多大危機。除了國際間的戰爭之外，每一個家庭中也埋藏一顆不定時的炸彈。因爲現在的家庭，三餐都靠瓦斯爐來作飯，不像以前，都是用柴火木炭及爐灶來燒菜煮飯。瓦斯的危險性極高，一不小心就可能發生爆炸，並且帶來許多災害。不只瓦斯容易爆炸起火，電視也會爆炸燃燒，甚至還有冰箱、冷氣機等電化產品爆炸著火的。這些物品都是我們日常生活中不能缺少的東西，而科學發達雖汰舊換新，卻也將原本較具安全性的物品換成高危險性的產品。

這都是人類的聰明智識所帶來的危機，這些「智」是屬於社會科學性的「分別智」。

## 一個獵人與大象的故事

此外，一般人大多數都自以爲聰明，這也是屬於「智」。社會上因爲有太多聰明的人，才會導致一些怪、力、亂、神的充斥與氾濫。聰明是「世智辯聰」，並非單純的智識。這種「世智」會製造許多社會問題，也會發生許多暴力現象。例如有一則新聞報導說，嘉義地區發生一件「智慧型」的偷竊案，一個竊賊利用某醫生到北部旅遊時，闖空門將其錢財寶物都偷光。

這個醫生與全家人出門之前，在診所門前貼了一張公告，說他某日要出門，直到那一天才回家，請他的病患這幾天不要來看病。有一個人看到這張告示後，得知醫生家這幾天都空無一人，於是費盡心思打造了一把鑰匙，開門進到裏面，安心地搜尋財物，連保險櫃也被他打開，所有的貴重寶物都被他搬走。

另外一個個案是發生在銀行的職員身上，這個職員利用他值班時保管鑰匙，監守自盜，偷運出銀行裏五百多萬元的現金，然後逃逸無蹤。這些做案者都是非常聰明的，但是聰明反被聰明誤，這種世智辯聰，不僅誤了自己，也毀了他人，而且小則毀滅自我，大則毀滅整個地球。

因此科學家、社會學者、世智辯聰者，這一類皆屬於「智」；而「慧」是屬於宗教的特色，因爲宗教是提倡道德、愛心的。不論是什麼宗教都如此，例如基督教、天主教所提倡的是博愛——針對人類的「博愛」。只要有愛，當然都是好的人生，至於其教義的深淺還在其次。而佛教所謂的愛，還要更深入一層，即「平等的愛」。

「博愛」與「平等的愛」並不完全一樣，「博愛」是對「人類」的愛心，佛法的「平等愛」是「愛衆生」的心，衆生與人類不同的地方是——人類只是衆生之中的一種生命體而已，佛法中對衆生的愛是「蠢動含靈皆有佛性」的愛；不但是愛，而且尊重所有的衆生。所謂的「尊重」，在佛教中除了尊重人之外，也尊重其他的生靈，六道衆生皆有佛性，墮落地獄的人將來也可以成佛，甚至在餓鬼道中的人，也是可以當菩薩的。

佛陀的本生經中說：佛陀在三大阿僧祇劫行菩薩道之時，偶爾會現身於畜牲道中感化同類；佛不只示現人身在世間化導衆生，他有時候也會到地獄去教導地獄的衆生，並且代替他們受苦。例如他到地獄中替人拖「火」車，這種「火」車不同於人間的「火車」，這是整輛被燒紅烤熱的火鐵車，必須由犯罪的人拖著走，這是地獄中的刑罰之一。

有一位老人在人間造罪業而墮落地獄，受「拖火車」的酷刑，一位青年在地獄中看見這個老人已年老體衰，還拖著這輛又紅又熱、又重又燙的火車，非常不忍心，就過去幫忙老人拖火車，請他在旁邊休息。結果被獄卒發現了，就告訴他說：「各人的罪由各人受，爲何你替他拖車呢？」獄卒起了瞋心，舉起手上的棍子就打這位青年。青年就是過去生中修菩薩行的佛陀。

佛陀說：「我不入地獄，誰入地獄？」我不去地獄度化衆生，那誰要去呢？他替罪人受刑罰，又被獄卒責打，仍然心甘情願地要爲衆生入地獄。

佛陀也曾經現身畜牲道中。在佛教的鹿母經裏就記載佛陀現身爲鹿的故事；他也曾經現身爲象王，並且長有六隻象牙。象牙是非常有價值的珍貴寶物，一位獵師見此象比普通象多了四根牙，於是起了貪婪之心，將毒藥抹在箭上，朝著此象射去。象王中箭之後，周圍的象羣全部都圍攏過來，象王馬上用象鼻子繞住獵師保護他——有如一個人用雙手環抱他人一樣，使他不受象羣的傷害，象王對周圍的象羣說：「我發心行菩薩道，既然是菩薩心，就絕對不能對人起瞋恚，即使人來傷我，也不能發瞋怒恨意，一定要以寬大的心量來包容，要有平等的心，有透徹的大愛。」

說完之後，便問獵師：「你爲什麼要用毒箭來射我呢？」獵師答說：「因爲我需要你的象牙啊！」象王一聽，就以牙撞石壁，讓象牙斷落下來，送給這個獵師。

象王一點也不起瞋恚之心，還寬容大量地對待獵師，結果感化了獵師。從此以後，他徹底悔悟，並且現身說法，感化所有從事狩獵的獵人，保護了山林中全部的象羣。

## 慧光遍徹天與地

菩薩的愛心就是如此，他的愛心普及衆生，所以「慧」除了能分別透徹了解一切道理之外，還能發揮人性平等的智慧，所以此處說的「慧根」，是四念處之慧，因爲他透徹了「觀身不淨」之法，不會爲了保護自己的身軀而起瞋恨的怨心，如此自然就能平等對待一切衆生。所以，四念處是我們產生智慧的根源，欲透徹四念處觀，一定要專心、有定力，不使心散亂，若能做到這樣，就可以從「內性自照」而知：身乃不淨物、受是苦痛、心爲無常、萬法無我。能透徹這些事理，自然慧性自照——反觀觀自性。我們的性與衆生的性都源自平等，而智慧必須自己去體會，並非求佛就能賜給我們智慧，或開啓我們的智慧，天底下絕對沒有這種事。

佛的責任只是教導我們，智慧還是必須靠自身去修取，我們接受佛陀的教法，並非我們缺少了佛陀所擁有的東西，而請他送給我們；人人皆與佛平等。所以，每個人都必須自我要求，若能做到「內性自照，不從他知」，就稱爲「慧根」。「五根」產生之後，「五力」就自然能夠堅固，若「根」不生則善萌易被損壞，所以我們要堅固各種「根」，使「五根」具足。

# 五力篇

- 信力
- 精進力
- 念力
- 定力
- 慧力

我們已經講完「五根」，具足這五種善根後，仍然要加强堅固其力量，否則有根無力，根一樣會敗壞，所以我們一定要再增加根力。

止觀輔行問云：

「名同於根，何須更立？」

「善根雖生，惡猶未破，更須修習，

令根增長，根成惡破，復名為力。」

「名同於根，何須更立？」既然「五根」與「五力」的名稱都一樣，為何要將它分別，根之外再加上力呢？「善根雖生，惡猶未破，更須修習，令根增長，根成惡破，復名為力。」意思是善根雖然已經生出，四念處的道理也了解，但是必須再往下紮根，堅定穩固它的附著力，而且惡習尚未破除，所以要再修習善念，使善根增長。

此處所謂的「惡」，是指我們平常的習氣，雖說「人之初，性本善」，人的善根是與生俱來的，但是我們的習氣從無始劫以來，就由過去生帶至此生，而且又加上現在社會各種形態的污染，和社會觀念混雜在一起，而產生「惡」。

舉一譬喻來說，佛教像一個鎔爐，衆生的陋習就像廢鐵、雜鐵一樣；佛教以佛法灌輸我們的精神、洗練我們的心地，我們聽到佛法的時候，覺得佛陀的教育及佛法的開導真是非常有道理，並且當場覺悟自己過去所做皆非；自覺錯誤而自我反省，如同廢鐵在熱爐中已經被火烤熱燒紅，並且開始軟化。但是這些熱紅的軟鐵若沒有繼續燒烤，一旦火勢漸小，它還是會冷卻，還原成本來的廢鐵，一點雜質都沒有除掉。

眾生的習氣就是如此，聽了佛法之後，覺得非常有道理，但是若沒有接受人事的磨練，仍然不會有任何改變，所以我們一定要在人與事中互相接觸，才有真正磨練的機會。因此我常常將人事的磨練比喻成一隻鐵錘，所謂「打鐵趁熱」——當一個人接受佛法之後，覺得過去皆非，今日開始要創造真正的人生；那麼我們就要在建立這種人生觀時，立刻以人事磨練來鞭策，使做到事理相融、人事圓滿的程度。

所以，人事磨練是慈濟工作最好的大鐵錘，它除了啓發人的良知之外，還可以鞭策人發揮良能。因此，想要使善根萌生並增強它的力量，除了佛法精神的教育之外，還必須加以人事的磨練。

## 「信」為生命之所寄

我曾經親身接觸過一個人生實例，這是一個心理有障礙的青年，從小就失去父親，由母親撫養長大。因爲他是獨子，所以母親更加疼愛他，將一生的愛都給了兒子，對他照顧得無微不至。直到他十二歲那年，母親病重垂危，只好在臨終前爲他找個可靠並且肯照顧他的監護人，最後她請兒子的堂兄及堂嫂來代她撫養。

因爲他父親在家中排行老么，他的堂兄與他父親的年齡非常相近。他母親放心地將他交託給他們夫婦，希望他們把他當做親生兒子來愛護、撫育，使他長大成人。

他的堂兄、堂嫂受了他母親的再三託付，真的對他百般呵護，甚至比自己的親生子更加疼愛，於是，堂嫂如同親生母親一樣，無微不至地疼愛他，結果使他變得非常依賴，而產生一種戀母情結。

他讀高中時，功課非常好，但是學校課業對他的精神造成很大的壓力，而且他覺得同學排斥他、嫉妒他。在這種情形下，他漸漸地與人隔離、遠離人羣，然而對嫂子的依賴性卻越來越强烈。有一次他由於心情煩悶，覺得孤立無依，一回到家就向堂嫂傾訴，並全身投進堂嫂的懷抱中，如同子女向母親訴苦一般，將所有的情緒發洩出來。經過這一次的親暱行爲後，他忽然覺得自己對堂嫂的感情變得很複雜，但是他嫂子對他的親暱擁抱，是非常單純的母性之愛，是一種關心與鼓勵的安撫及慰藉……。没想到這種無比溫存、萬般關切的動作，竟讓他想入非非，產生不健康的心理，一看到堂嫂就覺得自己有罪惡感，内疚極深。

在學校，他坐立不安，覺得同學不但嫉妒他，而且已經知道他的祕密。其實，大家都一樣照常上學唸書，並不知道什麼；只是他自己的心理在作怪，疑神疑鬼，看到同學三五成羣在談話，便認爲大家都在談論他、排斥他。他平時成績很好，所以老師會在課堂上表揚他，現在老師請他出來受表揚時，他就覺得老師好像已經知道他的事，並且故意以反面來教導他。而這些事情一定是同學們告的密，所以他一看見老師，就起一份罪惡、慚愧的心。

老師看他的成績非常好，但近日精神卻有點恍惚，不能安定，於是特別找他個別輔導，溫和地問他原因，並表示自己真正的關心與鼓勵，最後又提醒他要努力用功，不可胡思亂想。

他放假回家，一走到自己的村莊，看見堂嫂既想親近，又想逃避，走在路上或田間，見人對著他笑，他就覺得人家心懷鬼胎；若是不跟他打招呼，就以爲別人已經知道他犯的罪，所以他再也不敢住在自己家裏，趕緊逃回臺北，住進學校宿舍。

總而言之，經過這一次的打擊之後，他失去了定力，本來學識能力很強的他，再也無法保持學業成績的水準，一直對自己缺乏信心。最後他發現自己有嚴重的心理問題，於是主動地去找心理醫師解決。心理醫生耐心地開導他，使他的情緒在短期內安撫下來，重新努力用功，學業成績才又突飛猛進；但是沒多久，他的雜念妄想及罪惡感又開始作祟，結果成績再度一落千丈，心理問題也更加嚴重，到處疑神疑鬼，精神恍惚，散亂不定。

有一天他走在街上，不幸被一輛摩托車從後面撞來而受傷倒地，被人送到醫院急救後，他的堂兄、堂嫂及老師、同學全都趕到醫院照顧他，每個人都非常關心他的病情。但是別人的關心與照顧，對他而言卻是一種侮辱，因爲他認爲大家都覺得他自己沒有獨立生存的能力，並且認爲這樣憐憫他是件非常可恥的事。老師知道他的情形後，就告訴大家讓他自立，不要使他產生自卑感。兩三天之後，他見大家都不來探望他，竟然覺得所有人都放棄他。

後來，心理醫生又再度到醫院找他，不斷加以輔導，當他的病情漸漸穩定，身體慢慢康復後，心理醫生便帶他出院。他與醫師共同相處了一段時間，在這期間內，他的心情非常平靜、穩定。但是過了一段時間後，他獨自出門，走在臺北西門町的街上，碰到一羣人圍聚在一塊說長論短，不知是在咒罵何人。他無意間聽到人家說「這種人最没有用，應該去死」，便誤以為連不認識他的人都叫他去死，那自己還活在這世界上做什麼呢？根本毫無意義與價值。

此時他覺得所有鼓勵他的人都在欺騙他，因此萌生自殺的念頭，認為自己活在人間没有什麼用，於是跑到淡水河的某一水門，割腕自殺，等到被人發現時，他已經失血過多而昏迷不醒了。後來仍然被送到醫院急救，這次他真的是從死神的手裏被救回來。在他養病的這段時間，所有的人都盡量避開，讓他冷靜地接受心理醫師的照顧與輔導，終於在這次的醫治下，他的身體不但恢復健康，心理也不再異常。聽說幾年來，他一直非常平靜，大學也畢業了，並且找到合適的結婚對象。

但是他康復的這段時間裏，曾經對我說，自己雖然久無發病的跡象，卻仍然對自己的信心不夠堅定，没有把握是否日後都能如此順利正常。這是以前我所遇到的一位年輕人的人生經歷，很慶幸的是，這幾年來，他沒有再發生任何異常情況，可見他真的已經平靜穩定下來了。

## 多一分信任少一分疑念

宗教除了要使我們看開人生之外，還要教我們萌生善根，也就是往下紮根，穩固基礎與根本。剛剛我所提到的這位年輕人，雖然大家都鼓勵他上進，使他產生信心，但是信根尚未穩固，盡管他有一段時間非常平靜，但是仍有自我傷害的心理，這就是根基不穩，力量不足；如果他的自信心能增加力量，那麼，自然能排除外界許多無關自己的是非。其實別人無心的眼光看他，他卻當作有色的眼光，別人無意批評的言語，他卻認爲人家對他有所齟齬；而堂兄、堂嫂將他視如自己的孩子，他卻對堂嫂環抱撫慰的母愛之情產生複雜的感覺，而自覺罪不可赦，總是以爲他破壞了人倫、喪失善念而造下罪惡。

這就是對自我信心的力量太弱的關係。我們學佛就是要撥開人生的是非，尤其是心理作祟的問題，更要盡快解決。這裏所談的，就是要加强「五根」的力量，一個人看開宇宙的真理後，要將此信念與精神往下紮根，加强信根的力量，產生信力，除了能相信別人之外，還能相信自己。

所以，我常常說，普天之下，沒有我不愛的人、也沒有我不信任的人，或不原諒的人；如果我們能具足此「三無」，則能使心理健康並正常發展，而自然會寬容人、愛人、信任人。若對人有疑心，就無法愛人；對人有疑念，就無法原諒人；對人有疑惑，就無法相信人。你否定了世間的一切，當然對自己的信念也消失了，學佛就是要堅定我們的信根，也要堅定我們的信念。所以這段文中說「善根雖生，惡猶未破」，雖然善根已經萌生出來，但是壞的觀念尚未洗除，因此應該更進一步自我鍛鍊，善加修習，加強信根的力量，若能如此，則能破除惡習。

總之，根的力量一定要增長強化。如同農夫耕種田地一樣，施肥時要分別肥料的用途；保護作物的葉子，還是加強根部生長，都有一定的施肥方法。現在我們應該加強的是根部的力量，如此自然能滅除罪惡；多一分信心，就能減少一分疑念。方才所說的這個青年，就是缺乏信心，所以會生疑念，若加強信心就可減少疑念，並能增加力量；所以「信根」之後還要加上「信力」。

## 五力是五根的增上

「五根」接著談到「五力」，力就是加强根的力量，有根無力也無法成就我們的道業。發多大的心就有多大的福，發多大的願就有多大的力；也就是說發心發願之後，還必須身體力行，若只是發願而不去推行、不好好去實踐，那麼，願再大也只是虛願而已。所以發願之後，就把善念牢植於心中，這稱爲善根；而加强根的力量，身體力行，就稱爲願力。願與力要平衡，力能推動願的實現，所以力是非常重要的。力就是動作，就是身體力行。

最近大家都很忙碌，我們的工作房不只是大家在工作，連臺北來的幾位老菩薩也跟著從早忙到晚，幫忙完成這些加工產品，她們的手若多轉動一下，我們的成品就多增加一塊，一天中無數的分分秒秒過去，她們的手也跟著進行無數次的動作；諸位同修也是一樣，一大早坐上工作檯，手握著機器，電源一開，電動機器就開始轉動，大家的手也不斷地操作機器，而產品就一塊一塊地生產出來，這便是「動作」——力。我們若有心要自力更生來修行，依靠自己的力量來維持生計，這份願當然是很好的，但是你若只坐在那兒不肯操作，要怎麼自力更生呢？所以既然有這樣的心願，就要去勞作。

我們慈濟醫院成立的週年紀念日即將來臨，爲了慶祝慈院週年紀念日，每一位蒞臨參加的大德都有一份紀念品，大家爲了節省額外的支出，所以親自製作，因此後面也有一批工作人員在趕工。像吳教授這麼大的年紀，也和大家一樣，如此關心這件事，熱心地教導大家，雖然他在颱風天回去學校兩天，準備開班授課，但是又在颱風天趕回來，這就是他的關心，而且他把這份關心轉化為力量。若是他只在口頭上說說，只坐在臺北家中關心，那麼，今天也不會有這些成果。他關心就表現在行動中，從臺北來指導我們，在他教導我們工作的這段期間裏，為了準備下學期的課業，於費南颱風來臨時趕回臺北。兩天後雖然亞力士颱風又侵襲本省，但是他仍然冒著風雨趕來花蓮。

你們看看，這就是願心所表現出來的願力，這樣，我們才能完成那些成品；總之，這就是在日常的生活中運用佛陀的教育。所以，只要我們心中發願，就不能減少這份表現於行動的動作，這就叫做力量，有力才能有成就，因此「根」上要再加「力」，以完成道業。

「五根」與「五力」的名稱相同，首字都是信、進、念、定、慧。

## 1 信力

信正道及助道法，
若信根增長，
則能遮諸煩惱，
不為偏小諸疑所動，
故名信力。

「五根」首爲「信根」，「五力」第一是「信力」，「信」是信正道及助道法。我們要有信心，信不能偏差，信一偏則見就偏，見有所偏差則行爲就不正，所以信必定要正信。

正道包括已講過的「四正勤」、「四如意足」、「四念處」，還有未講的「八正道」；這就是佛陀所說的人間物理、生理、心理之正確道法，所以我們要信，就要信正道和助道法，也就是三十七道品助道法，這才是正確的佛法。

「若信根增長，則能遮諸煩惱」——遮是預防，我們的正信、正念若能增長，堅固信根，就能夠預防各種煩惱的產生。人生有許多苦惱，生爲凡夫，或墮落三途，甚至常在六道，就是因爲有這念無明的煩惱。而無明的煩惱都是由邪知邪見所生的，邪知邪見則是因爲欠缺正信的道業，所以產生許多煩惱，在六道中無法脫離。

如果我們能堅定信根，自然能廢除許多煩惱，也不會受偏小諸疑所動——「偏」即偏差的信念，「小」即小乘的見解。人生在世，難免會有種種疑難，若能建立正知正見，則一些民間信仰與民俗的觀念，都不能動搖我們的心。

不要認爲社會上的領導人物就能控制自己的心念。有位花蓮地方的人士來到這裏，他是某個機構的首長，雖然平時管理衆人之事，但是本身卻有一份不能安定下來的心理，對於宗教、自己的身體和家庭，都存疑惑之心。例如他身體不好，就懷疑自己那裏不對勁，是不是罹患什麼重病……？於是去請教某人士，那位人士告訴他：「可能是你沒有拜祖先，所以祖先不安，而你的身體也跟著不安。」

他聽了之後想一想，認爲這件事可能是真的，因爲他有三位兄弟，最近他兄弟的妻子一懷孕就會流產，而且他本身身體也不好，所以他認爲這位人士告訴他的話是真的——可能是自己沒有拜祖先，祖先的靈魂不安，以致家人也不得安寧。因此，他一直問我要如何處理。

殊不知平時他也學禪，而且禪學中的幾句名言他也說得很好。他說：「說實在話，人死時應該慶祝，不應該悲哀，因爲人死即是解脫之時。」我就說：「對！生死事大，說時簡單，但平時一稍有坎坷就非常惶恐，真正有幾個人能修行到如此超脫——真正體認到往生是好事，而值得慶賀？話說回來，既然能真正徹底領悟到往生是解脫，就不會把平時遇到的坎坷及不如意事，都歸咎於沒拜祖先。」

我分析了祖先與子孫的關係給他聽，也做了一番人生捨此取彼，彼此之間因緣業力的說明後，他才真正體會到佛教教育應該是如此。這就是「信力」，若有堅定的信力，自然不會被其他偏小諸疑擾亂自己的心，所以，我們學佛正信是非常重要的。盡管在世俗上能領導他人，卻不能控制自己的心念見解；盡管自認是佛教中人，卻還告訴他人說這是祖先在作祟，那就錯了。

佛教是一種大智慧的教育，我們要教育自己、教育他人，須先建立正信的念力，多以正信的念力來建設自己的精神教育，這就稱爲「信力」。

## 2 精進力

行此正道法時，
若精進根增長，
則能除身心懈怠，
成辦出世之法，
是為精進力。

學佛一定要分秒必爭，要時時行動，不要停頓。「千里之路，始於初步」，不論多麼遙遠的道路，都要由第一步開始。如人兩腳行路，踏前腳時要提起後腳，再繼續往前邁步。

今天該做的事若不能專心做好，而將精神用在昨天的事上，這是錯誤的，這是故步自封，把自己限制在雙腳站立的範圍之內，不肯精進，便永遠不會進步。學習佛法也是如此，若能專心一念於今天該做的事，就叫做道心；如果時時惦記著昨天的事，就叫做雜亂心。學道最重要的是守護今天的道心，不僅是要守護道心，更要推動向前邁進，這稱爲精進。精就是無雜，進就是不退，無雜就是專心；所以，專心不退轉，就叫做精進。

「行此正道法」，正道法就是四正勤、四如意足、四念處、五根及現在所說的五力，以及將來要分析的七覺支、八正道，這些都是正道法，也就是教導我們如何做人、如何看開道理、如何做好該做的事，這些都是佛陀對衆生最根本的教育。一個學佛者一定要遵循三十七助道品的方法，這是凡夫達到聖人境域所要學習的道法。

「若精進根增長，則能除去身心懈怠」——「四正勤」、「四如意足」、「四念處」，能夠使我們萌生善念，使善根發芽；而「五根」、「五力」的道法，能使善根增長，深入泥土中，如此則可堅固根力，使一切的善念都增長。所謂「增長」，不只是要往上生長，還要往下紮根，與泥土、水分、空氣融合在一起，就可以增長根力。精進根增長之後，便能除去身心的懈怠。

## 林洋港夫人的生活觀

很多人都太過於保護自我，怕身體太勞累，而捨不得付出力量；有的人怕雙手太粗糙，捨不得用雙手做事。現代的婦女常常上美容院，因此美容院的生意相當好，她們爲了使青春永駐，就到美容院磨青春痘，把皮膚磨得又細又白，除此之外，更怕臉上有皺紋，連笑都不敢笑；結果面容變得非常冷酷、嚴肅，有句話形容得很好——「冷若冰霜」。有的人雖然很明豔、很漂亮，但是卻冷冽似冰霜，把笑靨凍結起來，成了名副其實的「冰霜美人」。

爲了保持青春永駐，不肯展現笑容，使家庭氣氛變得陰森森的，實在是件可怕的事。除此之外，還怕雙手粗糙，手腳的指甲都要經過美容師的修剪，修得又細又長，且塗抹得非常豔紅，因此不願用手做家事、洗衣服，工作時還要戴手套、擦護手膏，惟恐雙手粗糙生繭，像這樣就是太愛護身軀了。

佛陀教育我們，形貌並不重要，真正值得人喜愛的是溫柔、慇勤。溫柔是指面容乾淨，時常面帶笑容，微笑的面容比抹黑擦白的化妝更漂亮，所以我們應該常常保持溫柔的氣質及乾淨的面貌，這樣會令人更喜愛；而粗糙的手比塗滿色彩的手更令人覺得踏實、可貴。

以前林洋港先生擔任內政部長時，我曾拜訪過他，我們在談話時，正好林太太從菜市場回來。她與一般的婦女一樣勤儉，以她的身分，並不需要上市場、下廚房、打掃房屋，而且以現代的觀念來說，她應該是個裝扮華麗的貴夫人，這樣才能配合她的身分。但事實並非如此，她的雙手已工作得粗糙厚短，指甲也鈍鈍的，我們倆握手時，我摸著她粗糙的手，她婆婆就說：「我的衣服都是媳婦親手做的，每針每線都經過她的手……。」

林太太接著就說：「我出生於農村，叫我享受，我享受不來，家裏的事我都自己做。婆婆喜歡吃軟的食物，若請佣人來掌廚，也不一定合她的口味。我上有婆婆，下有子女，希望婆婆、先生及子女們都能高興快樂，所以親自下廚為家人做羹湯。」

我覺得這樣的女人最美，因為她無地位高下的分別心，也無貢高、我慢之心，說的每一句話都帶著樸實鄉下婦人的口吻，一點也沒有官場的派頭或架勢，這是她最美好溫柔的氣質，而那雙手就是她賢淑的代表。

人不可為了求安逸、怕操勞，而過度保護自我，這樣反而無法提升人格；真正的人格必須身體力行，親自勞作，勤快工作。修行一定要由自身修起，若缺乏勤快就叫做懈怠，多增長善根，就能去除身心懈怠。

安危他日終無定
取捨之極定於內，
安危之萌定於外矣！
然安非一日之安，
危非一日之危，
皆從漸不可察，
以道德積道德，
以禮義積禮義，
以刻薄積怨恨。

任何事都必須發自內心，要積極勤快，所謂「取捨之極定於內」，要取善捨惡，以達到最虔誠的境域，必須由自己的內心來決定。心能分別善惡，應取的堅持取得，應捨的就要徹底捨離，善惡分明，就是最終極的目標。取善則安，取惡則危，要好好取善，不要染著惡念。

「安危之萌定於外矣」，我們是否能平安幸福地過日子，或是會招惹危險的事，都是決於內而現於外。若行善事則是種善因，將來必會得到善報；若取惡行惡則種惡因，以後所受的必是惡果，這些果報都顯現於外在的形。有句話說：「爲善得福，爲惡遭殃。」爲善作惡都起於內心之一念，而所得的果報必定現於外，爲人所見。所以說：「安危之萌定於外矣！」

若心存善念，則外在所表現的行爲，必定是謹守禮儀，人事和睦；內心若常存著不滿的意念，就會表現出疑慮不平的形態，對人產生厭惡心而遠離人羣。

「然安非一日之安，危非一日之危」——想得到一生的平安與幸福，要做到人見人愛，這不是一天兩天的功夫所能做到的。必須長時間培養善根，時時修養人格、淨化氣質；若能如此，則無論到何處，都會令人覺得如沐春風般的安詳。所以說，想要處處安詳，時時安寧，就必須培養氣質，長時間不斷地修心養性。

我常常談到「修養」這兩個字，必須注意自己的「聲」及「色」，也就是談話和態度。我們與人談話時，聲音要柔和，常常說善話，在我們的心中沒有壞人，也沒有壞事；多揚人之善、多行善事，多親近好人，少說是非——無論我們談論什麼人，絕對不說他的惡行，要隱惡揚善。

法華經中教導行菩薩道者，要有「莫論人長，莫說人短」的觀念，不讚美，也不誹謗他人。所謂讚美，是爲了培養己之善；而如果對方非真善而說他善，則是虛僞，這會使人產生錯覺，若此人不是善人，依然在罪惡中，我們可以隱惡，不必宣傳他的罪惡，更不必無中生有來讚美他；但是對方，一點點的小過失，不可大肆宣揚。

與人相處時，一定要常心存善念，待人踏實真誠，長期培養安詳的氣氛，所以說「安非一日之安」。「危非一日之危」——做了罪惡的事，並不是今日做今日就受報，業，也是長時間所累積成的，所以我們必須常常自我警惕。

「皆從漸不可察」——這些善行惡行，都是自內心無形中所產生的，心善則行善，心惡則行惡，這是人的習氣。「人之初，性本善，性相近，習相遠」，人性本是善良的，怎麼會生出罪惡呢？這是因爲我們在人世中散失了善良的本性，因此背道而行，造下罪惡；若沒有察覺自己的錯誤，則積惡成山、惡貫滿盈。因此，我們要時時刻刻守護好今日的道心，不要一時疏忽，沒有察覺惡習，經年累月積累成惡的習氣而傷害了善念。

「以道德積道德，以禮義積禮義」——若能培養道德心，自然會表現出道德的形態；心存禮義，就會以禮義待人。德行是由內心的道德觀所培養出來的，遵守禮義，自然會表現出規矩正當的行為，所以說「以道德積道德，以禮義積禮義。」

「以刻薄積怨恨」——若是以刻薄之心待人，就會招來許多怨恨。不論是道德、禮義、刻薄，都是由心所生，學佛必定要內修外行，而最要緊的是照顧好基礎根本，要好好專心一意修持道念。所以說「若精進根增長，則能除身心懈怠，成辦出世之法，是為精進力」，精進修行，守持道念，則能除身心懈怠，成辦出世之法。在日常生活中待人處事，能化俗諦為道諦，使世俗的行動進入真理的道路，就叫做出世之法。

以上就是精進力。「精進」還是一樣要講求內心的道念，不可故步自封，在日常生活中散亂了心念，而毫無所得。

## 3 念力

每一天我都生活在感恩的心念中，因為以感恩心來生活，即使多麼辛苦都覺得非常快樂，甘之如飴。

每一日翻開報紙或打開電視收看新聞報導，就會感慨國外到處是天災人禍，已經到了不忍卒睹的悽慘地步。例如曾經有三個颱風，雖然沒有橫越臺灣，但是卻登陸韓國，造成嚴重的災害，遇難的人民有一百多人，而無家可歸的災民更達幾萬人。這三個颱風與臺灣擦肩而過，險些使我們進入暴風圈內，但是卻轉向韓國，造成無比嚴重的風災、水災，真是天有不測風雲。

韓國發生水災，而歐洲希臘等地，卻受熱浪侵襲，短短幾天內，因酷熱天氣而熱死的，竟高達一千兩百多人，新聞報導說，這些死亡人數還不斷地增加，以上的數目只是最保守的估計。

所以，我每天都生活在感恩之中——感謝三寶恩及佛陀的教育。

## 度人先從救心起

佛陀示現人間，教化衆生，他說「救世必須先救心」，衆生心得救則世間能得救。佛陀出生於印度，而佛法流傳於中國；但不幸的是，大陸淪陷後，人民在共黨專政之下，信仰不得自由，有名無實，只是形式上的宗教而已。我們生活的地區——臺灣，是中國屬地中的一個小小淨土，是一個真正安和樂利的淨土，人民的生活自由快樂，信仰也自由。不但豐衣足食，不必爲物質生活而煩惱，還可以自由信教，接受佛法的教育，以洗練我們的身心、啓發我們的善念，大家心存善念，和諧相處，彼此鼓勵，破惡從善。

臺灣地區，土地不大，但賢人善士很多，我們能夠接受佛法，來洗練自己的身心，是因臺灣地區有許多宗教家負起佛陀的使命，四處弘揚佛法；所以我非常感謝三寶的恩德，以佛法洗練我們衆生的心地，使人人有善念，得到龍天護法的加持。每次發佈强烈颱風來襲的消息，我們都能在有驚無險的狀況中平安度過，看看國外的天災，我們實在是得天獨厚呀！所以我們更要珍惜佛法的教育，不斷地推行佛法，淨化社會、家庭、人心。

有時我會覺得這個社會實在太悲哀，許多人沒有接觸到佛法而醉生夢死。賭博形成了一股社會的歪風，所謂「大家樂」，其實是連累大家墮落，並非使大家快樂！而且它害了許多人家破人亡，敗壞社會風氣。還有年輕人飆車，常常在平直的大道上賽車，這種賽車還具有賭博性，不僅賭金錢，還賭生命！年輕人飆車，以生命做賭注，不知一旦發生車禍，會造成多大的家庭困擾。不三思而行，逞一時之快，而造成終身的遺憾。

除了飆車帶來社會的混亂與家庭的不幸之外，在電視上還看到飛車的報導，有一山坡地因斷層關係，形成了一條寬長的大溝，有人爲了表現英雄氣魄，飛車橫越山溝，這就是以生命做賭注。不過話說回來，現在的傳播媒體不是報導社會歪風，就是渲染各種不良風氣；結果吸引了人們注意的焦點，無形中鼓勵了這些不正當的事，若非這些傳播媒介的渲染，也不會引起這麼多人心念的偏向。

好事不出門，壞事卻傳千里，傳播媒體不宜老是追蹤壞新聞。例如「大家樂」，本來不知道的人，也是從電視報導及報章雜誌吸收相關的常識而引起好奇心，並起而效尤。飆車原本只是少數人、少數地區的行爲，但是一上了電視，就引起許多人的好奇與圍觀，每逢有人飆車，便有許多人來湊熱鬧、看好戲。那些青少年愛表現，以爲有那麼多人圍觀是件非常了不起的英雄事；所以，人聚集愈多，產生的困擾也就越多。

警察爲了維持安寧，出動警車阻止飆車，結果發生機車撞警車的事件，許多旁觀民衆藉機滋事，焚毀警車，路過的貨車司機見警員維持治安，青少年卻在那兒惹是生非，於是下車勸告他們；但盲目的旁觀羣衆，卻將他的貨車推下山溝，再點火燃燒。這真是無法無天，擾亂社會的安寧；而報紙、電視卻以頭條新聞報導渲染，助長這些社會歪風，使它越來越盛。

## 一念含融三千界

人性本善，由於傳播界不正確的作風與報導，而引發人們罪惡的心態。吸毒、注射速賜康，使青少年的心理日趨墮落，社會風氣敗壞，這些都是罪惡的人生、罪惡的心念，而造成社會罪惡的形態。若再這樣下去，真的是損人不利己，後果不堪設想！所以，現今社會幸而有佛法的教導，引發人們向善之心，否則，若全是惡人出頭，後果真是不堪設想。

每個人都應該負起端正社會風氣的責任，由本身做起，身體力行並以身作則勸導他人向善，這就叫做「善念」。

接下來我們要說的就是「念」字，以念力來增長信根（信念）、幫助精進、助長正念，總而言之，就是以「力」來幫助「根」的成長，這就是「念力」。

念正道法，
若念根增長，
則能破諸邪想，
成就一切出世正念功德，

**是名念力**。

「念正道法」，念即念正道的方法，人若能常常念於正道，則心能淨化，這叫做收心。若能將心收攝在正氣、正道及正確的生活上，就能齊家，使家庭幸福和樂；能安定一個家庭，就能安撫一個社會。社會若能繁榮於正道法中，有正確的教育與信仰，則這個國家就會風調雨順、豐衣足食。

不要認爲國家的災難、吉祥與我無關，其實這是息息相關、血脈相連的，所謂「國之安危始於匹夫」，國家興亡實在繫於每個老百姓的身上，所以我們每一個人應該負起國家盛衰的大任。要負起重責大任，則必先修好本身的正心、正法、正念。所以這裏說：「念正道法」——時時刻刻念正道正法，接受正確的道理與教育。

「若念根增長，則能破諸邪想」。念根是正念的根本，若能增長起來，則可破除一切邪念妄想。人的心念若不正確，則行爲不正直。人之所以不能進步，就在於懈怠、無正念。我常說「人身難得」，能生爲人並非易事，佛法說六道——天、人、阿修羅、畜生、餓鬼、地獄，這就是衆生輪迴之道。天道在人道之上，若不行十善業，就不容易上生天道享受天樂。人道則是善惡摻雜；善人在過去生中行善，所以今生來世能在人間享福報，豐衣足食、名利與地位都超越一般人，這是在過去生中造福行善的人。有的人在世間生活得非常痛苦，不如意事十有八九，許多業力纏繞在他身邊，這就是因為他在過去生中造了惡業；所以人間是善惡摻半的境界。除了人道之外，尚有阿修羅道；阿修羅道就比人道更苦了，阿修羅的衆生不肯做好事，心存惡念作姦犯科，不肯安於正當的生活中，偏偏要成羣結黨，吃喝嫖賭，每天在不得安寧的日子中度過，常常逞兇鬥狠，惹是生非，這就是阿修羅道。我們若一點善事都不做，則將來必然下地獄，甚至輪迴於畜生道及餓鬼道。

人身難得，生而為人使我們有更多的機會修行，我們能看到世間許多惡人而產生自我警惕之心，看到世間無數苦難的人也會使我們引發善念，生起助人的善心，這就是修行的機會。所以說人身難得，我們生而為人有機會接受教育，接受教育才不會思想偏差；不起邪念，就能成就一切出世正念的功德。所以說：若念根（正念）增長，則能破諸邪想，成就一切正念，圓滿出世之功德。

我們要謹記：

念誠乃得道，

自致法滅度，

善念得智慧，
一切縛得解。

「念誠乃得道」——我們的正念若能確實地建立，就能得道。我常說：「修行如初，成佛有餘。」修行時若能守住最初求道時的那一念心，則成佛就不難了，所謂「念誠乃得道」，只要心誠意誠，虔敬修持，自然能夠成就道業。

「自致法滅度」——修行不是別人替我們修的，路也不是別人替我們走的，如果作惡犯罪，縱然父母或子女及時修行，也不能代爲彌補這些罪過。所謂「公修公得，婆修婆得」、「你修你得，我修我得」，總而言之，還是要我們自己去追求正法，自己去實行正道。所以說「自致法滅度」，滅度就是得道的意思，不會使我們身不由己的輪迴在六道之中。

「善念得智慧」——若有一份善念，就能得到智慧；若缺少善念，就會時時陷於無明亂心之中。智慧如何求得呢？佛陀在世時，舉了一例來說明，他說：

「有位求道者，以非常誠懇的心去求師，而這位師父並不太重視這位弟子；弟子跟隨他已有一段很長的時間，但是師父都沒有傳授這位弟子一點道法。不過，這位弟子非常誠懇恭敬，死心塌地的追隨師父，幾年來，心念始終如一。

「有一天，師父出門辦事遇到朋友，於是相邀對酌，結果喝得酩酊大醉；醉醺醺地回到家，就往床上用力一坐，然後倒頭呼呼大睡。沒想到這一用力竟然把床腳震斷了一隻，弟子一看到師父的床鋪只剩下三隻腳，就趕快蹲到床下，用肩膀支撐那折斷的床腳，讓師父能四平八穩地躺在床上。至第二天天明時，師父醒來看到弟子蹲在床下，並用肩膀撐著床鋪，就問弟子爲何整夜蹲在那兒？弟子回答說：『因爲師父醉酒，怕師父睡不穩，滑落床下受傷，所以不敢驚擾您，而以自己的肩膀支撐床鋪。』

「師父聽了深受感動，因爲這麼多年來都沒有傳授弟子一點道法，從此開始認真地將自己的法門傳授給他。過了一段時間，幾乎已傳授這位弟子八成的道法，這時，師父想試試弟子的誠意。有一天，他將鹽拌在水裏充當酒，對弟子說：『我想喝酒！』然後將整桶鹽水喝下。結果，喝完鹽水就開始嘔吐，吐完後，他又假裝酒醉昏睡，弟子便寸步不離地在師父身邊照顧，師父像說醉話一樣告訴弟子：『你若尊重我，就把地上的東西吃下。』說完就假裝睡著了。他一面偷偷觀察弟子的反應，一面裝睡，沒想到弟子真的蹲下要把師父吐出來的東西吃下去。師父見狀，趕緊伸手將弟子拉起來，非常感動的說：『你這一念誠心令我無比感動，我全部的道法你已學了八分，其餘的二分，我會專心一意地傳授給你。』」

修習佛法就是要抱持這念誠心，所以說「善念得智慧」，有誠懇的心意，修行的誠念，才能得到師長所傳授的真理與教法，開啓自己的智慧。「一切縛得解」——一切的無明煩惱及種種束縛，也能用智慧去解除。

善念能成就一切出世正念的功德，所以稱爲念力。每個人應該多向正道念力去實行，謹記「天下安危始於匹夫」，人人要好好修養正念。

法由心起，心向惡則念惡，若趨於善則必定念善。學道也是一樣，專心一念精進力行，則日日慇勤不懈，心若一時疏忽懈怠，則修行的功夫就會懶散，所以，「念」是非常重要的，「念誠乃得道」，若有誠懇的心念，不怕修道不得，要謹記心念的力量。

## 4 定力

攝心正道法，
若定根增長，
則能破諸亂想，
發諸事理，
是為定力。

「定力」——「定」就是堅定的意思，一件事若要做成功，就必須堅定信心、堅定志願、堅定心念，所以，「定」也就是一切事情成就的力量。例如在校求學者，讀書、考試、成就學業，需要定力；經營事業者，若想要成功，也需要這份堅定的力量；而我們學道、修行，更不能欠缺「定」——堅定的志念。所以，定力是非常重要的，可以說是人生成功之母。

「定」，就是把心統一起來，「攝」的意思就是統一。例如攝影，用照相機攝取影像，把外界的景物形像牢牢地收攝在一起。而攝心就是控制、統一心念的意思，心念必須收攝統一於正道之中，這就是「攝心正道法」。「正道法」也可稱爲「助道法」——幫助我們如何修行才能成功的方法，我們的心要行茲在茲，學茲在茲。

已經聽過的教法，必須專心一意反覆溫習，孔子曾說：「溫故而知新，可以爲師矣！」我們讀了書、聽了道理之後，要不斷地反覆溫習，才能夠有所得。與此同理，有些人今天要聽這位法師說的法，明天要聽那位法師說的法，師師有道，這位法師說念佛很好，可以帶業往生；那位法師說坐禪很好，可以立地成佛。究竟你要帶業往生、或是要立地成佛？心念會混亂不清，所以，最好選擇正確的教法後，專心攝意在此道法上。

我每天早上向大家講話，都沒有離開人生的佛教，也非鏡花水月，談些玄祕的理論。我所鼓勵的，就是佛陀教育衆生回歸人性、爲人生服務的道理，我平時將佛法的教理藉各種事相闡述出來，與大家互相切磋勉勵，若能全神貫注、專一心思於佛教及慈濟的精神上，那麼，這就是我們爲人的成功之道，也就是修學人生佛教的道法。所以，我們要攝心正道，行茲在茲，既然走在這條慈濟的道上，就要全心全意，心無二志；人在這兒，心也要在這兒，腳也要走在這條康莊的菩薩道上，不可心神散亂，這就是所謂的「攝心正道法」。

## 一暴十寒非定之道

「若定根增長，則能破諸亂想，發諸事理。」——心若能專一，透徹我們所聽的道理，便能體會到實踐道理是如此簡單容易，這就是「體悟」，也可說是「定根增長」；所學、所行皆一致，就是真正的體悟。有句話說：「助人為快樂之本」，若是光說不練，則永遠無法知道快樂是什麼，如果能身體力行去幫助別人，便能體會到助人的快樂。在基督教或天主教中稱此為「見證」，佛法中稱為「體悟」；能體悟則定根增長，若定根增長，則能破除諸亂想。

多付出、多幫助別人，心靈就能得到安穩與快樂，無有亂想，發現道理，稱為「發諸事理」。想徹底了解佛法，不只是空口論道，而必須身體力行、實踐。行道是「事」，論道是「理」；我們要能說能行，悟而實證；若是明白道理，這只是「悟」而已，要真正身體力行去證實，才能有所得。若光會談論道理仍然不夠，因為這只是停留在理論階段而已，必須真正去實行。所以說：說而能行，才是真正的道；悟而能證，才是真正的理。

我們必定要攝心於正道法，如此「定根」自然會增長；若一切的疑想能撥開，事與理自然能合一。總而言之，「定根」必須在日常生活中慇勤地體會證悟。

遠公曰：

天地之間誠有易生之物，
使一日暴之，十日寒之，
亦未見有能生者。
無上妙道昭昭然在於心目之間，
故不難見，
要在志之堅、行之力、坐立可待。
其或一日信而十日疑之，
朝則勤而夕則憚之；
豈獨目前難見，
予恐終其身而背之矣！

慧遠大師說：「天地之間誠有易生之物，使一日暴之，十日寒之，亦未見有能生者。」——他的意思是說，天地宇宙之間縱然有許多生長力極强、很容易繁衍的植物，見土即能活命，但是這些東西也需要因緣具備——有陽光、水分、空氣、土壤，才能夠生長；如果這些因緣沒有具足，則種子無法繼續生存成長。所以他說，若將種子種在土裏，只照射一日的陽光，其餘十日都籠罩在陰影中，那麼，這顆種子將無法生長起來。

過去我們常常種田，這個道理應該很容易了解，也能夠體會。以前我們種花生等五穀雜糧時，只要一將種子埋進土裏，就希望隔天有陽光日照；但是若每天出大太陽，也令人煩惱，所以過幾天後，就希望下陣雨，補充水分；一旦多雨不晴，又會開始擔憂，因爲根部一直泡在水中會爛掉。所以種子種下後，也必須有適當的因緣來助成，水分、土壤、陽光、空氣，都要非常均勻，種子才能成長。

學佛與此同理，最初發心時，大家都很認真，恨不得一日當兩日，用功拜佛念佛。但是衆生都有一個毛病，有句話說：「學佛一年，佛在眼前」——好像佛每時每刻都在面前，因此非常認真修行。「學佛二年，佛在半天」——這時候便認爲佛已經離我遠些，偷懶幾天，沒有關係，就這樣拖延懶散，一年之中，拖了好幾個月。「學佛三年，佛在天邊」——日子久了，心中的佛已經無影無蹤，既然看不見佛，於是長年懈怠不肯用功，這種情形就稱爲「一暴十寒」。

剛開始時非常認真用功，日子一久，就慢慢鬆懈，到最後，心中一點道念也沒有了。好比一粒生長力很强的種子，照射一日的陽光之後，緊接著十天把它放在陰暗中，那麼，即使它很容易成長，也無法繼續堅固地生長下去。學佛也是一樣，必須有恆心——恆久的長遠心，不可只有一念熱心，馬上又退轉了道心，若是如此，就無法在佛道上有所成就。所以我常常警惕大衆：「學佛如初，成佛有餘」，發心學佛後，要始終抱持著當初發心的那一念心；做事也是一樣，要守持如初的心志。

一個人初發道心時，即使遇到不如意的痛苦事，也心甘情願，無有怨尤；人事再崎嶇、再坎坷，也能寬容大量地包容，這就是初發的道心。一旦日子久了，心量愈來愈狹小，道心越來越退轉，這就是所謂的「一暴十寒」。

我常常說「成者自成」、「悟者自悟」，一位老師盡心盡力地教導學生、愛護學生，但是卻不能代替學生成就學業，還必須看學生本身是否用功，才能有所成就。佛陀以平等的愛心來教育我們、引導我們，但是真正的修行必須自己去修，修養也要靠自己去力行，若只聞而不修，或思之卻不修，也不能有所成就。

佛陀常爲這類衆生而擔心，所以我們要好好守持定力，既已發心，就要堅固這一念初心，不可因周圍的環境而影響了定力。所以說「使一日暴之，十日寒之，亦未見有能生者」，日曬一天，陰蓋十天，不曾見過如此仍能夠繼續生長的種子。

## 定是無上妙道之種芽

又說：「無上妙道昭昭然在於心目之間，故不難見」——無上的妙道，是指佛陀的教理非常微妙，這個無上微妙的道理要牢牢地印在心版上；不要像字寫在黑板上，很輕易地就可以擦掉。黑板只是短時間的作用，不能永久留下寫上去的無上妙道，我們應該將文字與道理好好地收攝在心靈裏，將道法深刻地印在心版上，若能如此，就叫做「昭昭然在於心目之間」。

今天聽到一個道理，內心有所體會，若將這些道理應用在日常生活的人與事上，就能夠馬上破除諸亂想，這就是內心領會到無上的妙理，所以說：「故不難見」，這些妙道是簡單易懂的，說什麼「修行會道難」，其實，只要你把道理常常銘記在心，則無論何時接觸到人與事，就能體會到所聽過的道理，這不是很簡單容易嗎？

所以他又說：「要在志之堅、行之力，坐立可待」——道理就是這麼簡而易懂，想要求取真理並不困難，只要立志堅定，努力實行，則很快就能體悟妙道。所以我一再鼓勵大家，學佛不是光聽佛法或坐禪念佛而已，必須身體力行。而慧遠大師也說，只要立定志願、身體力行、恆久持續下去，就可以很快求得無上妙法。所以，「坐立可待」這句話的意思，並非叫我們坐禪等待證道，而是說堅志力行才能輕而易舉地求得正道法。

「其或一日信而十日疑之」——假若今天告訴你的道理，你都相信，而且都認爲很有道理，但是一受環境的影響，便心志動搖，開始起疑心，如此就不容易得道了。所以說「朝則勤而夕則憚之，豈獨目前難見，予恐終其身而背之矣！」——早上雖然很勤奮，晚上卻懈怠懶散，說實在話，這樣不僅不能很快見道，恐怕終身都會背道而行。

一個人想追求道，卻偷懶懈怠，就會背道而行，無法「會道」——心領神會，與道合。所以我們要好好用心，懇勤精進，建立我們的志向、堅定我們的心念，這樣，心與道就不會背道而行。

「定能生慧」，「慧」由「定」所生，「定」是學佛者三無漏學——戒、定、慧之一，想求得智慧必須培養定力。多用心，建立志願，堅定心念，以增長定力，堅固「定根」，「定根」不斷地增長，就可破諸亂想、發諸事理，這都靠我們的堅志力行。

## 玉里義診與心靈救拔

有一次，慈濟醫院義診服務隊下鄉，地點是玉里及富里。看了外在境界的人與事，我深深體會到佛陀來人間的目的。

佛陀所說的教法，無一不是啓發我們智慧的根源，佛陀說「生、老、病、死」是人生四大苦，在人事上則另有愛別離苦、怨憎會苦、求不得及五蘊熾盛苦；種種的苦難，都在人與事中。我在玉里看到的那些病苦衆生，他們不只是病，還加上貧，除了物質及身體上的貧病交迫之外，心靈更有嚴重的缺陷，像這些人就是我常說「貧中之貧」的衆生——他們除了物質上的匱乏之外，也欠缺常識智慧。

第一天晚上，我們結束一天的義診工作，大家聚在一塊兒休息，有兩位護士坐在我的身邊，我問她們：「看了這些病患，你們有何感想呢？」她們就說：「我們覺得義診的意義非常好，如果能再進一步爲病者服務，那將會更好。」我問說：「你們有沒有發現比較特殊的個案呢？」其中一位護士回答：「一位老人患有高血壓及心臟病，而且是嚴重的心絞痛，隨時都可能病發死亡，但是我們沒帶舌含片出來……。如果有了舌含片，並且隨身攜帶，即使他半夜忽然心絞痛，這顆救命藥丸立刻可以挽救一條生命；可惜我們少帶了這種藥。」

我一聽她這樣說，馬上告訴她應該早一點說，因爲我隨身攜帶這種藥品。她接著又談到這個老人的病情，根據我們醫生的診治說，她必須馬上送回醫院開刀，但是病患不了解自己病情的危險性，還堅持說：「我這個時候怎麼可以到花蓮動手術呢？我必須回家照顧我的孫媳婦，因爲她坐月子，我要幫她的忙。」醫生急切地勸她說：「你這種病怎麼可以再去操勞？你要趕快到醫院做深入的檢查及治療。」她卻仍輕鬆地回答：「如果有人能幫我照顧孫媳婦一天，我再去看看！」

像這樣，既貧又病的人實在是太苦了，她一點都不知道自己病情的嚴重性，還認爲這是突發性的病痛，只要痛過就好了，完全不了解這是關係著生死存亡的危機。但是話說回來，這也是無可奈何的事，因爲我後來問了這個老人的家庭環境，才知道她有兩個兒子，但是卻因車禍及癌症先後往生，她的一個媳婦不耐貧苦而離家出走，另外一個媳婦患有「超高血壓症」，半身不遂，臥病於床，每天讓這個老人照顧生活起居；而且現在她的孫媳婦又剛分娩，不但無法幫忙家務，還得讓她照顧。

這個老人，今年已經七十六歲，雖然本身帶著嚴重的病痛，不但要照顧一個長年臥病在床的媳婦，又要幫忙孫媳婦坐月子。像這種人生境遇是不是非常可憐呢?家境貧寒，家人又患重疾，她本身也深深埋藏著威脅生命的危機，這種「貧中之貧」的個案，確實非常可憐。當然，其他還有許多類似的例子。

例如富里地區等偏遠地帶，有很多癱在床上的患者不能出門看病，幸虧我們的救護車隨著義診隊爲病患服務，來來回回接送這些長年在病床上掙扎的病人前來看病，在這些患者中，有許多是必須回慈院做檢查、追蹤病源的人。當時我詢問的結果，得知這類病患竟已逾七十人之多。

還有一位年輕人，車禍受傷，雖然只是一點外傷，卻不懂得醫療衛生常識，不知道消毒方法，以減少細菌感染，還用粗劣的方法醫治。直到那天，他來我們義診的外科部診治，我看他膝蓋上貼著一塊很大的布條，行動非常不便，於是走上前去看他的病情，護士小姐小心地拆掉那塊骯髒的布條，當她掀開布塊的一剎那，我當場感到全身毛骨悚然!真的難以形容他傷口的潰爛惡狀——只見一堆腐爛壞死的肉下，白骨暴露，黑紅、青白的顏色交雜混合……。

才二十多歲的年輕小伙子，卻被病苦折磨到這種地步，像這樣生活在偏遠鄉下，完全沒有醫療常識的人，真是令人同情。

如果是生活在現代都市社會的人，物質與常識不知比他們好上幾倍，所以說，我們真正應該善加惜福，好好接受佛陀的教育，學習如何去除愚鈍貧乏的根源。因此，今天我們所要研究的是——如何產生「慧力」，如果我們具足智慧、常識，自然能改善自己的家庭環境，也可以使我們的生命多一層保障，追求我們永遠不息的慧命。

所以，「慧」是一切成就的泉源，是福與慧的根基，我們應該專一心思去追究——如何產生智慧的力量。

## 5 慧力

四念處之慧，
照了一切諸法，
若慧根增長，

則能除一切邪妄之執，
破一切偏小之慧，
故名慧力。

「四念處之慧，照了一切諸法」。這裏所謂的「慧」，是透徹了「四念處觀」而產生的「慧」，「四念處」我們以前已經説過，是對「身」、「受」、「心」、「法」的四種觀察法，只要仔細觀察，謹慎思考，就能了透這四種真諦道理，然後產生「智慧」。

「照了一切諸法」——爲何四念處之慧，能照徹所有萬法呢？這是説我們的智慧如心靈之光，之所以不能明白人生的道理，是因爲我們的心地黑暗，愚癡無明，「無明」即心內欠缺一份光明。好像一盞燈一樣，本來是一個會發光的物體，只要接通電源就馬上發出亮光，但是如果它被外物遮蓋包圍，光亮就無法照射到外面；並非它不會發光，而是外殼被蓋住了。

我們也是如此，每個人都有自己原有的慧性，有一份心念的慧光，因爲被「無明」遮蔽，而使得這份慧光無法自照。倘若我們能透徹四念處的道理，就像拿開電燈外圍的遮蓋物一樣，光亮能夠照射四方，所以説「四念處之慧，照了一切諸法。」——只要將遮蓋慧光的障礙物拿開，就能夠放出光明，照耀外界的種種人、事、物、理。

「若慧根增長，則能除一切邪妄之執，破一切偏小之慧。」如果能增强慧根的力量，並且將其應用於生活上，就能滅除一切邪妄的執着；「邪」是邪思——不正確的想法。

## 慧光切破生之繭殼

我們應該了解，並不是我們沒有頭腦，只是我們的思想、觀念有所偏差。學佛就是要破除一切邪妄的執着。知識與真理是我們應該了解與認識的，懂得道理之後，還必須去實行，急道而不行道，就是「偏邪」；知而不行也是偏差，偏在那裏呢?就是偏於狹小的智慧——我思、我見、我執。

學佛若想付出自己最大的力量，去爲衆生服務，一定要先破除這種小我的心理。好像一隻小雞一樣，必須啄破蛋殼，才能脫殼而出，然後從小雞長成大雞，大雞才能再生蛋，孵小雞。

我們學佛就是如此，衆生的無明，如同被一層硬殼包圍遮蓋，想追求佛道、開啓智慧，就必須像小雞一樣，破殼而出，才能夠見到宇宙天地的光明，否則，永遠被包在殼裏面，暗無天日；這就是偏小的智慧。論語說：「學而時習之。」「學」者「覺」也，學是覺的開始，覺是學的終點，覺與學兩字，只有下半部的字形不同；學的下半部是「子」字，覺的下面是「見」字。

「學」的字形像雞子破殼而出的樣子，因為「學」的上半部如破裂成兩半的蛋殼，如果蛋殼不破，則雞子永遠被包在橢圓形的硬殼內，見不到天地之光明。我們凡夫心就是這樣，像被一層殼包圍住，若想要學佛，就必須先突破這層殼，所以「學」就是「覺」，去除蒙蔽而覺悟，而且必須「學而時習之」，時時刻刻去溫習。「習」字是由「羽」字和「日」字所構成，如鳥學飛，有日日不間斷、屢次振羽學飛的意思。鳥類剛展翅學飛之時，不能飛遠，儘管如此，仍然要不斷練習，飛到高處時若掉落下來，還是一樣要繼續揮動翅膀往上飛。

一隻鳥脫殼而出，只見到天地仍是不夠的，必須再學習飛翔、訓練翅膀的力量，才能飛得高、飛得遠，逍遙自在，翱翔於天地宇宙之間。我們學佛若能增長慧根，就不會執着於邪妄；能破除邪妄的執着，自然能去除一切偏狹的小慧。「偏」就是不正、不普遍，偏於某一種法、某一處角落，因此我們一定要時時自我訓練，所謂「物以類聚」，「近朱者赤、近墨者黑」，我們必須善加選擇，慎擇有智慧的人，時常親近他多向他學習。

## 君子喻於義，小人喻於利

「常避無義，不親愚人」，人生在世，首重此「義」字，「義」即行所當行的意思；我們既然要學佛、學做人，最忌不義，不義就是無義，無義就是貪利。所以孔子說：「君子喻於義，小人喻於利。」小人完全貪圖利益，而君子卻重義輕利，君子和小人的差別就在於義與利之間而已。所以，我們學佛必須要遠離不義，要做個有義的人，不可做無義的人。

想要避開無義的事，就得「不親愚人」，愚者就是沒有智慧的人，沒有智慧的人完全只爲自己著想、以自己爲中心，自私自利。我們必須時時「思從賢善」，常常追隨賢人善士，若能時常追隨賢人，就可以增長智慧；若時時附從善人，就會常常增加福德。賢人能增長我們的智慧，善人能培養我們的福德，所以我們要多多親近附從賢善之人，接受他們的影響與引導。

我們若附從愚癡者，也會受其影響與感染，所以大家要謹慎注意，善加選擇，能附從賢善之人，自然能受他們的感化，這就是「思從賢善，親附上士」。

這幾句偈文，就是有關於「慧力」的培養，我們要如何才能產生智慧的力量呢？智慧，就是從世間萬法中產生的，我們要多多歷練，若能常常歷練，自然可以增長智慧。常言道：「不經一事，不長一智」，若能多接觸人事、多一份經驗，就可以多增長一份智慧，所以日常生活上的人與事，深具歷練我們智慧的功能。

有人說，人性是不固定的，每一個人都有「不定性」。也有人說善惡無定性——善惡的標準，很難做一個固定的評價，但我們可以由人的行爲來判斷善行或惡行。一個人是智慧或愚癡，可以觀察此人平時所喜好親近的人、事、物，以便作爲評論的依據。

所以慧遠大師教導後學者，首先就是勸人遠離不義，捨棄私利，親近有義。

「不親愚人」，愚是愚癡的意思，人生在世，不知從何而來？更不知往何處去？在這茫茫的人生旅途上，我們應該尋找自己將來的去處，而學佛就是要找尋一個正確的方向。假如我們常常親近愚癡的人，則前途將茫茫然，方向也容易有偏差，所謂「差之毫釐，失之千里。」所以論語裏說：「君子食無求飽，居無求安，敏於事而慎於言，就有道而正焉，可謂好學也已矣。」希望大家能得一善而拳拳服膺，不要忘記。

君子是「食無求飽，居無求安」，而小人卻只求飲食的甘美與居處的安適。君子既不求山珍海味的飲食，也不求高樓大廈的居處，看輕物質上的享受，也看淡了私利、遠離利欲，不去追逐。而且必須做的事唯有——「敏於事而慎於言，就有道而正焉。」平時待人接物須敏捷勤快（敏是智慧），謹慎深思，選擇有意義的事情、親近正義之道，並跟從賢德之人。

古人說「捨生取義」，我們學佛行菩薩道，就是要學這些，要看開小我，完成大我；也可以說：學佛的目標是——只要能使衆生得到安樂，犧牲自己也在所不惜。這就叫做「敏於事」，運用智慧深思，觀察世間的人與事，從事有意義的行動。除了選擇有意義的行爲之外，對於言語也必須非常謹慎，這就是「慎於言」。我們不可說些無益的道理，而要步步爲營，穩紮穩打，一步一步地引導衆生走入菩薩的道路中。

這就是學佛者所應該追求的事，孔子教育世俗人立身處世的道理，都已到達這種境界了，更何況是我們學佛者，以超然的精神來處世與教育衆生，更應該要以身作則。所以「就有道而正焉」，是指親近有道德仁義的人，以導引我們走上正途；若是不慎而親近愚人，就會使我們誤入迷津。因爲愚癡的人重利輕義，我們自己已經迷惑不清了，若再親近愚者，很容易隨波逐流，捨義求利、迷失自我。所以，我們一定要非常謹慎，選擇自己應該親近的人，若能做到這樣，才是真正好學之人。

這就是孔子教導學生應該如何取捨的方法。我們要取義捨利，親近有仁義道德的人，遠離愚癡貪利的人，才能真正奉行孔子的教法；也就是說，「不親愚人」，「就有道而正焉」，才是真正求學行道的人。

所以遠公又接著說：「思從賢善，親附上士。」我們必須時時刻刻選擇賢人善士去親近跟隨，並處處學習，因爲賢德的人可以引導我們增長慧根與慧力，使我們智慧增長，而善心人士可以引導我們增加福德。學佛就是要修福與修慧——福慧雙修，慧能成賢，福則能成善，所以，我們要好好選擇隨從賢善之人。

「親附上士」就是說，我們要加入菩薩的行列，並且親自身體力行，走上菩薩的道路，並不是親近附從賢人就好了，還要進一步加入身體力行的行列中。就像我們慈濟善業一樣，若增加了一位委員，就多了一股生力軍；或是說會員從幕後走到幕前——成爲正式的慈濟委員，這「從幕後走到幕前」

就可以稱爲「親附」——親自在這個愛心行列中身體力行，也就是添列爲菩薩，親附上士，成爲真正的發心菩薩。

## 千人學佛，一人成道

佛陀將發心的菩薩分爲二種：一種稱爲戀意菩薩，一種稱爲深心發意的菩薩。所謂「戀意菩薩」是戀着於世間、無法脫離世欲者，其發心只是曇花一現，類似菩薩的形態。雖然他已發了菩薩心，可是平時仍對世間的福報依戀不捨，不能深心堅固菩薩心，所以稱爲戀意菩薩。

佛陀所提倡的是深心發意的菩薩，不戀著於世間的利益，也不會被世利所引誘，這種發菩薩心的人，就稱爲深心堅固的發意菩薩；這種人的發心非常恆久，他的信根、信力與慧根、慧力都非常堅固，不會立即消失，更不容易停息退轉。

現在想學佛的人實在很多，但是真正能成就的人沒有幾個，不只是現在的人如此，過去的人也如此。佛經中可以看到佛陀常常說：「發心學般若菩薩者，其數如恆河沙，然成就佛道者，難得一人。」深深去體會這段文句，我們就可以知道，想求佛道的人確實很多，多得像恆河中的沙一樣，難以數計，但是真正能夠成就無上佛道的人，難得有一、二人。可見，曇花一現、戀意的發心菩薩佔了多數，而能夠深心堅固的發心菩薩就非常少了。

希望大家都能學深心堅固的發意菩薩，若能如此，就是「親附上士」了。

接著慧遠大師又說：「法喜臥安，心悅意清。」我們必須避開無意義、無價值的事情，因爲人生無常，時間短暫，無意義的事要盡快捨離，對於有意義的事情，要趕快積極去進行。莫親近愚癡的人，或從事無意義的事，要善加思考，追隨賢善之人，加入菩薩的行列中，若能如此，就會常常法喜充滿；因爲我們事事有意義，事事遵循理，所以能時時刻刻心安理得；而且，我們所做的事都能利益人羣，造福大衆，因此能時時法喜充滿；心中常常充滿法喜，則能隨遇而安，連睡覺也會睡得很安然自在。

常言道：白天做了虧心事，晚上睡覺都會做惡夢。如果心中常常抱持著「愛」與「和」，自然會時時有喜悅、快樂的心情，所以大師說「法喜臥安，心悅意清」，就是心中時時刻刻充滿歡喜的境界。每一次我們開聯誼會的時候，我就會跟委員們說：「你們大家看看那些貧困急難的衆生，當你們做了一件好事，而使他們得救時，你們的心中有什麼感想呢？」

每次委員們都會回答同樣的一句話：「第一是滿足；第二是快樂。」所謂「滿足」，就是說人難免會互相比較，認爲自己樣樣不如人，不滿足的心態常常浮現。等到進入慈濟之後，親眼目睹那些貧病衆生所遭遇到的坎坷人生，並將自己目前的生活與他們困苦的生活相比較，才忽然覺得自己應該滿足。而且在訪查貧民之後，認爲自己尚有餘力去解決他們的困難，所以凡是加入這個愛心行列從事濟貧工作的人，都會覺得很有成就感，有成就感自然會快樂歡喜了！

這就是委員們共同的心聲，也就是「心悅意清」，我們的心能滿足，自然就會快樂，我們能夠幫助別人，使人得到妥善的救治與安排，心中自然會清朗寧靜。

## 聖者演法，慧常樂行

「聖人演法，慧常樂行」，聖人出現於世間，就是爲了教導衆生。教育人就必須說法，法是由口說出聲音來傳授他人的。例如諸位坐在這裏，我講法給你們聽，你們是聽我的聲音來接受其中的內容，所以這裏所謂的「演法」，是法由聲出的意思。賢哲聖人將他們心中所得的道理教導給後學，我們若想知仁知義懂禮節，就要跟隨聖賢的教法去實行。

現在的年輕人距離賢與聖實在是太遙遠了，因爲他們已經失去了尊師重道的心理，逐漸遠離了聖賢的境域，這實在是相當令人惋惜的事。今天，我們學佛一定要尊師重道，尊重過去的賢人與聖教，並且善加保存延續，如此心中才會受用。

我們學佛就要求慧，「慧」被我們的精神心思所統攝，發自歡喜心所表現出來的行爲，就稱爲「樂行」。智慧收攝於深心，表現出來的就是我們日常生活中的行爲，學問定要應用於生活上，如果不能學以致用，化爲踏實的行動，那麼，「智慧」就不能成就力量了。所以「樂行」的意思是說，要歡喜地去推動、實行，學以致用，所以說「慧常樂行」，若能做到這樣，就能成就「慧力」了。

以上就是「五力」的內容，「五根」與「五力」的道理自「四念處」而生，若能從「五根」、「五力」繼續推行到四念處、四正勤、四如意足，將其全盤透徹了解，並且去推動實行，才是真正學佛的弟子，也就是「就有道而正焉，可謂好學也已矣！」才是真正好學求道的人。

# 七覺支篇

- 擇法覺支
- 精進覺支
- 喜覺支
- 輕安覺支
- 捨覺支
- 定覺支
- 念覺支

有一年夏天，天氣非常炎熱，我們在花蓮覺得無比悶熱，而根據氣象臺的報告，臺北的溫度比全省各地都還高，已達三十七度，這的的確確是非常酷熱。臺灣地區可說是四季如春，寒暑溫差不大，但是國外各地的氣溫就沒有那麼平均了，例如義大利，由於熱浪侵襲，熱死的人已逾二千多人，而其氣溫竟高達四十幾度，這真是不適合人類生存的環境。

連續幾天電視新聞也報導巴黎地區由於天乾物燥，到處發生火災，山林一片火海，慘不忍睹，而都市大城內更是火災連綿。加拿大地區近日同時產生七股强烈龍捲風，屋舍田園瞬間被破壞無遺，損失慘重，傷亡人數更不在少數。中國大陸也鬧水災，一片水鄉澤國，見不著陸地，死傷者不計其數。

我常常提起世界各地的種種災害，就是希望大家時時警覺——人生無常。而且，不只是人的生命脆弱，事實上，宇宙之間的山河大地，無時無地不隱藏著危機，這就是天災。我們生活在安全舒適的環境裏，卻常常不知愛惜這平安自由的生活，真是可惜。

## 宗教安撫眾生的心靈

有一天晚上，臺南地區發生飆車惹禍的暴力事件。大馬路的兩邊擠滿了一大羣圍觀的民衆，幾千人以看好戲的心態，等著那些用生命做賭注的飆車騎士表演飛車。警察人員爲了取締飆車行爲，出動警車攔阻，卻引起那些年輕人的不滿，以飛車去撞警車，結果造成三名騎士受傷。

一些旁觀者見狀，就趁機惹是生非，跑到交通警察大隊去搗毀警車，並潑汽油加以燒毀，而且還煽動其他人丟磚塊石頭，將交通警察隊部砸毀；結果火勢蔓延，殃及無辜民房。這些暴力行爲真是令人痛心疾首，他們實在是人在福中不知福，住在如此安居樂業的地方，卻不懂得知福惜福，反而招惹這麼多煩惱禍端。無辜民衆的房屋家產竟被他們燒毀，而維護民衆安全的警車，是保障人民生命財產最快捷、最機動性的交通工具，每輛車的價格都非常昂貴；這些年輕人真是太不知輕重，竟一輛輛燒毀，破壞國家公物。

每次看到這些無知的年輕人與盲目的羣衆不能安分守法，與治安機關互相配合，實在令人覺得悲哀。不只臺灣如此，全世界都有人類造成的悲劇災禍；像沙烏地阿拉伯的首都麥加，是回教徒的聖地，每年都有成千上萬的教徒來此朝聖，舉行各種儀式及慶祝活動，常有伊朗回教徒與麥加朝聖者相互衝突，在混亂中被踩死的就有兩千多人，其他受傷的人數更是無法計算。同是一種宗教，有的團體卻彼此對立、互相殘殺，這到底是爲什麼呢？

每一種宗教都是爲了教育衆生而出現人間，是要安撫衆生瘋狂的心態，引導衆生得到心靈的平靜，安分守己，過著安居樂業的生活，這也是世人需要宗教的原因。如果不認識宗教而惹事，還情有可原，但是宗教與宗教之間若動起干戈，就令人覺得悲哀了。

看看現今的社會，實在令人痛心啊！雖然我們人微言輕，無法影響整個國際社會的人心形態，即使如此，我們仍然要善盡本分，守好規矩，愛惜自己目前平安幸福的生活。佛法教育我們時時居安思危，雖然今日處在平安的環境中，仍然要時時刻刻謹慎小心，預防災害的來臨，若能如此，就是所謂的「君子有終身之憂，而無一朝之患。」

## 真正的大道是菩薩道

三十七助道品中的四念處、四正勤、四如意足、五根、五力都解說過了，佛陀擔心大家不會選擇，不知如何應用，所以又苦口婆心地爲我們分析日常生活應選擇應用的方法，那就是—七覺支。

**覺即覺了，謂覺所修之法，是真是偽也。**

**摩訶止觀云：修此七覺，即得入道也。**

## 大乘三法．善為抉擇

「七覺支」，也有人稱為「七覺分」；「支」是支派、派別；「分」是分別，分門別派之義。「覺」是覺悟了知。過去我們是懵懂不覺，在人世間迷茫無知、懵懂過日子，然而我們有幸能得到佛法的教育，所以應該自我警惕，善加揀擇我們所信仰的宗教是否正確。

我在此鄭重地告訴諸位，我們選擇佛法絕對是正確無誤的，佛陀的教育可以使我們超越生死，洗滌心靈上的煩惱。現在我們所談的「覺」，就是了解的意思，在未了解之前是懵懂不覺，既然做了選擇，就要了解自己所選擇的道路與修行的法門是否正確。

所以，「所修之法，是真是偽」，就是分別自己所修的法是正確或錯誤。佛陀的教法分為三乘——小乘、中乘、大乘。小乘法是獨善其身者，靠已了解佛法者利用說法來教育；經過不斷地教育與自我反省後，選擇厭世消極的方法來獨善其身，就是小乘法。

還有一類是比較聰明的人，他用眼睛觀察、用智識分析社會形態，並且能深深體會到佛陀的教法，而聞一知十。除了聽聞佛陀的教法，他還用眼睛去觀察社會、用心去體會，更深入地了解佛法，這就叫做「中乘」；他的智慧比小乘法更高一層，因爲小乘者步步要聽從別人的教法，根機較遲鈍，而他卻能聞一知十。這個「中乘」，也可以稱爲「緣覺乘」——緣著外在社會或宇宙自然間春夏秋冬的現象，而了解世間的道理；他能夠觀察人的生老病死，而深深體會到人生無常，然後自覺真理，專心修行。

另一種是「大乘」，這是大根大機之人，其根機非常卓越，雖然身處於五濁惡世，面對著外界六塵的一切景象，但是內心卻能深深體會到人生的苦難，不爲自己的利益著想而投身於人羣，即使犧牲自己也在所不惜，也可以說「上求佛道，下化衆生」，這就是菩薩的精神——一面精進求道，一面發揮自己的功能。「上求佛道」就是顯現我們的心靈、啓發我們的良知；「下化衆生」就是發揮我們的良能。像這樣就是大根、大機、大乘的菩薩道。

同樣是佛的弟子，卻有這三類型，那麼，我們應該善加分別、慎重選擇。佛陀示現人間是爲了救度衆生，我們既然是學佛的弟子，應該學習佛陀的「心」——佛的心是大悲心，他愛護衆生是發自「同體大悲」的心。

我們既然學佛，就應該要學佛的這份心。真正的大道是菩薩道，不可在獨善其身中懵懵懂懂，浪費了時光、虛度了人生。

## 1 擇法覺支

**擇即揀擇，謂用智慧觀察諸法之時，**
**善能揀別真偽，而不謬取虛偽之法，**
**故名擇法覺支。**

摩訶止觀云：「修此七覺，即得入道也。」——我們若能了解這七種覺悟之道（分別法），所走的路就不會錯了。這七種法中的第一種是「擇法覺支」；「擇」即揀擇、分別之義，也就是說運用我們的智識、智慧，觀察世間一切諸法，就能善於分別自己所修的教法是真或是偽，不會錯誤地去選擇邪妄虛偽之法，這就是「擇法覺支」。

不信仰宗教，錯過了人生固然悲哀；但是認識宗教之後；若選擇錯誤，則更加令人覺得可憐了！我常說：「迷信不如無信」，與其錯誤的迷信，倒不如都不信。信了之後若生迷惑，那麼想回頭就非常困難了，但是若能及時回頭，則真正是大根機的人。

像我們精舍的楊小姐，她本來是一位傳教士，自從接觸佛教、聽了佛法之後，在很短的時間內就進入慈濟，參加聯誼會，並且聽了開示佛法的錄音帶後，就能很快地將佛教的教理與她過去所學的教法，互相比較，而深深體會到佛法的道理圓融、佛教的教育徹底，所以在短時間內，毅然決然勒馬回頭，回歸佛教的教法，從初步開始推究。她放棄了過去的傳教士之職，下定決心入佛門，從初機開始學佛。

這就是對信仰的明智抉擇，也可以說是「擇法覺支」——選擇自己要修的教法來修行。

好好選擇自己所要修的教法，並且要懂得「居安思危」，人身難得，佛法難聞，我們處於豐衣足食的環境中，要善加把握，好好珍惜今日，無論多麼辛苦，我們仍然要好好利用自己的身體，發揮一己的功能。雖然我們人微言輕，但是如果大家都安分守己，發揮功能，那社會就非常平安了。

看看現在的天災人禍，實在是令人惶恐不安，因此，我們千萬不要浪費時間，要好好把握人身，擇法而覺知。

## 2 精進覺支

「不雜」名精，「無間」名進；
謂修諸道法之時，善能覺了，不行無益苦行，
而於真正法中，常能用心專一，無有間歇，
故名精進覺分，又名精進覺支。
以勇猛心離邪行、行真法，故名精進覺支。

「精進」——「不雜名精」，也就是專的意思；「無間名進」，沒有間斷稱爲「進」，所以精進就是接連不斷地進步。

「謂修諸道法之時，善能覺了，不行無益苦行，而於真正法中，常能用心專一，無有間歇。」這幾句話看起來非常簡單，就是說：我們的心若能專一無雜念，力行正道而不間斷，即稱爲精進覺分。現在的人想修行到心思專一無雜念，實在非常困難，爲什麼呢？因爲追求的欲念太多了，患得患失的心理也太强烈，所以心神自然不能專精。

譬如「學佛」，許多人都自稱是「學佛的人」，那麼問他學佛的目的是什麼呢？他會回答：「爲求了生脫死！」這就是他學佛的目標——求解脫。我們說過，學佛有小乘、中乘及大乘三種類型。小乘者必須認真聆聽別人的教法，然後依照其方法實行，一聽人家說認真拜佛可得到「感應」，也不用心思考拜佛的目的是什麼，只是人云亦云，一味地停留於拜佛求感應的階段，這就稱爲「獨善其身」——爲自己的得失著想，而不關心大衆。

也有人說，學佛必須多念佛，念佛才能消一切業障，往生淨土。卻不知道念佛的真正意義是什麼？也不知道除了念佛之外，還要表現什麼外在的行爲。

須知，念佛的目的，是要掃除我們心中的雜念以及愛欲的心態，要念得使凡夫心轉爲聖人心，若邊念佛邊造口業，或一面拜佛一面造身業，那就是只聽別人的一面之詞，而不再去深入探究學佛、念佛及拜佛的真正意義與目的。

所以，這也一樣是患得患失的心態，因爲他們拜佛與念佛的目的，只是爲了求感應、消業障而已，卻不知道應該如何修行正法、修養自己的身心。若是這樣，就會生雜亂心；存著有所求、有所得的雜染心念，當然不能

「精」了。

做善事能夠持續無間斷，也是非常困難的，多數人都是「一日暴之，十日寒之」。一顆種子放入土中後，必須依靠各種外緣——陽光與水分都要充足，如果土中的種子缺少陽光、空氣、水分及養料，仍然不會發芽成長。

這就像我們修行一樣，我們的修行心態與日常行爲，一定要謹慎小心，連續不間斷。但是不要誤以爲持著念珠就是在「修行」，「修行」更不是每天穿着海青跪在佛像前叩頭禮拜，而是要善加注意自己的心行，時時刻刻合於法、合於道，這才是真正的修行。

何謂合於法、合於道呢？我們日常生活中的舉止行爲與待人接物之道，必須心行合一，言行一致，對待別人的面容態度，要常常表露出溫柔的形色，微笑對人，表現親切和睦的態度，這就是待人之道。跟人家說話要輕聲柔語，這就是表現我們內心的修養。絕對不可念佛時念得響亮和順很好聽，而與別人講話時卻惡聲惡氣的很難聽，別人聽了當然不會高興了。人心不喜，則佛心不喜，所以與其念佛念得很好聽，倒不如講話句句入人心、順人意，如此才是真正的修口業。

對待別人要多殷勤、多幫助他人，不可光憑一張嘴，見大家辛苦地工作，卻不肯付出自己的力量，如此「見人苦而己受樂」，就不是修行了。我們必須身體力行，率先勞作，領導他人參與辛苦的工作，只要我們多付出一分力量，別人就可以減輕一分負擔。所以，我們要常常抱持著「願代衆生擔勞苦，不爲自己求安樂」的心理，這就是處世接物之道。

不論是對人或對事，我們一定要抱持這種心態，這叫做「愛心」、「悲心」，也可以叫做「慈心」；若更不惜自己的身軀，付出一切，就稱爲「捨心」——總稱爲「慈悲喜捨」心；在日常生活中若能常常抱持這種心態，就是無間斷的「四無量心」。如此，我們每天、每一時刻，分分秒秒都是在精進之中，毫無懈怠。時時抱持這種精進不斷的心，則絕對不遜於念佛及拜佛者，因爲這是佛陀教育我們成功的目標，能常常向著這個成功的目標精進，則人與佛皆大歡喜。

所以，「無間名進」，我們的道心要連續不間斷，這樣才會進步。

## 善覺道法，不行無益苦行

「謂修諸道法之時，善能覺了。」——「修諸道法」即修行時的一切道法。道就是路，是佛陀引導我們走的路。也就是說，衆生迷茫不得覺醒，佛陀一一為我們點化，知道過去是迷，現在要向清淨的道路去實行，這就稱為道法。

「善能覺了」，我們既然在佛陀所指示的道路上行走，所做的一切舉動及所修的一切心行，應該能常常善加分別，這叫做善能覺了——會分別好壞、辨認正邪，清清楚楚的明白何者該做，何者不該做。

「不行無益之苦行」——不要去受無益的苦。人身難得，佛法難聞，得了人身、聽了佛法，就應該精確地選擇正道去實行，不可盲目摸索，沒問清楚方向就開始走，走了一段路後，覺得好像有一點錯了，才回過頭來。請問，我們一生有多少時間可以讓我們走走停停，走錯路又回頭問路，再重新開始呢？所以我們要慎重地選擇所要修的道及所要行的法，並且馬上去實行。

假如我們還未選擇正確的道法，就會常常進進退退，永遠像隻白老鼠踏鼠圈一樣，無法前進一步。你們是否見過這種圓形老鼠籠？只要一踩踏圓籠，老鼠就會不斷地轉圓圈。看看那些籠內的老鼠整天忙忙碌碌，一刻也沒停止過，但是任其轉了多少圈，還是在原地。我們修行絕對不能如此，必定要十分精確地選擇自己應走的道路。

佛陀告訴我們，一切衆生都有佛性，他教育我們學佛的目標是要達到聖人的境界，而這中間的路程稱爲菩薩道。一個人若能掃除人我之間的煩惱、是非，叫做斷煩惱。有的人學習念佛，卻無法斷除日常生活上的煩惱。例如，有一對學佛的婆媳，平常念佛時兩人都很認真，但是沒念佛時就不能和睦相處。這位媳婦非常用功，那裏舉行佛七就到那裏參加，東奔西跑，一回家就和婆婆比較誰虔誠。婆婆行動較不方便，因此心裏想：「既然不能和人家一起打佛七，就必須認真念佛。」於是在家裏設佛堂，不斷念佛誦經，而手中的那串念珠也讓她念得光亮耀眼。

這對婆媳不在一起時各自念佛，但是在一起時，就不斷鬥嘴，婆婆嫌媳婦的不是：說自己以前如何做人、怎麼做人家的媳婦、如何的孝順，而媳婦……。媳婦就回嘴說：「我已經不錯了，我三餐還會煮飯給你吃，你看看別人……。」媳婦不斷比較現在的年輕人如何如何，婆婆就比較她以前做媳婦的那一套；兩個人觀念不能溝通，難免起爭執、造口業。

一個家庭就因爲婆媳問題而煩惱，孫子想到媽媽和祖母，兒子想到太太和母親，就非常憂煩。鄰居勸著說：「你們是念佛人，就隨和一點啦！」婆婆一聽，竟然賭氣地說：「念佛就不能計較，那我寧可不念佛、不學佛，也要跟她爭到底！」無明火一起，連佛也不想學了。但是，她真的不要學佛嗎？平時她也常說：「要帶業往生，趕快念佛，這樣阿彌陀佛才會來接引我……」，而無明一起，卻什麼也不管了，像這樣念佛又有什麼用？自己所修行的道法無法分別是真是假，念經念到心臟無法負荷而導致氣喘，這就是「無益苦行」啊！

佛陀在世時，也有許多無謂的苦行者，例如修水行、火行，以及斷食行的；而現在更有人說：「我是修行者，所以要過午不食。」而平時他便非常挑食，這也不吃、那也挑剔，這樣的人說要修行，結果修到連路都走不動，這並不是正確的修行。人身難得，我們要好好照顧身體，隨著現在社會工作的需要，消耗多少體力，就要補充多少營養；有充分的力量、充分的精神及智慧，才能解決衆生的困難。所以，我們應該要好好地利用身體，把握時間，發揮我們的愛心。

學佛是要斷煩惱，我們只要用智慧去分析道理，就可知道真正的斷煩惱是在人與人之間無計較；若是煩惱不能斷除，就是無益的修行，我們應該行於真正的法中。佛陀爲什麼示現人間？是爲了教育衆生，這是真正的教法，他希望我們成就什麼樣的形象，我們就應該趕快去力行，這才是正確的修行。

## 今日的辛勞．是明日的花果

「常能用心專一，無有間歇。」——我們要常常用心專一，不可一暴十寒。有許多人還沒進入我們精舍之前，都誇讚這裏非常了不起，尤其是自力更生，是他們學習的典範。但是等到進來一段時間後，有些人卻覺得常住的工作太卑微天天這樣做，實在是大材小用。殊不知，萬丈高樓平地起，幾十層的高樓大廈，都是由地基開始建築起來的，若無地基，根本無法建築幾十層的高樓。

慈濟今天的成就，若欠缺精舍這種自力更生的精神，就不能發揮這份救人、救貧、救急、救病的功能。所以我常常說，一切的成就完全繫於大家在精舍的努力，雖然這些工作很卑微，大家都很辛苦，但是，慈濟所有的成就，就是從這裏起步的。

所以，我們付出一份辛勞，就是得到一份修行。每天我到醫院巡視，總是會問護士們：「辛苦嗎？」她們就說：「今天好多人，好忙啊！」那我一定在後面補充一句：「就是因為你們忙，才有好多人得救啊！功德無量！」

如果她們在那兒閒著，就等於沒有付出功能，病苦的衆生也就無法得到溫暖、無法得到救助。

相同的道理，精舍裏每個人的辛苦就是修行，有昨日的辛苦就有今日的成果，這不是無益的苦行。我們過去雖然長期付出了辛勞，但是這份辛勞並沒有白費，慈濟今日已經有一份成就，而這份發心不是到此爲止，必須繼續下去，永不退轉。我們還有比過去更浩大的工程、還有比過去更具意義的計畫，例如醫學院、護理學校……，這都是我們爲了將來千秋百世的大業而奠定的教育目標，所以我們要長期地努力下去。

「常能用心專一，無有間歇。」我們每天都是如此辛苦，沒有浪費時光；這就是專心無間歇，也就是「精進覺支」。

## 以勇猛心離邪行

既然已經選擇正確的道法來修行，就要努力精進，不間斷，不可中途而廢。

「以勇猛心離邪行、行真法」。精進就是勇猛，學佛乃大丈夫事，非大丈夫則無法精進於佛道之上，所以我們一定要提起勇猛之心。學佛的條件與慈濟的志願相同，必須具足三種心態——信心、毅力、勇氣。首先我們必定要有信心，啓發了這份信心後，就要好好培養自我的毅力；毅力充足之後，我們就有勇氣發揮自己的良能。

看看現在的社會有多少的「勇夫」啊！一些青少年爲了表現他們所謂的「勇」，結果造成多少的社會問題？例如飆車，就是社會治安最大的煩惱。臺南發生飆車暴力事件，警察受傷的有二十多人，警車好幾輛被焚毀，連警察局也被擲石頭，甚至禍及無辜，好幾家民房都被燒掉。

雖然發生這麼重大的事故，飆車之風仍然照常盛行，幾天之中，飆車的青少年總共死傷了十幾人，爲什麼家長們對這些自以爲是「勇夫」的青少年，一點辦法都沒有？無法勸導或阻止子女們這種玩命的行爲？實在說，現在的父母真是無可奈何；那個父母能放心，願意讓自己的子女騎著那輛瘋狂的死亡之車，在道路上飛車奔馳？每個身爲父母的人都非常擔憂、傷透腦筋，卻又無可奈何。

除了父母無可奈何之外，更造成了社會治安最大的困擾，這種風氣是誰造成的呢？除了青少年本身的心態之外，另則是由社會風氣培養出來的。青少年有種心理，就是愛表現，而有些社會人士更是愛看熱鬧，飆車的時間一到大家就站在道路兩旁圍觀，讓這些青少年以爲這是非常風光的事情，難怪會喜歡在大馬路上瘋狂大賽車。不只是男生飆車，連女生也加入這個行列，而且男飆車手還被封號爲「火狐狸」，女的也被稱爲「火鳳凰」。

這就是社會風氣從旁鼓勵出來的，是社會的病態造成青少年的心理病態，這真是很悲哀的情形。青少年有勇猛心固然是好，卻把方向走偏了，如果能將這種賽車的勇猛心與毅力，建立在正信的思想上與正確的道路中，發揮我爲人人的精神，犧牲小我、獻出良能，那麼，這個社會將會多麼可愛、多麼溫暖呀！

有一年的父親節，前一天有位放暑假來此當義工的大專學生，在醫院跟我說：「師父，我今天要回家。」我問他：「你還沒開學，爲什麼這麼快回去？」他說：「因爲明天是父親節。」我一聽，就叫他趕快回家與家人同享天倫之樂，讓父親高興快樂。他收拾好行李到外面等公車，告訴我想先到市內買些禮物送給父親，我就說：「你只要帶著一份愛心回去，把在這裏所學的規矩，以及這份溫柔的氣質帶回去，作爲送你父親的禮物，那你父親比什麼都歡喜高興。」

論語中有云：「孟懿子問孝，子曰：『色難』。」孔子的弟子問他，什麼才是真正的孝順?孔子回答:「色難」——「色」最難得啊!如果能以「色」——和顏悅色,使父母高興,這就是孝。

「色」就是我們的行爲態度,我們要時常面帶笑容,和顏悅色,父母說的話,要歡喜順從,讓父母一看到我們的行動作爲及態度就心生歡喜;做任何事都能使父母放心,這就是最大的孝。如果子女不守規矩、不溫順體貼,即使買了許多東西給父母,父母也是很煩惱痛苦的。

有的人甚至說要去賭博,贏很多錢買東西給父母,這是不是孝呢?這不是孝,這是錯誤的行爲。子女賭博會使父母痛心、煩惱重重,尤其是現在的大家樂,使人傾家蕩產,連自己的妻小都無法安定了,那能安定父母的心呢?所以發自內心真誠而表現出的行爲,就是孝道最好的實踐。

佛陀教我們做人的方法,是要先選擇正確的做人道理;而學佛則要選擇學佛的方法。選擇了正確的做人道理後,就要認真地實踐人生正道;學佛的道理若選擇妥當,則必須不斷地精進,不可停歇,這就是「用心專一,無有間歇」。佛經裏也說,要以勇猛心離邪行、行真法。過去有不好的習氣、偏差的信仰、錯誤的行爲,必須趕快回頭,懸崖勒馬,回頭是岸;以勇猛之心離開邪行,以精進之心力行真法。

## 名利地位都是虛幻

世間的萬事萬物，有很多都不是真正可靠的；不只是我們的身外事物不可靠，而是我們自己本身的心就很不可靠。

佛陀在世時，到處弘揚佛法，在他弘法期間，啓發了許多年輕人清淨的本性而出家學佛。有一段時期，佛陀在王舍城弘揚佛法、教育衆生，其中有五十位很有名望的大長者之子，也來聽佛講經。所謂大長者，就是王舍城中的大上人，如同現代的扶輪社、獅子會……等許多有名望的大企業家，聯合組成的團體；而他們的兒子，也大多是少年得志的大商業家，有如今日的青商會，他們是既年輕又事業有成的青年人，共同組成的一個組織。

有一天，佛陀在王舍城內講經，這五十位有身分、有名望的長者之子也來聽經。佛陀說盡了人生苦空、無常、無我的道理後，深深地感動了這五十位大長者子，他們聽完佛陀的分析後，了解人生所有的名利、聲望、地位都是虛幻的，而且深刻體會到人身難得以及佛法難聞，所以他們相互鼓勵、用心學佛，就這樣，五十個人都棄俗出家了。

他們出家後，大家都非常歡喜，當時他們的父母親友表示要舉行一個歡喜的慶祝會。於是這些富有的家族、親友共同成立一個供僧大會，除了慶賀五十人出家外，又供養佛、供養僧。佛陀和僧伽們受過供養後，佛就帶領他的僧衆回到耆闍崛山。出城的途中，路邊有一池污水，污泥上長滿了許多蓮花，佛陀便說了一首偈文：

如人開田溝，接近大道邊，
溝中生蓮花，香潔可人意；
人有生死劫，凡俗茫茫然，
智者要出離，作為佛弟子。

阿難隨侍在佛的身邊，聽在耳裏，便記在心裏。佛陀回到耆闍崛山後，就坐定下來，這些弟子也跟著坐定。此時阿難就請教佛陀：「佛陀在半路上爲什麼說出這段偈文呢？」佛陀回答：「大多數的人都是心念難斷，這五十位初學的比丘，由於入佛門不久，又受父母、親友們這份溫柔親情的影響，所以心念動搖，起了依戀難捨的心理。」

人的心念常常就是這樣，當初發了勇猛精進心而出家，如果家人慇勤地來看望，或是以利欲物質來附著，我們常常會因此退失了道心，這就是情難斷、愛難捨，像這樣便妨礙道心。這五十位初出家的比丘，由於親人朋友的那份愛念，使他們的俗心又再復發，佛陀知道這些人心念不堅定、意志不堅固，所以唸出這段偈文。

## 有情眾生具十類煩惱

佛陀接著說，世俗人的煩惱很多，大致說來，有十類煩惱：一凶、二吉、三毒、四倒、五蘊、六入、七識、八邪、九結、十惡。

**第一是「凶」**——人命在呼吸間，任何時候只要一口氣接不上來，就會送了命。你們如果到醫院去看看，就會深深感覺人命無常……。曾經有一位委員的公公身體一向很好，沒有什麼病痛；一點預兆也沒有，就突然往生了！這就是人命在呼吸間。不僅人命無常，世間更有許多的天災、人禍。例如加拿大的龍捲風，在短短的幾秒鐘之內，竟然發生六起，毀壞了整座小鎮，也奪取了許多人命。在電視新聞的畫面上，又看到孟加拉發生大水災，不知造成多少人命傷亡，這些都是天災。而一些人爲了逞一時之快而飆車，喪失寶貴的生命，這就是人禍。我們醫院的急診處，一日之中，大約有十幾人來接受急救，醫院鬧血荒，一直呼籲大家盡快來捐血，就是因爲許多人開刀動手術，急需輸血。這就是人命在呼吸間。人命無常，故稱「凶」，它常常出現在我們的身邊，前後左右、四面八方無所不在，是人生最大的苦患。

**再說「二吉」**——吉與凶正好相反，順利、歡喜的事情叫做「吉」。我們應該感到非常慶幸，因爲人身難得，而我們現在已得到人身；我們也比別人更幸福，因爲佛法難聞，而我們已聞了佛法，「人身難得今已得，佛法難聞今已聞」這是很好的事，也就是佛法中所說的「吉」。

**「三毒」**——就是貪、瞋、癡三種煩惱。我們常常無法控制自己的心念，明明知道佛陀的教法是要洗鍊我們的身心、淨化我們的精神，但是仍然無法滅除貪、瞋、癡三毒，這是學佛者最大的遺憾。

**「四倒」**——「常、樂、我、淨」四種顛倒相反的說法——無常說常、不樂說樂、無我說我、不清淨說清淨。佛陀一再教示我們無常、苦空、無我，這是真理；而「常、樂、我、淨」即是「四倒」。

**「五蘊」**——就是色、受、想、行、識五種法。這些法一般人若無法深入了解及深刻體會，必然無法擺脫這五種精神與身體上的煩惱。

**「六入」**——是指眼、耳、鼻、舌、身、意。我們在日常生活中，精神常常會受到這六種意識的困擾而產生煩惱。

**「七識」**——乃意識之外的思想。

「**八邪**」——是八種邪道。與「八正道」相反的就是「八邪」，包括邪見、邪思惟、邪語、邪業、邪命、邪精進、邪念、邪定。

「**九結**」——是九種使衆生不得解脫生死的煩惱，有愛、恚、慢、無明、見、取、疑、嫉、慳等。

「**十惡**」——是身三、口四、意三，總共十種惡。口業有妄言、綺語、兩舌、惡口；身業有殺、盜、淫；意有三種業，即貪、瞋、癡；合稱爲十業。

以上都是世俗人所謂的煩惱，學佛就是要滅除這些煩惱，好好把握人身，善加選擇正法，才能把煩惱完全掃除。

## 修行要如蓮花出污泥而不染

所以佛陀說：「如人開田溝，接近大道邊，溝中生蓮花，香潔可人意。」人心中的煩惱有很多，有如大道邊的田溝，田溝中有許多污泥及穢物，若能在溝中生出蓮花，則其潔淨與芳香能覆蓋住那些污濁之物。這就是說，我們的親族中若有一人發心修行，就像是在污濁的爛泥中長出的蓮花，香潔美麗，令人生歡喜心。有一句話說：「一子出家，七宗八祖能超生」，意思是說，家中若能有一人出家，不只能度化他的家族，甚至能淨化社會。所謂「蓮花出污泥而不染」，儘管社會是這麼污濁，依然能長出香潔的蓮花，而且只要有蓮花，就能淨化社會的惡濁。所以我們要多多發心、身體力行，出離污濁，在污泥中長出潔美清香的蓮花。

「人有生死劫，凡俗茫茫然；智者要出離，作爲佛弟子。」佛說，人人有生死之災難，有生必有死，凡俗之人無法察覺人命無常，而有智慧的人就會有追求正道的心念。所以說「智者要出離」，我們要好好出離污濁、脫離凡俗，這樣才能真正成爲佛弟子。

身爲佛弟子，就好像從污泥中長出來的蓮花一樣，一定要善加守護這份出污泥而不染的清淨心。佛陀爲這五十位初出家的弟子說此偈文，就是要鼓勵他們堅定信心、提起勇氣，以無比的毅力割愛辭親、棄俗離欲。佛陀知道這五十人的心態，所以看到路邊的蓮花後，就說了這段偈文來開示他們。佛陀的教育就是「觀機逗教」——先觀察了解他們的心態，然後就地取材，以所見的外在景象作爲施教的素材。

所以，我們學佛者必定要知道，佛陀的教育絕不是玄疑惑衆的道法，而是生活中最平易近人的教育形式。學佛不可心有所求、求於外境，一定要求於內心，淨化心靈，選擇正法好好精進，不可間歇，這就是「正精進」，也可以稱爲「精進覺支」。

## 3 喜覺支

人心有時候會失去正念，連佛陀在世時，有一些初出家的比丘都會心念不能堅固，意志動搖，何況是距離佛陀將近三千年後的今日！人的心念是否永遠可靠呢？世間一切萬法不是永恆不變的，而我們自己的心念更是時常變動，所以大家必須非常謹慎。我們學法、擇法、努力精進，若能得到正法，適合自己的根機又配合時機，兩者互相契合，就能得到法喜。

**喜即歡喜，謂心契悟真法，得歡喜時，善能覺了。**

**此喜不從顛倒法生，住真法喜，故名喜覺分；**

**又名喜覺支。心得善法，即生歡喜。**

「喜即歡喜，謂心契悟真法，得歡喜時，善能覺了。」——我們有心求法、學法，有時候會生煩惱心，在未知佛法、未求佛法之前，雖然在迷茫中醉生夢死地過日子，反而不覺得有煩惱。因爲這是煩惱中的煩惱，所以不覺煩惱，是凡夫中的凡夫，故不知凡夫的愚癡；若能認清這些都是愚鈍、愚癡的行爲，就會覺醒並尋找覺悟的真理。

在追尋的過程中，可能會有成千上萬的宗教教育讓我們選擇，千頭萬緒，到底什麼樣的法才是正確無誤的真理？在不得明辨之時，當然就會有煩惱。我們若能在煩惱中得到真理，則能去除煩惱，法喜充滿，得到解脫。

何謂真理？理與事能配合，事理相融，才是真正的道理。有理缺道，那也是行不通，學佛者像個迷路的人，想找尋正確道路，若能真正找到這條正路，就會覺得有信心，不會再倉惶失措、憂慮恐懼。如果我們站在起點，邁開大步向前行，心情會更加安定平穩，因爲我們所走的方向正確，不會再迷失，而且內心會產生一種永無歇止，不斷精進的意念，此路途上的風光更能令人感到一份踏實的歡喜。

所以說，「心契悟真法」。所謂的真法，是有理有道的。世間有許多虛無的法理，聽起來非常深奧，令人難以了解，難解就難行，難行難解就是虛渺，所以有理也行不通，這不是真正的妙理，只是在文字上撰寫記載的文學。

有些人無法真正了解何謂「佛道」，所以對佛教產生兩種誤解——

一種是形象的曲解：有些佛教道場常常舉行法會，配合時節而有各種禮佛、拜經、拜斗、點燈……等儀式，一般人不知其所以然，就將佛法與社會民間信仰習俗混爲一談，把佛法曲解爲迷信。這就是因爲佛教道場形象，而引起人們對它的誤解。

另一種是學術上的曲解：一些有智識的人，將佛教經典文籍做一番研究，愈深入探討，就愈覺佛法的深奧；愈覺深奧，就愈認爲這不是人的能力所能辦到的事，所以就對佛教敬而遠之，覺得佛教的道理太高深，而佛陀的人格已經脫離了人間現實的生活。雖然佛陀的教理多麼好，他們還是認爲這不是人所能做到的，因此敬而遠之。

有心求法的人，大致有此兩種類型的心態，想選擇佛教爲終身的志業，卻猶疑不決、徘徊不前。若是誤解佛教只是爲生活而舉辦法會，他就會卻步了；或是想全心研究佛法，又覺得佛教的法理深奧高遠，敬而遠之，這樣是不是很煩惱呢？

## 佛教精神的復古

佛法是人生最平實的教育。有一天，我們一位委員帶她先生來書房裏和我談話，我問他：「太太最近來醫院當義工，是否給家裏帶來許多不便？」他回答：「家裏固然需要太太，但是社會更需要她，在家裏她照顧我一人和幾個子女的生活，在外面卻可獻給這麼多需要幫助的人，非常值得啊！」我稱讚他真是功德無量，他答：「師父，這要感謝您讓我看得開，過去太太信佛我很反對，而且不只是反對，我還覺得佛教根本是迷信，我反對她如此迷信使全家陰霾重重，夫妻、母子之間，似有一種無形的隔閡存在。」

我問他現在的情形如何？他說：「完全不一樣了，撥雲見日，這些陰霾完全掃除，只要是來『慈濟』，我和子女們都舉雙手贊成，我更覺得太太能爲『慈濟』、爲人羣獻出愛心，實在是很光榮！因爲太太受了『慈濟』的教育，她會安排自己的時間，在離開家的前幾天，必定會把家事處理得有條有理；從慈濟回來後，她就會一五一十地告訴我，師父開示什麼，說了什麼……，使我們家充滿著『慈濟』精神與宗教氣氛。」

我心懷感激地說：「真難爲你了，能夠有如此深刻的體會，如此支持我，『慈濟』有今天的成就，除了要感謝委員的努力之外，我更感謝委員們的先生，因爲，我固然很需要委員的幫忙與支持，但我更顧慮到她家裏的人是否肯諒解、肯鼓勵、肯合作。」他說：「應該是我們要感謝師父。師父倡導正信的佛教，提昇佛教的教理，使人們對佛教的看法完全改變，使全家人的信仰一致，所以，應該是我們感謝師父。」

我說：「錯了，我只是復古——回復到佛世時代的佛教而已。因爲今日的『慈濟精神』，完全是佛陀在世時的教育內涵，佛陀在人間教導衆生，是日常生活上人性的教育，他教育弟子如何做人、如何接物處事，他教人接物的方法是減輕物欲，待人的原則是看開人我之間的是非，這就是心靈的修養。佛陀帶著弟子到處受供，四處說法，配合當時的社會背景及生活形態來教導衆生。」

「而今日的『慈濟』也是以現在社會的背景、形態及需要，來啓發人心，使人人看開物質的享受，啓開良知、發揮人性愛的光明，這就是『慈濟』以佛教精神從事社會工作的功能。所以，並非我有多能幹，我只是復古，回復佛世時的生活與教育，闡揚原始的佛教精神而已。」

學佛要注意道與理、人與事，道理與人事必定要圓融。若有理而無道，只說出理的原由，卻不開通道路來行走，就無法真正體會「理」的境界；若能真正身體力行，才能欣賞沿途的風光景色，而心生歡喜。所以說：「得歡喜時，善能覺了，此喜不從顛倒法生，住真法喜，故名喜覺分。」

我們體悟真法時，能得到歡喜，甚至能體會出這種歡喜心絕非顛倒法所生，而是正法所生的法喜。「正法」，過去我曾說過「八正道」，在講「七覺支」之前也解釋過「五根」、「五力」、「四正勤、四如意足、四念處」，這些法都是佛法的根本，是佛法中的正道。我們若能深刻體悟這些理法，並能與日常的生活融合，就稱為「正法」。

我們平時的生活、行為舉止，若能與這些道理相融合，就不會起煩惱，甚至會產生歡喜心，這就是「住真法喜」。像我剛才說的那位委員的先生，雖然他口頭上不曾掛著——我是佛教徒、我要去打佛七、拜佛、研究佛法……，但卻非常快樂歡喜，他深深體會佛法原來就是這種形態，自從他太太認識「慈濟」後，帶回「慈濟」的教育，使他感受到佛教的道理而起歡喜心，並且願意讓太太花半個月的時間來花蓮，半個月留在家裏，而在家裏的半個月內，還必須時常外出收「慈濟」的會費。

像他這樣就稱為「妻子施」——太太的布施，他不把太太佔為己有，而且鼓勵妻子從事正確的興趣與工作，使妻子的良能發揮更大的作用，他所得到的就是心靈上的法喜。又如大家在精舍裏忙碌地工作，無一時一刻停止歇息，卻都沒有厭煩懊惱，而且做得非常歡喜，這也稱做「法喜」。

## 以人事自我磨練

雖然我自己身心憔悴，但是一看到醫院中的患者得救，我便無比歡喜，忘記疲累與辛苦。有一天我到醫院的復健室慰問病患，有兩位老人在做復健治療，其中一位是我們委員的公公，從臺東來到這兒醫病。聽說這位老先生的脾氣很不好，罹患中風、行動不便，家人對他百般照顧，卻又無可奈何，最近乃送他來這兒做復健治療。

第一天進入復健室，醫師指導他如何提腳、放腳，如何用手握住鐵桿，才能站得穩，他完全不和大家合作，到後來甚至發脾氣，對妻子和兒女說：「我要回家了！我不做不行嗎？」大發雷霆，並強行要出院。

另一位也在復健科的老先生，他妻子正好在那裏幫先生做復健工作，看到這位老先生要出去，就跑到外面把他拉回來，對他說：「你不能回去，你一定要留下來做復健治療。」這位老先生正怒氣沖沖，她也不管他發脾氣，仍繼續說：「你不知道，患這種病一定要復健，你看看我先生，他在病床上躺了兩年，連大小便都不會，也不會端碗吃飯，所有的生活起居都必須由我來照顧，我就這樣侍奉他兩年，兩人都覺得很苦。但是他來到這裏之後，短短半個月的時間，他已會坐輪椅，能從床上坐起來了！」

這是事實。他已在床上癱瘓了兩年，愛妻愛子每天幫他料理大小便，吃飯時必須一口一口地餵他。他來這兒後，躺在病床上聽從復健醫師的指導，如何起床、要用什麼姿勢與方法，他都非常合作，兩個禮拜之後真的就能起床了。我看他自己起床，旁人稍微扶持，就能坐到輪椅上，而且還用雙手操作輪椅；我也看到他家人妻小那種快樂、興奮的神情，我當時那種喜悅是無法用言語形容的……。

這位從臺東來的老先生，就這樣被她硬拉回來，無可奈何地繼續接受治療。結果，入院第三天，他竟然能手握床兩邊的鐵桿了，復健醫師又抱住他的腰部，教他把左腳抬高、再抬高，然後數一、二、三、四、五，才叫他把腳放下來，我在旁邊幫著數一、二、三，數到四的時候，叫他還不能放下來，他的腳在空中停留一下，我就說：「好——放下來」看他好像做得很吃力，幾乎要發脾氣，我趕緊稱讚他：「老先生，你好棒，不久你也會和那位老先生一樣活動，你進步很多了！」他聽了非常高興。

我看到醫院那些逐漸康復的病患，常常會覺得非常欣慰，這應該可以說是「法喜」。雖然過去如此辛勞、忙碌、身心憔悴，爲了「慈濟」的工作、爲了建院計畫，盡管有許多人與事的紛擾，但是一看到這些病患離苦得樂，就覺得無比歡欣，這種快樂的回收，就叫做「法喜」。

我認爲學佛就是要發揮這種功能，人應該不怕辛苦，如此才能爲大家服務，使許多人得到快樂，看到衆人得救、皆大歡喜，內心的那份法喜，不是單從文字上去了解就能體會的。若從文字上了解而得到快樂，則碰到現實中的人事問題時，還是會生煩惱心，我們若能以真正的人事自我磨鍊，以勇氣衝破障礙，而使別人快樂、得救，那種心靈上的喜悅，不是言語所能形容的；所以說「住真法喜，故名喜覺分」。

## 心得善法即生歡喜

在佛法中如果真能得到歡喜心，則是在正法中。如何得到正確佛法的真理以及真正的歡喜？

「心得善法，即生歡喜。」——喜覺支也是親身接觸並體會佛法後所得的真理。我說過，只了解文字上的理論，卻無法在日常生活中親身體會，就不會得到真正的歡喜。

我們平時所學的理法，一定要用在日常生活上，也就是要學以致用。例如慈濟團體裏本來有許多家庭，妻子信仰非正信的佛教，使先生無法接受佛教形態，造成家庭中信仰觀念的分歧。等到他們接觸慈濟之後，妻子便改變其作風，加强對佛法精神的了解及對家庭的關懷，對丈夫體貼入微，並以佛陀的大智慧教育子女，使家人在宗教信仰上的疑霧完全解開。在我們慈濟的團體裏，可以說許多家庭都是接觸佛法的真理、體會慈濟的精神後，而感到法喜充滿。

修行並非逃避現實、離開人羣。修行應該忘記自己的利益得失，不計較自己是否能解脫，總是以衆生為重，關心衆生是否能離苦，這樣才是真正學佛的精神。我們每個人的身體都有活動的功能，每個人的心靈都有純良的良知，我們若能為衆生獻出自己身心的光明，發揮良知與良能，則有無數苦難的衆生可以得救。

「心得善法，即生歡喜。」——這裏所謂的「喜覺支」，是說我們深深體會到這段時間內，所走的那條路正確無誤，就必然會心生歡喜，非常高興。在佛法中，若只有文字上的研究與口頭上的辯論，絕對無法發揮任何功能，所以我們若想真正得到心靈上的法喜，必定要身體力行。「心得善法，即生歡喜」，這就是我們得到善法後，心靈中所產生的歡喜，這種歡喜需要長久心來孕育培養，不可一暴十寒。我們若有純良的種子，一定要把握因緣時機，趕緊種入土中，並且要有充足的陽光、水分、土壤、空氣，才能成長。若一天拿出來曬，十天放置在陰暗處，即使是再優良的種子，也無法發芽生根，茁壯起來。

例如松柏，是最健壯的木本植物，許多人將它移植用做盆景，當成室內的擺飾。松柏之類的盆景看起來非常蒼翠美麗，氣勢壯觀，但是不久之後，根就敗壞了，松針枯黃掉落，懨懨無生氣，這就是表示樹的氣沒有得「緣」滋長，所以會慢慢衰敗。

我們學佛就是要把握因緣，好好保護善的種子，有好的因緣與善的種子，「根」、「力」才能健全。

## 菩薩精神永不退轉

我雖然出家二十多年，至今仍然道心堅固，心不厭煩、志不退轉，就是有歡喜心在支持。這份歡喜心從何而來呢？

**初聞師訓：為佛教、為眾生，**
**即生歡喜，終此生而不忘。**

我常說：「爲佛教、爲衆生。」當初我師父就是教誡我這兩句話而已。我出家時經過許多波折，入戒場找不到師父，又出戒場，直到要封堂時才找到師父，在非常短促的時間內禮印順上人爲師。師父只以這短短的兩句話勉勵我：「你既然要皈依我，就是我們師徒之間的因緣殊勝，由於時間不多，所以你要謹記我給你的兩句話——『爲佛教、爲衆生』！」

這就是今日慈濟二十幾年前的種子（因），我尊奉師訓，拳拳服膺，常常把這兩句話牢記在心裏，時時刻刻以這兩句話發揮大功能。不斷地發揮、不斷地連接，所以有今天的成就。

這就是學佛的選擇，選擇正道之後，一定要拳拳服膺。我既然下定決心，則終此生皆不忘師訓，即使這一世「分段生死」的壽命結束，也不會忘記時時「爲佛教、爲衆生」，常常生歡喜心。有歡喜心，情願爲衆生，情願爲佛教，則志不退轉、心不厭煩。靜思精舍早會前唱的「慈濟頌」，其中有「菩薩精神永不退轉」、「菩薩精神永不厭倦」的句子，這就是真正的歡喜心！

人格若成佛道則圓

智信者深體佛法之精神，
迷信者曲解宗教之美意，
迷信則在宗教枝節上獲得幻相，
產生無數煩惱，
故迷信不如無信，
信必須智信。

學佛一定要學得「轉迷為智」，不可「以迷入迷」。「智信者深體佛法之精神」——我們常會說自己是有智慧的人；有智慧才會選擇進入宗教之門，並且自認自己的智識比別人超然。一個真正有智慧的人，應該深刻體會宗教的精神，我常說佛陀示現人間，不是叫人離開人性，而是要回歸佛性。

現在有許多人信仰佛教，卻誤解佛陀的教法——人人都說世間無常苦空，所以要趕快修行，脫離六道輪迴；以為入深山隱居修行，或是出家進寺院求道，才能夠脫離生死，這都是錯誤的觀念與思想。佛陀示現人間，目的是要教導衆生離開凡夫心，回歸清淨無染的佛性。

我常說：「人之初、性本善」，人最初的善心、赤裸裸的本性，就是佛性，也可以說人最初的第一念心就是人的本性。人的本性是善良的，而衆生心是受污染的習性，衆生包括在六道之中，佛陀就是要教我們離開衆生心。所謂六道，乃天、人、地獄、餓鬼、畜生、阿修羅，佛陀教我們遠離三惡道內的衆生心，回歸到人之初的本性，人性若成就，則佛性圓滿。有句話說：「人格若成，佛格則圓。」這就是佛陀教導我們的精神，所以智者要深體宗教之精神。

「迷信者曲解宗教之美意」——迷信的人常常曲解宗教高超的意義。佛陀設教於人間，以超然的教育引導衆生，衆生卻常曲解教義，在旁門邪道中打轉翻滾，無法走出一層封閉的硬殼，像蠶一樣，做繭自縛，這就是迷信者。

佛陀出現在人間的目的，是教育我們如何做人，佛教的精神是要我們去掉消極的態度，邁向積極的人生，現在的佛教徒卻將其目的與精神都曲解了，大部分的人捨離積極的人生，走入消極的地方，這種情形若再繼續發展下去，整個佛教的思想都會消極化。宗教必須在人間發揮效用，我們身爲佛教徒，若給宗教帶來陰森森的消極形象，就像草木在冬天受到風霜雪凍，無法欣欣向榮。

身爲佛弟子，應該掃除陰冷的氣氛，帶來春的氣息，我們要有溫暖的心、溫暖的手，創造積極的佛教，應該深深體會佛陀創教的精神，不可曲解佛陀示現人間的美意。

「迷信則在宗教枝節上獲得幻相，產生無數煩惱，故迷信不如無信，信必須智信。」——迷信的人信仰宗教都追求幻相，這就是思想分歧，好像一棵壞的樹，枝葉蔓生，雜亂無章，我們若要照顧好這棵樹，就應該將分歧的枝節整修完美，使樹幹健全生長。

現在的信佛者或信仰其他教派之人，卻都自以爲是要來信佛、坐禪、念佛……，說自己坐禪時看到什麼境界，得到很好的功夫，已經進入解脫的境界……，精神完全執迷在其中。這就是在宗教枝節上獲得幻相，這是很危險的事。

其他宗教的信徒也是如此，以其信仰爲終生的精神依靠，並不講究自己的行爲如何，以爲信了就能上天堂，若不信就會墮入地獄，心生惶恐畏懼而盲目信從，像這樣就是宗教枝節上的幻相。

我相信正確的天主、基督等宗教，只不過是在人間設方便教，引導人們建立博愛的精神，但是人們卻無法體會其意義，捨本逐末。佛教徒也是一樣，佛教三藏十二部經，千經萬論，無不是要引導衆生走入慈悲喜捨——四無量心的精神，而衆生也常將它曲解。這就是迷信之人在宗教枝節上得到幻相，只想求自我的解脫，而無法深體宗教本身的中心精神。

## 迷信不如無信

有位小姐來到精舍，和我到醫院參觀之後，一再對我說：「感謝師父，感謝師父的指引。」這位小姐就是在出家或在家修行的抉擇間，徘徊猶豫了七、八年。想出家修行，卻看到許多令她失望惶恐的事；不出家又覺得很不情願，因爲人身難得、佛法難聞，既得人身又聞佛法，不出家學佛實在是一大憾事。

所以這七、八年的時間裏，她一直很苦惱，不知如何是好，但是如今她卻告訴我：「很感謝師父，我這兩天聽了師父的幾句話，已經把這七、八年的煩惱完全棄除了，我現在已經了解並體會到佛教真正的道理是什麼，知道如何取捨，知道從今以後要選擇那一條路，現在我覺得心中很坦然，很快樂。」

這就是法喜，真正體會佛法正道時所得到的歡喜，她能將七、八年的煩惱一掃而空，是因爲已棄掉迷執，體會正法。過去她在宗教枝節上取幻相，現在才知道自己追逐的都是幻相，也了解何謂正信的佛教，並且體悟正法而得歡喜心，真是令人覺得無比欣慰。

人在迷信中得到幻相，自然會產生無數煩惱，在幻相中不停地追逐，更是苦惱，這就是所謂的「捕風捉影」；怎麼捕捉，怎麼付出，都無法求得一項真實之物，當然是非常痛苦，所以說，迷信不如無信。

我常常告訴大家，與其迷信不如無信，若要信則應該智信，絕對不可捕風捉影。因爲我們無法捕捉到風或影，一天到晚忙忙碌碌，一直想捕風捉影，根本就是徒勞無功，那何不放棄這種追求的煩惱，回到現實生活，踏踏實實地面對真正的人生，獻出我們的良知、發揮我們的良能？若能如此，即使再辛苦、再忙碌地付出，所得到的也永遠是甜蜜快樂的感覺。

## 4 除覺支——輕安覺支

要回復原來清淨的本性，必定要掃除種種煩惱。
斷除諸見煩惱之時，
善能覺了，
除去虛偽之法，
增長諸真正善根，
故名除覺支。

所謂「斷除諸見煩惱」，是説種種見解、煩惱都要將它掃除、斷離。煩惱即是心所起的喜、怒、哀、樂，世俗人每當發生事情時都會生煩惱，煩惱是世俗的粗相，是患得患失之心。

富有的人患失，經商的人也患失，怕失去錢財、怕生意失敗，失去賺錢的機會……，這種患失的心理就是煩惱。地位愈高的人，患失之心愈重，他時時刻刻都煩惱失去權勢與地位。子女多的人也有很多煩惱，子女求學時，怕他學歷比不上人家，就要他受高等教育。希望子女學歷高，卻又擔憂臺灣升學壓力與競爭激烈，於是將子女送到國外求學，一部分子女在臺灣，一部分子女送到國外，照顧國外的子女時，就掛念臺灣的子女；要留在臺灣，卻又擔憂國外的子女。一個家庭，家人各分東西，顧此失彼，這也稱為煩惱。

有錢、有地位、有子女的人，患得患失；沒錢、沒子女、沒地位的人，也有患得患失的煩惱，整日想著如何賺錢，怎樣得到子孫，怎麼求取名利地位……。總之，不論是擁有或沒有的人，都會有患得患失的心理，這就是煩惱，就是世俗人有無、增減的煩惱。

學佛者所謂的煩惱比上述的情形更嚴重，有形無形都是煩惱、起心動念無不是煩惱。種種煩惱非常微細，心思不能專一是煩惱，「昏沉」、「掉舉」也是煩惱。

何謂掉舉？就是在拜佛、打坐、誦經時，無論如何用功修持，精神都不能集中，老是向外奔馳，這叫做掉舉。有些人別人在誦經，他眼睛就慢慢合起來，最後便睡著了。常常有人念經念到打盹，靜坐時，打瞌睡的人更多，也有人拜佛拜到睡著的；這就是昏沉，這也是一種煩惱。

心不能專一，不斷往外奔馳，是煩惱，想用功卻昏沉瞌睡，也叫做煩惱。總而言之，煩惱是千頭萬緒的，修行時昏沉、掉舉、心不專一就會有煩惱，何況是平時的日常生活，心思無法統一都會起煩惱，所以佛法中所謂的煩惱是非常微細的。

煩惱有粗相的煩惱，也有細相的煩惱，無論是世俗的煩惱，或者是佛法中所謂的煩惱，既然學佛求道，就必須將其一一斷除，訓練心思安然自在，無有喜怒怨憎愛的分別，無有我怨恨的人，要有平等的愛念；有平等的大愛就不會生特別的愛意，也不會起特別的怨恨心，如此就能心情平靜，去除欲念，也不會產生患得患失的惱亂心，所以我們必定要好好斷除這些煩惱。

有的事情該發生的就會發生，要以歡喜心去接受，不該得到的，就不必太刻意去追求，若能如此，便可安然自在、斷除煩惱，達到這個境界時，就稱爲「善能覺了」。

「善」字的意思是適度、剛剛好，不偏不倚、不極端，愛得不會太過分，也不會產生怨恨心，在人與人之間沒有分別心，對自己所愛的人，能以智慧斷除佔有的感情，對自己不愛的人或不投緣的人，能盡量善解，以好的心念去對待人。若能善解善惡，好好分析所愛的人事物，就可以做到怨親平等，這就是「善解」。沒有愛怨的心，就是適中、恰恰好，不會愛得過分或恨得太深，能平等地對待萬事萬物，就稱爲「善能覺了」。

一切的法，是用來修心，一切的物質，是用來幫助生活；「足心之物」，是指任何物質只要能發揮其用途，就應該心滿意足。例如居住的地方只要能避風雨，身穿的衣服只要夏能蔽體、冬能保暖，吃的食物只要營養充足，就應該覺得滿足，以知足之心來看待世間物質，也可以稱爲「善能覺了」。

若能看透世間的物質與愛欲，自然能「除去虛僞之法」。一切的虛僞都是起於欲心染著，爲了求取名利，所以不得不虛僞；若能夠用坦然的心態來接受日常的現實生活，就不必以虛僞之心去對待他人。

學佛者必定要時時秉持誠與實的心理，這樣才能去除虛僞，除了日常生活要去除虛名與虛利之外，我們所求所學的法，一定要合於日常生活中的需要，在現實的人生裏踏踏實實地發揮自己的功能，這才是真正的實法。絕對不可迷信，在宗教的枝節上求取幻相；應該在踏實的人生中體會佛法的智慧，如此則法不虛僞。

除了學習實際的教育之外，最好能以身作則，將自己的經驗及所了解的道理教導他人，若能如此，就是「除去虛僞之法，增長諸真正善根」。虛僞的法若是去除，真正的善根就能生長起來，這就叫做「除覺支」。

## 能「除煩惱」便得輕安

「除覺支」也可以稱爲「輕安覺支」，「除」是「除去煩惱」，煩惱去除之後，就能得到身心輕安。

**謂斷身心麤重煩惱，**
**使身心輕利安通，**
**故名輕安。**

打坐、念佛，如何才能達到最上乘的境界呢？身心輕安就是最高的修行境界。並非在打坐時看到佛、菩薩，看到什麼西方的境界，就是入禪；打坐是爲了定心，心若能定則輕安；身心輕安、無有麤重的煩惱，就是我們用功的最上乘境界。

所以「止觀」中說：「法界次第，名爲知覺。」法界即十法界，修行時，若能自地獄、餓鬼、畜生，一直往上精進，達到佛的最上乘境界，必定已將一層一層的煩惱除掉，因此「輕安」又名「除覺支」。

除去煩惱，就是斷身心麤重煩惱，身心麤重的煩惱即身、口、意的煩惱。身體有三種煩惱業——殺、盜、淫；口有四種的煩惱業——妄言、綺語、兩舌、惡口；心（意）也有三種煩惱業，叫做貪、瞋、癡。這十種煩惱若現形出來，就會造十種惡業，我們學佛就是要好好去除身、口、意十種煩惱，如此才能免除十惡重業。

## 一個老比丘的故事

佛陀在世時，循循善誘地教育弟子，細心耐心地開導衆生。與佛同世的人，有些還是很愚鈍，不容易接受佛的教育，他們覺得佛的教理是很難體會的。

佛在世時，有位比丘年紀很大，跟隨佛陀已經好幾年，仍不能把佛陀的教理深深植入心中，精神無法專注，有時昏沉、有時掉舉，打坐時，常常打盹睡著，心思散亂不專，所以他根本無法接受佛陀的教法。

有一天，佛陀看到他，就問他這幾年來的修行心得，他很坦白地向佛陀說：「一無所得」，佛陀對他非常慈悲，特別以二句偈言傳授給他，佛說：

**身口攝意，心莫犯非，**
**如是行者，得度西域。**

並囑咐他牢牢記住，要常常身口攝意，守好口業；時時專心，統攝意念，守好意業，絕不可犯非法之事；若能善加修行，注意身、口、意，則必能得度。

這位老修行者得到佛陀的開示後，就專心一意，反覆背誦這兩句簡單的偈語，心惟口誦，沒多久就背得非常純熟了。有天佛陀又遇見他，便問他：「有沒有背熟？是否了解？」他說：「我雖然已經背熟了，卻不明白其中的含意。」

佛陀就開示他：「人的煩惱都是由身口意而來，所以身口意會造作十惡業，修行應該好好觀察身、口、意，時時照拂我們的心念，心一起意念就趕緊自我警惕，若能如此，就可做到『意起則滅』。心起貪欲時，若不盡速滅除欲念，身體馬上會表現出行爲而造業；心生瞋恚時，對人就有怒意、怨恨，而口便會隨之造惡業。」一切的行爲、造作，無不是從心而起，所以佛陀教他要好好守持身、口、意。

這位老修行者除了能反覆誦持佛陀的教法之外，此時，他的心意已經完全啓開了，原來佛陀千篇萬論都是在教導我們身不犯錯、口不造惡，意念清淨，這就是所謂的「輕安」，如此即可得道。

當初佛在世時，除了比丘僧團外，尚有比丘尼的團體，比丘尼在另外一所精舍修行。那時有一個五百位比丘尼的團體，佛陀為了傳授她們教法，每日派遣一位已開悟的老比丘前去為她們說法。當這位老修行者已經開悟時，佛陀便派他去教導那些比丘尼。

比丘尼們知道他過去非常愚癡，佛陀講授教法時，他總是在打盹，不知佛陀為何忽然派他來？大家都覺得很奇怪，暗地裏議論紛紛，最後商議說：「好吧！佛陀既然派他來，我們就好好地作弄他，以各種問題來刁難他，讓他出糗。」

隔天，他非常慎重其事地來到比丘尼僧團的精舍，那些比丘尼見到他來，都以八敬法的恭敬形式迎接他。表面上恭敬地接待，供養之後，就請他上座說法，老修行者便為她們開示佛法。出乎她們意料之外，這位比丘竟能將佛陀傳授給他的幾句偈文，發揮得淋漓盡致，把防患身口意業的佛法闡述得非常透徹，使那些比丘尼連反駁的機會都沒有。

他那麼安然自在，能以一偈來說法，說服那些原想刁難他的比丘尼僧團。過去佛陀派遣這麼多的比丘去教授那些比丘尼，皆無法調伏她們的煩惱，而這位以前不能深體佛法的老比丘，經佛陀的特別開示後，拳拳服膺誦持一偈，就能說服五百位想刁難他的比丘尼，這就叫做心專意解，也可以說是去除了煩惱，得到身心上的輕利安通。

所以教法不必聽太多，能身體力行簡單的一句偈文，這就是真法、就是真正的善根；能夠使人除去煩惱的教法，無不是產生善根的真正妙理。

## 5 捨覺支

人身有四大元素，生老病死都因「四大」變化組合而起。最近天氣較熱，天氣悶熱竟然也會感冒著涼，這就是冷熱不調和，也可以說是太大意、太粗心，因天熱而貪涼，貪涼就易著涼。這都是因爲人身生理不調和，所以招致「四大」不平衡。

「四大」調和，身心才會正常，我們在日常生活中求法也是一樣，必定要求得心念能夠平穩均衡。

捨離所見念著之境，

善能覺了，

**虛偽不實，**
**永不追憶，**
**故名捨覺分。**

「捨」是捨離，要捨離什麼呢？就是要捨離所見念著的境界。日常生活中六根與外界的六塵接觸，產生了意識的念著，就是所謂的觀念。例如眼睛看外面的境界時，眼根與外界的色塵接觸而產生心念，這就是念著。人的心念意識有六種，即眼、耳、鼻、舌、身、意，眼睛看的留在心中，耳朵聽到、身體所接觸到的都留在心中，總之，在日常生活中與外界塵境會合的心念，常常無法將其抹除掉，這就叫做執着的心。

## 親情也是煩惱之根本

就以現在的社會形態來說，許多人有追求的欲念，他們的心向著財、色、名、食、睡不斷地追逐，有的年輕人血氣方剛、身強體壯，沒有機會去接觸好的環境及善事，又容易受到誘惑而做壞事。爲人家長及父母者，爲了子女無正當職業，本來就已經很煩惱，而這些心愛的子女又行爲不正當，更是令他們痛苦、難堪。

報上報導一則新聞，刊載飆車青少年的父母有三類型的心態——

有一位父親得知兒子要在臺南一寬廣的道路上飆車，時間是某天晚上。當天黃昏，他就提早到現場去，手中提了一個袋子，站在路中央等他兒子。等那些飆車的年輕人都到齊時，他就仔細看兒子是否有出現，好不容易，終於讓他找到了。他一看到牽著機車的兒子，就跑到車前，一把抓住兒子的胸部，然後從布袋中拿出一把菜刀問兒子說：「你愛命還是愛玩？你若愛玩就沒命，你若愛命就別玩，看你要不要跟我回家？」這位父親爲了愛兒子而在大衆面前拿著刀、扯住兒子的衣領，問他要命還是要玩？這是一位父親的煩惱心態。

另外有一位婦女的兒子，在飆車時與人相撞受傷，她一聽到自己的兒子受傷入院，就趕緊到醫院照顧他。幸而只是受了輕傷，但許多人不斷責備他不該賭命、不該飆車，這位母親一到醫院病房，就把衆人請走，以萬般的愛念扶著兒子說：「兒子，你以後不要這樣，不要再去飆車賭命……。」

她一面拿毛巾擦兒子的臉，一面又抱著兒子，表現出萬般慈母的愛心，而且還淚流滿面。這是父母爲子女飆車而表現出的另一種心態，這位母親並不責怪自己的兒子與不良少年廝混、擾亂社會，她一句重話都捨不得說。

還有一位也是慈母型的。她一看到兒子騎摩托車，就雙腳跪下，將兒子的車拉住，對他說：「兒子！你是我的心肝，你不要去，萬一你撞到人或被人撞到，媽媽的命會跟著你去！我的心會碎，兒子，求求你不要去啊！」

這也是煩惱，子女們不能了解父母的愛心，卻以血氣之勇，在社會上表現所謂的「英雄」、「勇夫」，這是年輕人本身的煩惱，也導致父母為心愛的子女生起煩惱心，這些都是現在社會上的煩惱形態。

## 心病還需心藥解

過去的人極有孝道的觀念，「父慈子孝」的家庭倫理道德觀念很深厚，而現代社會的家庭已經不如往昔，娶了一位媳婦等於嫁出去一個兒子。家裏的子女未娶未嫁時享盡天倫之樂，等到男有分、女有歸時，就只剩下兩個孤單的老人，萬一其中一人遭不幸，便只剩下一個孤單的老人，當他有病痛身苦的時候，不知有誰來看顧、誰來關心？

若是看得開、想得透的人，就不會覺得煩惱痛苦，認為自己來人間做人，高高興興地來，歡歡喜喜的做，只有付出不求代價，心滿意足。有的人若是子女不孝，加上孤家寡人身體又有病痛時，心裏就會想，過去自己多麼疼愛子女們，如今生病了，結果兒女不來探望，媳婦也不來慰問……除了身體上的病苦外，心理上又多了一層煩惱。

若能看開這些事，了解人生本來就是一種責任與義務，責任完畢後就不想再討回什麼代價，如此，病痛只是身體上的病，也不會再多添煩惱心病。

我們有一位來自臺北的熱心委員，因腎臟病入院，前天才出院，昨天他跟我說，在醫院住院的那幾天，他看到一位未滿三十歲的婦女，渾身都是病，這個年輕的婦女並非真的身體有病，而是心理有病，一天到晚喊這邊痛、那邊痛。她先生常來看她，她還是不滿足，常常想尋死。

這位委員就告訴她：「你已經很好命了，先生每天都來看你，你應該滿足才對。像我有好幾個兒子，他們都有事業、家庭，沒空來看我，我也看得很開。」人就是要這樣才對，如果在病中又加上心病，就會非常痛苦，若能看得開，就能早日恢復健康。

## 人生猶如「鳳陽婆」走繩索

所謂「捨覺支」的「捨」，是說我們不論在人間付出多少心血、多少辛苦，都不可以把心念停留在過去，不可時常討人情。我們必須了解人來世間本來就是要互相負責，看得開就没有痛苦，所以說「捨離所見念著之境」。

我們在人生這幾十年裏所見到的、聽到的、或是我們身體所感觸的一切，都要將其捨除斷離。要將昨日之事忘記，過去的就讓它過去！我們的心要注意在今日的道念，這樣叫做專心，若一直停滯在昨天、過去，就稱爲雜念，或是念著之心，這樣就非常痛苦了。

總之，我們要把握今天的時間，注意自己今日的行動，是「道心」；忘記昨日種種，不去計較是非，就稱做「捨離所見念著之境」。

若能捨離念著之境，則「善能覺了，虛僞不實，永不追憶」。覺了就是分別，「善能覺了」就是能用我們的智慧和智識分別真僞之法，明辨虛實。我們既然對外在境界的真實與虛僞能辨別清楚，怎麼會做錯事？怎麼會說錯話呢？所以我們必須保持「莊敬自强」，「專心一念」的心態，來面對今日的真實人生，這就是「善能覺了，虛僞不實」。

又「永不追憶」——追憶就是回顧過去，人生在世，處處充滿危機，我們要時時謹慎小心，如臨深淵、如履薄冰，戰戰兢兢，莫有絲毫的差錯，否則就像走在結冰的水面上，若不謹慎，則這層薄冰便會破裂，使人沉溺水中。

我們爲人處世，要像鳳陽婆走繩索一樣。一條繩子架在空中，人從這一頭走到那一邊，若重心不穩便會摔下去，要如何走才能安全地走過呢？日本時代的馬戲團，都有空中走繩索的表演，有些年紀較長的人可能看過，一條很長的繩子綁在高處，表演的人手持一把雨傘，腳踩在繩子上，慢慢地從這邊走到那邊。

表演者能成功地從繩子的這邊走到另一邊，只憑藉兩種方法：一是手持雨傘以平衡身體的重量；另一個方法則是靠他的專心——一心不亂。心念專一，眼睛直視前方，他只能全神貫注地看著繩子的盡頭，不能回頭看走過的繩索。

我們學佛就是要這樣，專心一意，守在今日，前瞻未來，過去的就應該讓它過去，不可返頭回顧，追憶過去。人若常常追憶過去，就會很痛苦，痛苦就會不甘心，不甘心就會怨恨，怨恨一起就會生出瞋毒的心態。

所以，我們要學得永不追憶過去的那念心，照顧守護好今日、未來的道心，這就是「捨覺支」。

## 6 定覺支

一般人都是凡夫，但是每個人都有一份愛心，有愛心與關心，難免會產生憂心、疑心。因爲有了愛與關心，自然就會擔心，在擔心掛念中就會聽到一些令他擔心的傳聞，而使他產生疑心；有了疑心就會有疑問，這些疑問之聲若回響過來，實在增加許多我們的煩惱與困難。

我常說：「學佛須學定心與信心」，我既然呼籲諸位學佛的弟子要有信心與定心，當然必定要以身作則，不論那些疑問轉化出去又回響過來，造成多麼大的震撼，我還是堅決護持著信心，無論發生多少困擾，我還是要堅持我的定心。

慈濟千秋萬世的善業，從現在奠立根基。每個月我看到全省各地的委員與會員，冒著酷熱的天氣前來花蓮，在東臺灣車票一票難求的情況下，交通問題萬般困難，但是卻有數千人蒞臨，這給了我無比的信心，增强了我無限的堅定意志，這是大家給我的精神勉勵。

慈濟世界確實是個清淨的世界，包含了無限的愛心，排除了所有的污染。佛法說：「有愛就有污染」，若有愛念就有污染存在，但是慈濟世界中充滿了愛，人人全心全力奉獻而毫無所求，所以無絲毫的污染，這現象深深感動了我，也牢牢地堅定了我的信心，堅固了我的道念。今天的慈濟都是諸位同心合力，不斷付出，專心一意，毫無二志地付出所成就的。因此我要再度强調，我實在非常感激、感動。

慈濟的志業從今天開始，有無數個「今日」，有無限量的「今天」，希望諸位學佛能學「活的佛」。要如何學活的佛呢？讓我們看看第六——「定覺支」。

**發禪定之時，善能覺了，**
**諸禪不生煩惱妄想，是名定覺分。**
**又名定覺支，使心住於一境，而不散亂。**

許多人認爲打坐時，心無散亂、意無動轉，坐很久而不受外在境界的動搖，就叫作禪。這是錯的。禪並非如此，打坐只不過是學道、學佛的方便法，因爲衆生心散亂不定，大部分容易受境界所迷惑；思想渙散、精神無法集中，做起事來就會散亂，所以佛陀教我們集中精神的方法——方便法。

佛教我們：要使心定時，必須先坐下來，把精神集中於身上，坐端正，心思集中於呼吸，心念與思想調節正確。若要調節思想，必須把精神集中於身體的某一部分，最簡單安全的方法就是「數息觀」。「數息」是計算我們呼吸的出入，首先把心念集中於肚臍，以此爲起點，精神專一，將一呼一吸的氣息仔細計算，這是訓練精神集中的方法。

例如有人失眠，心理醫生就教他數羊，數一隻、二隻……五隻……，一直算，算到最後就一定會睡著了，這種道理和靜坐相同。人爲何會睡不著？因爲煩惱多、雜念多，精神一直向外追求而定不下來，當然就睡不著。所以，與此同樣的意思，平時心念動搖散亂，就取坐禪的方式來鍛鍊，使自己的心念專一。

剛開始練習時，兩分鐘使心不散亂，然後三分鐘、四分鐘、五分鐘……一直繼續增加，慢慢練到日常生活時時心不渙散，這就叫做「定力」。

## 禪在生活日用中

衆生多數因心不定而有煩惱，產生困擾。此處言「發禪定之時，善能覺了」，我們要把禪定之法應用在日常生活上，要學活的佛、活的禪。活禪就是「挑柴運水無不是禪，言談舉止無不是禪」。說話也有禪，說話時把心定下來，將精神統一，則所說的都是負責任的話。做事也是如此的話，則所做的都是負責任的事。所以說，言語動作無不是禪，用定心定力來做事、說話、聽話，時時刻刻應用定心於日常的生活，就稱做「發禪定」。

「善能覺了」，就是能好好分辨何謂「禪」，能深深體會了解「禪」的真正意義，即稱「善能覺了」。

「諸禪不生煩惱妄念，是名定覺分。」——真正的禪就是使我們在日常生活中不起煩惱妄想。盡管平時打坐坐得很好，但一離開座位就開始打妄想，蜚短流長，無法集中精神，這樣仍舊沒用；真正的禪絕不會產生煩惱妄想，此即「定覺支」。

學佛要用正確的智慧，產生慈悲的力量，不可因私人的迷情而亂了心思。譬如遠道而來的人，若只是爲了一念的愛與情，來時歡歡喜喜，回時苦苦惱惱，我就會對他說：「歡喜來、歡喜回，內心要學得自在安然。」心若要安定，必須歡喜自在。愛是爲普天下的衆生而生，情是爲普天下的衆生而生，拿出菩薩的大愛長情，不生煩惱妄想，才是真正的「禪定」。

## 心住一境不散亂

「又名定覺支，使心住於一境，而不散亂」——學佛學道必定要使心常常住於一個境界，這個境界就是剛才所說的：「說話時心要定於說話，走路時心要定於走路，心隨著手的動作專心做事。」無論何時何地心都能安定專一，就是「使心住於一境」。

如果人在此地而心放在廚房，就是心無定境；人必須常常帶著心來行動，心住於一境則不會散亂。這樣就稱做「活的禪」，所以學佛千萬不要學死禪，要學「活禪」，這是我們學佛真正的目標。

學佛的過程中有三無漏學——戒、定、慧，這是學佛者所追求的目標，也是學佛者達到佛境界的必修之法。

「戒」，就是預防人身心有過失，使心不犯錯、身不作惡。所以在尚未犯罪之前，心必須有所戒，這是千經萬律中處處教導我們的法則——預防心念的過失。我們若能心無雜念、身不犯錯，就能夠「定」；所謂「心安理得」，時時刻刻生活在安然自在的快樂境界，那就是「定」了。若能時時刻刻保持這份快樂自在的氣氛，則面對外在種種境界與事物，皆能歷歷分明，不會亂了心思或行爲，這樣就稱爲「慧」——智慧。

「使心住於一境，而不散亂」，就是要身心合一，講話的時候要講負責任的話，心念放在言語上；工作的時候，心思也要放在行動上；若能做到如此，則步步皆能安然無過錯，講話句句無戲言。有說必行，說得到就一定做得到，不作無戲論，也就是說，我們講話的時候，心念必定集中在所說的話上。

所以論語有一句話：「信近於義，言可復也。」做一個人，最重要的是要有信用。我們談過「五根」與「五力」，其中說到「信根」，「信爲道源功德母」，入道最重要的事就是這個「信」字；而孔子教導我們做人處世的道理也强調一個「信」字。「人而無信，不知其可也。」一個人如果沒有信用，那就不知道他還能做什麼事了；他等於是一個沒有用的人。所以說，做人一定要有「信」。

信從何處而來呢？「言語」。我們講話時要近於義、近於道、近於理，若能如此，則道理與行爲終能相結合，不會相違背。

我每天都非常謹慎，戰戰兢兢、如履薄冰，實踐法華的精神。法華經乃是菩薩道，從成佛的起點至成佛究竟涅槃，都必須走在這條菩薩道上。當然，對佛陀所說的教法，我們秉持著「信近於義，言可復也」的精神，所走的路永遠在菩薩道上，所說的法永遠是菩薩道法。這樣，我們的道與理才不會脫離正軌，這也是「定」。我們的心與志堅定，在日常生活中心志與行動一致，則心不散亂，從一而終並堅守信與誠，這些都是一個「定」字。希望諸位學佛能堅定心意，「定」即是「道」也。

## 7 念覺支

念即思念，謂修諸道法之時，
善能覺了，常使定慧均平，故名念覺分。
瓔珞經云：無心離意識，是沙門法；
守護諸根，是沙門法；
汝等能守護諸根，勿妨佛法與隆矣！

這是第七「念覺支」。一念之心，動於三千。學佛就是要抱持這份念，「念」非常重要，要時時將心念穩定下來，所以有句話說：「起心動念，十法界於刹那間。」十法界即是從佛的境界一直到地獄、餓鬼、畜生……的境界；在起心動念的一刹那之間，可成佛也可變爲畜生。如果生起慈悲心、憐憫心，一切只爲衆生，那麼所顯現於前的就是佛；如果對人起瞋怒之心，那麼這心念一轉，就變成阿修羅了；若是對世間的物質起貪心，則會變成餓鬼……。

因此，這個「念」字必須時時守護好。念即思念；「思」、「想」二字雖然時常合稱，但是兩個字的意思其實是不同的。「想」是現於前的境界，也就是用心於外在的景象，如果沒有用心於外在的景象，那麼，盡管別人在講話，也是聽而不聞，不知所云。例如：我在此説話，你們這麼多人在這裏聽，若是能真正用心去聽，則我説的每一句話，都會非常清晰地從你的耳根進入你的心中。設若你們昏沉想睡，則盡管我説得多大聲，你們也只是聞其聲而不知其義，這就是「聲塵」没有入心。

有時候我們也會視而不見，眼睛雖然睜得大大的，但是卻没有用心去想面前的人是誰，或是眼前有何景象，這就是没有用心將外面的景象映入眼根、進入腦海裏。「相」没有印在心版上，就不會有分別之作用，如果「相」留在心中，即使離開外在景象，「相」還是在心上，這就稱爲

「想」。例如剛剛看見什麼東西，現在一想起來，這個東西的形象馬上就會浮上心頭；或是跟我介紹一個人，這是陳某某，那麼，過不久若是我又與此人見面，就會稱呼他「陳居士」。這就是我用眼睛看見這個人的樣子、用耳朵聽知道他的名字、用心記住，然後認識這個人。

我不太會認人，因爲我常常將心放在此時此刻的事物上，而且前來這裏的人太多，所以容易忘記，這就是「相」很少印在我的心上。但是如果此人時常出現在我的眼前，那麼，經過幾次過濾後，我就能夠認得他了；若是心與外境常常脫離，則容易忘記。

「思」與「想」是不一樣的，「想」必定要緣著外在的「相」，用心去分辨吸收；而「思」是即使沒有接觸外面的環境，仍然有一份思考。從好的方面來談，例如慈濟事業成立之因，就是起於我所看到的「相」——豐濱某個醫院地上的一灘血。

二十幾年前我與弟子到豐濱鄉探望二位病人，竟然在那家醫院的走廊上發現一灘血，詢問之下，得知一位山地婦女流產昏迷，被家人辛辛苦苦地從山上抬到這裏，抬了八個多小時，卻因爲付不起住院保證金八千元，又被抬回去，無法就醫，而在地上留下這一灘血……。我當時幾乎昏蹶過去，心想人間居然有這種見死不救的事，真是令人痛心！而成立慈濟功德會的因緣就在此時開始萌發。此後，這灘血時時浮現我心頭，我常常感覺貧與病有連帶關係。這就是由於「相」入於心，事過境遷後，仍然會想起此事，由「想」而產生「思」惟。

我不斷地思惟：臺灣有成千成萬的佛教徒，爲何不將他們團結起來，合成一股大力量呢？佛教有一句話説：「家家觀世音，戶戶彌陀佛」，我們何不將這句話化爲「人人觀世音，個個彌陀佛」呢？我們應該以佛教的精神，來擴展每個人的心胸；每個人的心胸若能擴大，那就是無量的功德了！「無量」即是「彌陀」，而每個人的力量若是化爲無量的力量，則人人皆是彌陀佛。

我們應該將佛教徒「獨善其身」的心，轉化成人人是觀世音的慈悲心，啓發每個人的良知，使人人發揮良能。觀世音菩薩慈眼視衆生，聞聲而救苦，以其慈悲之眼透視世間苦相，以雙手救度苦難之衆生；若人人都是觀世音，則每個人都有一雙慈眼，遍佈全省各個角落，只要有慈濟的委員與會員，即使再偏僻的地方，都可以看到那些貧病困苦及有災難的衆生。

他們看見貧苦的衆生而發現自己的良知，良知一發現則其良能就會發揮，而自然以自己的雙手去救衆生、幫助衆生，這不就是「人人觀世音」嗎？這就是思惟，看見「相」而思惟未來的事業與理想，也叫做思念——由當初的思考而下定決心，時時刻刻保持這一念心，於是開始組織「慈濟功德會」。從三十個會員一直到現在廿萬個會員（按：民國七十六年），而有今日的成就，即是那個「相」——一灘血的現前，使我產生憐憫心，然後不斷思惟，經過思考之後，決定了我這個心念，而且時常守護此念力，所以慈濟工作長達廿多年的時間，絕對沒有失掉這一份念心。

這就是思念，名爲「念覺支」，也可以稱做「念覺分」。

## 守護諸根是沙門法

「謂修諸道法之時，善能覺了，常使定慧均平，故名念覺分。」我們在修行道法的時候，常常能神志清明，「覺」是清醒的意思，不迷迷糊糊，也無妄念雜心，清清明明地守住自己的心念，每一件事情做過之後，就讓它過去，放開昨日的事情，守住今日的功能。我們若能守住今天的功能，就稱爲道心；放開昨日的種種情事與雜念，叫作去雜亂心。

這就是修諸道法，善能覺了，如此則能使定慧均平，充分發揮定力與慧力。

「瓔珞經云：無心離意識，是沙門法。」——沙門是出家的弟子，我們修行的時候，不要常常將心放在人事是非之上，沒有人事是非叫做「無心」。「說者無心，聽者有意」，就會生煩惱。無心傷害他人的人，尚可原諒，有心接受傷害，並常常煩惱的人，實在是不可原諒。無心者說話不知道會去傷害到別人，尚可原諒，若明知故犯，有心傷害他人，那就不可原諒了。對方無心說一句話，我們時常執著於此話，懷恨在心，而對方卻不知道有人在恨他，也不知道自己講的話傷到別人。說者無心，但是聽者有意，常常記念此事，這就不是修行者了。

常常掛心於昨天所做的功德，也不是功德。如果時常認爲自己已經做了很多善事，那麼，這也不是真正的善事。所以我們必須明白，要守本分，做自己應該做的事情，才是對的！因此，不要計較昨天的事情，不管是好或是壞，只要守住自己的本分、發揮自己的功能，那就沒有錯了。所以說「無心離意識，是沙門法」，要好好守住今日的心念。

「守護諸根，是沙門法。」——「諸根」，我們曾說過「五根」、「五力」，除此之外，還有「六根」、「塵境」，「六根」即眼、耳、鼻、舌、身、意，「五根」即信、進、念、定、慧。身體的「六根」必須守護好，行茲在茲、念茲在茲，腳向前邁一步時，心念就要放在腳上；講話時，心念也要放在嘴上。總而言之，心念要時時繫在身形動作上。

修行時，一定要守持「五根」；「五根」增長，才能發揮「五力」——信、進、念、定、慧力。以上皆是道心。若能堅定道心，就叫做沙門法。

「汝等能守護諸根，勿妨佛法興隆矣！」——意思是說，如果你們能守護諸根，就不會妨礙佛法的興盛。我們修行的時候，常常會故步自封，以繩自縛，獨善其身，以爲修行是要求得自己的解脫，只顧自己而不顧他人，如此，佛法怎能興隆呢？所以佛陀教導我們，要好好守住自己的規矩，但是不可妨礙佛法的興隆。

例如從事慈濟的工作，最需要時間，而修行也需要時間，普通人所說的修行，是要選擇一個清淨的境界，精進念佛、拜佛、坐禪……都不能受別人的打擾。然而，若是怕別人吵，如何去接觸衆生呢？誰來從事有利衆生的事業呢？衆生的事業沒有人去做，則佛法怎麼能興隆呢？

所以，「汝等能守護諸根，勿妨佛法興隆矣！」學佛是「人能弘道，非道弘人」，佛陀的慧命是靠人才能流傳下來的，若每個人只獨善其身，佛法怎能流傳後世呢？佛的慧命如何延續持久呢？希望大家努力修行。能精進修行就是「慧」、為大衆奉獻自己就是「慈」；慈悲智慧合起來就是四無量心——大慈、大悲、大喜、大捨，這也就是佛法的中心精神。

## 本篇總結

念覺支是七覺支的最後一項。念就是思念，也就是在修行道法的過程中能明覺善了。一般人在日常生活中，對自己的行動及一切造作都是糊裏糊塗，無法明瞭。修行就是要修得日常生活一切明瞭，也就是善覺。

明是明白，了是瞭解。待人接物，對任何人都能了解、能明白；對一切事都不糊塗，就是所謂修行的智慧。不過大多數的人一旦深入經藏，對經中的文字雖了解，但是一離開文字、經藏，回到日常現實的生活中就糊塗了，無明之心時常生起，像這樣就是只在文字上了解，而無法在人事上明瞭。

所以說「修諸道法、善能覺了」，就是在日常生活的修養中都能明覺無疑，分毫了解。若能如此，就可常使定慧均平，定與慧修持均平，則可用我們的定力發揮智慧、用智慧控制自心不散亂，這就是定與慧兩者均衡平穩。想要達到這種境界，必須做到以下各種修行法則：

若心昏沈之時，
當念用擇法、精進、喜三覺支，
觀察諸法令不昏沈。
若心浮動之時，
當念用除覺支，除身口之過非；
用捨覺支，捨於觀智；
用定覺支，入正禪定；
攝其散心，令不浮動，
是名覺支。

人心的散亂有二種：一是昏沈，一是掉舉。昏沈就是糊裏糊塗，任何事都不用心去體會、理解；或者是在日常生活中無所事事，浪費時間；或者是懈怠、不肯精進。這都列入昏沈的行爲中，昏沈就是愛睡，像在昏睡中。一天二十四小時內，真正浪費掉的時間就是睡覺，人一睡著，則什麼事都不知道、什麼事都不能做。睡覺既無法做事，不做事就不會進步；若是在日常生活中什麼事都不肯用心去分辨、任何事都不願去做，這和睡著又有什麼差別呢？

懈怠也是在昏沈中。最明顯易見的是我們在聽經時，眼睛一閉起來就睡著了，這叫做昏沈。平時言談中，不一定開示講經才是說法，鳥鳴風聲無不是說法處。真正有智慧的人，清早起來，心靈寂靜，在大殿拜佛、打坐後，聽到外面的鳥鳴聲，就好像在為我們說四諦法；所以說，鳥鳴聲也是在說法。

冬天時，外面風蕭蕭，心靜下來，聽聽風吹樹動的聲音，也會覺得四季在輪轉，這就是無常的現象，由此我們也可感受到人生的無常。冬天一到，樹葉枯落，我們常會自我警惕：人一年一年的過，年歲一年一年的增加，自幼童慢慢進入老年；我們也會深深體會時間的可貴。

所以說，真正用心者，不一定法師講經才算是說法，山河大地一切的形象、一切的聲音，無不是如來的廣長舌相。若能拿出我們的智慧、念覺，則自然任何時刻都會使我們警惕。所以說，心昏沈時，當慎用「念覺支」。心昏昏沉沉，提不起精神，心思無法集中，或是動不動就想睡，這時候就必須用「念」——心念，觀念，使心不昏沈。

## 時間是智慧的財產

一位委員的兒子，本來很放蕩、愛玩，讀書常常令母親擔憂，他很聰明，只是無法專心用功。有一天，這位委員帶他到臺北分會來看我。我當時問他說：「你現在讀什麼？」他答：「大學」。我問他唸什麼系？他說：「經濟系。」

我就對他說：「那很好，經濟系的人精打細算。在佛法中所謂的經濟，不只是對物質、金錢的精打細算，應該是對時間的經濟。我想，你既然唸經濟系，應該對時間也很精打細算，要好好利用時間。時間能累積我們無形的智慧財產，你若是只在物質、金錢、事業上講求經濟，倒不如在求學時趕快利用時間，累積智慧的財產。」

他聽完後，果真開始做一百八十度的改變，他分秒必爭，將所有的時間、精神，全部都放在學業上。每次心一散亂，他就立刻想到：「師公說時間寶貴，要經濟、分秒累積。」所以他捨不得浪費一點時間，專一精神掌握時間。

這就叫做「念」——一個觀念的轉變。過去他的觀念裏認為自己還年輕，要趁著青春年少及時行樂，學業只要應付得過去就好了。自從他聽了佛法對時間經濟的觀念，馬上能接受，立即轉變人生觀，現在他每學期的學業成績都名列前茅。這就稱爲念——觀念。

## 但願眾生得離苦

「心昏沈之時，當念用擇法、精進、喜三覺支，觀察諸法令不昏沈。」——「擇法」即七覺支的第一「擇法覺支」，「精進」是第二項「精進覺支」，「喜」則是第三種「喜覺支」。我們要常常心念精進，時間可以累積道業、成就事業、完成學業；時間也可以累積功德，一分一秒無不是時間所累積起來的。

春去秋來，歲月如流，世間最短的時間單位是「秒」，而在佛法中有剎那、一念間；念間和剎那間，比秒更短——六十秒成一分，六十分鐘則爲一小時，一日有二十四小時，三十日才有一個月，十二個月則成一年；所以，就時間而言，秒是最快、最短的單位。而佛法中的一念間、剎那間，比秒更短更快，可以說一念之間就能遍十法界，任何地方都可以到達。例如現在我在花蓮，若乘特快的直達火車到臺北，則需花二小時半的時間，若搭飛機只需三十分鐘。而我現在在此只要觀想臺北分會，一念間只需一剎那，我就到了台北分會，如果我想韓國的妙喜法師，心念一轉，一下子就到那裏了。

所以，一念多快速呀！那怕是極爲短暫的時間，只要好好累積，就是功德。要累積功德必須在一念之間——也就是觀念，若能好好守持觀念、守持於擇法，善加利用智慧來選擇，不浪費時間，好好選擇該做的事，就可成就功德。

例如現在慈濟的工作，從慈善救濟到建院事業，至今已二十多年，救濟工作沒有一天放棄過。有人說：「每個衆生都帶著自己的業而來，何必要救濟他們？」甚至也有人說：「這些人帶著他應該受的業，救濟他是違背因果。」這種觀念顯然不正確。

如果衆生帶業而來，已經定了業，必須受罪受報，那麼佛何必來人間？佛來人間是爲了救衆生，佛是不是也違背了因果？也使我們造業？當然不是，所以，我們的觀念一定要很正確。如果下地獄的衆生都是因爲造了罪惡才下地獄，那地藏菩薩又爲什麼要到地獄救度衆生，而不趕快成佛？甚至發願：「地獄不空，誓不成佛？」

衆生就是懵懵懂懂、糊塗無知才會受苦報，我們應該發揮愛心，以菩薩的精神、觀念去代替衆生受一切折磨；雖然一個人受苦，卻能利樂許多衆生。所以說：「但願衆生得離苦，不爲自己求安樂。」只要衆生都能夠得到平安、快樂，不急於爲自己求解脫，這就是菩薩的精神，也就是菩薩的觀念。

慈濟做了二十多年的救濟工作，在我的觀念中覺得還是不夠，我們還要更進一步集合具有善心與愛心的人士、集合發菩提心者，匯聚他們的力量與資源，努力從事建院工作。我每天到醫院巡視，都感覺非常安慰，在這些年的時間裏，有無數的人得到救治，許多人重獲生機。我們醫院第一位接受開腦的女孩——許淑芊，曾經蹦蹦跳跳，健康活潑地回到這兒，真令人欣慰，若不是慈濟醫院落成啓業，這位曾經兩次瞳孔放大的女孩，早已無法救治了！

類似這種腦部手術的個案，自開業以來，已經做了好幾個，接受開刀後的人都很健康、正常，與一般人没兩樣。雖然我每天都覺得很疲倦、辛苦，但是一到醫院看那些患者面帶笑容的説他已經好多了，我就很安心、很高興，一切的疲倦隨之消除殆盡。

過去我們一直認爲建院是很艱鉅、很辛苦的工作，我們掃除這些觀念，不因辛苦而停頓，還是繼續不斷地推動、努力精進，才有今天的慈濟醫院。當時我們確定自己的觀念，選擇應該做的事——只從事救濟工作仍然不夠，還要爲佛教、爲衆生，與建慈濟醫院。所以說，一切的事業都是由觀念來作選擇。

## 建院完成還有教育之路要走

現在醫院已經完成，圓滿啓業，但是這樣還是不夠，我們的觀念應該放在比醫院更遠的路上，那就是——教育之道。我們若能夠建立醫學院，不斷培育人才，使慈濟的精神不斷延續，那麼，人間佛教的慧命就永遠不會消失了。

這就是觀念，我們必須善用自己的見解與觀念，才能有所成就。

當我們懈怠昏沈、心不專一時，就要用「擇法覺支」——善加選擇應該把心思放在那兒？應選擇何種事業來發揮自己的精力？必須精神心力合一，不渙散；若時常渙散自心，就會「十做九不成」，世間這麼多好事，若每一件事都想做，絕沒有一樣可以完成的。

許多學佛者都說要修福修慧，卻不知道慧是在福中求，也不知道慧中帶福，所以心思渙散不定，這樣要學、那樣也要學，那就錯了。我一直强調，做任何事都要集中精神、集中力量，但是，在精神與力量合一之前，要先有正確的選擇，這就叫做「擇法覺支」。

選擇之後，就要不怕辛苦，不斷地精進再精進，精進就是努力。努力精進之外，還要有歡喜心，精進是件很辛苦的事，若是抱持歡喜心，就絕對不會疲倦。

許多臺北的委員坐飛機、火車來花蓮，都是爲了到醫院做義工，她們每天從醫院回來精舍，我都會問：「疲倦嗎？辛苦你們了！」而她們總是答說：「不會啦！師父，我們很喜歡做。」其實她們真的很累，但是因爲有歡喜心，所以絕對不會懈怠。

因此這裏說：「擇法、精進、喜三覺分，觀察諸法令不昏沈。」昏沈是懈怠之意，懈怠是懶惰、不專心、浪費時間、渙散體力。若要使體力化爲良能，就要好好精進；若要使心常不疲倦，就要歡喜；若要使道業成就，就要好好用智慧來選擇。所以說：若能善加運用這三種覺支，仔細觀察諸法，就不會心思昏沈，而能發揮良知良能，成就一切。

## 人生一半在昏睡中過了

「念覺支」是七覺支的最後一項，念是心念，也是觀念。人心有兩種：一種是昏沈，一種是浮動，浮動就是掉舉；在我們的修行過程中，都不離開這種心念。

昏沈是空過時日，懈怠、不肯精進，一生都好像在昏睡中。一天有二十四小時，睡眠就佔了八小時，等於是一日的三分之一，這些時間都是浪費的人生。一個人若活了八十歲，則將近三十年的時間都用在睡覺上，時間就這樣消磨掉了。

例如一個三十歲的人，就已經睡掉十年的時間，剩下的二十年是否有真正在做事？真正在做人？我們活了三十年的時間，除了睡覺的十年之外，尚需十年以上的時間學做人、學走路、學做事，這些都只是學習的階段而已，而剩餘的十年，除了吃飯、休息之外，就是無所事事。到底真正用來做人的時間，有幾年呢？所以說人生是在昏沈中消逝的。

## 選擇「正法」才是入道要途

我們發心出家、修行，用功的時間到底有多少？出家之後，時間一定比在家時更充實，爲什麼？因爲我們有時間經濟的觀念，有此觀念則能分分做事、刻刻精進。所以，要治昏沈的心必須善用「擇法覺支」——好好選擇這一生應該做什麼事。

做事時必定要專心。世間的善事很多，我們應該要好好選擇終身奉行的目標，專心地行善事、做善業。若心能專則道可成，很快就會達到目標；若心不能專，則半途而廢，回頭重新再起步，起步後又認爲錯了，就這樣停停走走，不斷起步、回頭……，儘管條條道路通長安，卻永遠沒有辦法到達終點。

所以我們應該專心選擇一條合情合理、近人情也近人事的道去實行，如此絕對無誤，也能很快到達目的地，這就叫做「擇法覺支」。我們要善用智慧，做事之前要覺悟在先，先了解自己現在所選擇的工作很辛苦，會遇到很多困難，但是仍在所不惜，這就是擇法覺支。我們今天能共聚一堂，就是因爲有共同的覺悟與選擇，我們的選擇就是慈濟道業，以佛的精神、佛的本懷來選擇。慈濟的道業當然做起來非常辛苦，我們要覺悟在先；若能如此，則會全心全意盡力去做，心無旁騖，力量也不會渙散。因為精神集中，所以心力通達，這叫做「擇法覺支」。

## 把握因緣種福田

「精進」是不懈怠，「喜」是時時抱著歡喜心。學佛要及時把握時間，時日稍縱即逝，地球每天不停地運轉，時日不為我留，我們應該好好把握時間，時機不斷地逍逝，不可在因緣錯過後才覺得懊惱。

過去佛在世時，與佛同世的人，有時也會不知把握因緣，等錯失跟隨佛陀的良機之後，才自覺後悔、懊惱不已。

佛在世時，交通不便，不像現在人，出門有車，渡海有船，非常方便；那時候都要靠雙腳走路。有天，佛和恆河對岸的人有約，要在某日某時到對岸說法。約定的時間一到，佛就很安詳地自竹林精舍走到恆河邊，只見河水暴漲，遠處有一艘船停靠在岸邊，佛走到船邊，把躺在船上休息的船夫叫起來，對他說：「船夫，請你將我渡到彼岸。」

船夫在午休時間被人叫起來，非常不耐煩，縱使他知道這位叫他的人是佛陀，他還是懶洋洋的，眼睛一睜開就說：「你叫我渡船，現在是正午，太陽這麼大，那你先付船資我才渡你。」佛說：「我向來身無分文，現在又無人可借，實在無法付錢給你。」船夫說：「既然沒錢，就不必說了。」佛只好說：「我一向將山河大地的一切沙石瓦礫視爲錢財，沒有金錢瓦礫的分別。此時我所見的一切山河大地都是我的財產、都是我的金銀，但是你要從我身上拿出人間的代價，那我就沒辦法了。」

船夫一聽佛說沒辦法，覺得還是睡覺比較好，便不想渡佛了。佛見船夫不肯渡他，只好仰天慨嘆。剛抬頭時，看到一羣雁自北向南飛來，由彼岸飛到此岸，他感慨地說：「鳥雁不必求船師渡河，我卻需求船夫渡過岸……。」船夫躺在船中，不知佛何時離開岸邊，只聽到佛說了這些慨嘆的話，就這樣迷迷糊糊地睡著了。

過了中午，他看到對岸人山人海，就問自對岸渡船過來的船夫何事？那船夫回答：「我們那邊喜氣洋洋，是爲了迎接聖人到臨，人人互相慶祝能得佛說法。」這位船夫一聽，萬分懊惱錯過殊勝的因緣：「佛親自來到我船上要我渡船，讓我結此善緣，給我渡聖人過河的良機，我卻因一念的貪心，一念的懈怠，而失此機緣！」他在那兒自責，從此便立下誓願：「從今以後，只要有出家比丘踏上我的船，絕對免費渡他到彼岸。」

所以，我們要好好把握時機，有時聖人在我們眼前，讓我們有機會種福田，若不及時把握，則良機易逝。良機一逝，即使再度多少比丘，也無法彌補佛在眼前卻不肯渡的懊惱與自責。所以我們要有「擇法覺支」的觀念，好好選擇我們的法，不可怕辛苦，也不可懈怠而錯過良機；要趕快精進，做一切事時時保持歡喜心，這樣，昏沈的心念自然會消失，這就是：「若心昏沈時，當念用擇法、精進、喜三覺支，觀察諸法令不昏沈。」

## 自凡夫的起點直至成佛

**若心浮動之時，當念用除覺支，除身口之過非；**

**用捨覺支，捨於觀智；**

**用定覺支，入正禪定；**

**攝其散心，令不浮動，是名覺支。**

前面所說的昏沈，也可以說是懈怠過失。現在我們說「浮動」——是心念不堅定——有時候我們得到一法，就產生一陣子的熱心，我常說：「熱心易發、恆心難持。」平常凡夫，看到大家付出愛心、辛苦工作，心中就生感動，馬上起了熱切參與之心，但是若缺少恆心，這份熱情很快就退失了。

今天看到一個人，覺得很感動，一段時間後，遇到另一個人，所說的話句句迎合我的意；前後相比較，認爲後者較前者好，便產生喜新厭舊的心理。如此有前有後，不斷還有後者、還有更好的，像這樣就是見異思遷，今天覺得新穎就被吸引，下個月熱情又轉移了方向，這就叫做「浮動」。今天選擇這個法，過了一段時間，覺得這個法不是心目中的理想，就回過頭來再走另一條路，這也叫做「浮動」。所以，我們學佛生了道心後，還要再加强根基，根基增長之後還要加强力量，有根無力，則芽容易萎縮。這就是我們强調「五根」與「五力」的原因。

譬如一棵剛移植的樹，樹葉雖然青綠，但是樹根尚未生長穩固時，只要一陣風雨侵襲，這棵樹很快就會倒下，脫離土地。我們若是播撒種子或移植樹苗，必定要小心照顧，使樹根向下伸展，增加根力，才能往上生長。

心浮動就是道心不堅固，搖搖擺擺，像小草一樣，南風吹來向北倒，北風吹來向南倒，這樣就叫做浮動。此時應當「念用除覺支，除身口之過非」。除就是除掉，也就是捨掉的意思；除掉雜心與浮動心，才能修好身口意業。

若是今天高興就說好話，明天生氣就說壞話，今天高興便認真去做好事，明天不高興就去做壞事，便是缺少「除覺支」——缺少除掉散亂心的智慧。人世間，人人皆是凡夫，凡夫各有凡夫染著的見解，凡夫污染的見解容易以巧言蜜語牽動我們的心，使我們的道心摻了雜念，如此心思就會不正確，而開口、行動也容易造業。

所以，要用除覺支除身口過非，若有除覺支，身口意的業自然不會產生，雜念及過錯的惡一到心中，自然會馬上除掉，我們的清淨心念也不會受巧言蜜語所搖動，這就叫做「除身口之過非」。因爲多數身所做的壞事都是受心念所指揮，口所造的業，也是受心念所煽動，所以要用除覺支的觀念來除掉這些過失。

「用捨覺支，捨於觀智」，我們除了要去雜亂心之外，還要會捨——捨觀智。觀智當然很好，我們修行就是希望能有觀想的智慧，那爲何要捨除呢？是爲了保持清淨的道心與單純的意念，所以我們必定要精進，捨除過去所走過的路，然後精進努力於前面的路。

我們不只要捨除壞事，也要捨除好事，捨除昨天做過的事。一個人若常常記著自己多了不起，能做多少好事、有多少能力、多麼能幹……，若常常有這種心，縱然做得再好也容易貢高我慢。因此要捨掉昨天，謹慎於今天，所以說「捨於觀智」。

在我們修行的過程中，要捨除過去之事。昨日已過，心念就要守在今天，要「用定覺支，入正禪定」，善用定力，不可讓精神徘徊於昨日之事。「攝其散心，令不浮動，是名覺支」我們若能用定心捨除過去的觀智，就能夠時時入正禪定。

我曾說學佛要學活的佛；打坐求禪，要學活禪，日常生活裏，舉止動作無不是在禪中，這才是真正的活禪。若能如此，心念就能統攝在一起，自然不會散亂，不散亂就不會浮動，而且道心會非常堅固，道心堅固則可走上康莊大道，直達長安；也就是說，自凡夫的起點直接通往成佛的目標。

請不要想著「條條道路通長安」，應該好好選擇，好好精進，時時抱著歡喜心，好好善用「除、捨、定覺支」來堅固我們的道心，守好我們的這條道路——自凡夫起點一直到成佛的目標，如此才不會走冤枉路，浪費時間。

# 八正道篇

- 正見
- 正思惟
- 正語
- 正業
- 正命
- 正精進
- 正念
- 正定

「七覺支」是教導我們時時警惕自己的心念，注意日常生活的行爲，心住於一境，不可散亂放失，所謂「守志奉道，其道甚大」。我們的心志若能時時守於道，道業自能精深博大，否則，即使你透徹了千經萬律，也如同鏡花水月一般，一點用處都沒有。

「八正道」是我們初學佛者應該認識的見解：

八正道——

**謂此八法不依偏邪而行，故名為正，**

**復能通至涅槃，故名為道。**

我們要如何選擇正道呢？若能了解這些字句的內容，那麼，這一生所走的路絕對不會偏邪，這八種法不依偏邪，可以行於正道上，不斷地精進。

俗語說「條條道路通長安」，每一條路都可以抵達長安，但是如果你繞行了所有的道路，那麼要及時到達目的地就相當困難了。若是你能選擇一條正確的正直大道，那麼，要抵達目的地就很快了。例如我們臺灣，從臺北到高雄之間有許多條路可走，怎麼走、怎麼繞都可通達，但是花的時間卻相當長。現在我們已經建設一條高速公路，這是一條平直的大道，只要花幾個小時就可以到達目的地，當然其他公路一樣也能通達，但是必須花更多的時間。

與此同理，修行如果走上偏邪之道，就無法找到該走的正路，所以必須非常謹慎小心。雖然繞行每一條路後，總是會到達目的地，但是卻浪費了許多時間；如果不幸走錯路，浪費時間還無所謂，無法到達目的地才是最遺憾的事。所以「差之毫釐，失之千里」，同樣是在修行，如果方向不正確，那麼，相差就很遠了。

我常說，佛教的名稱也可以叫做「救濟教」，而其救濟的對象則有兩類：貧困的衆生，需要物質的救濟；富有的衆生，需要精神上的慰藉。所以「救貧教富」是佛教的根本精神，而慈濟目前從事的工作就是這些。你們看看那些貧困的衆生，除了物質欠缺之外，精神也非常貧乏，越是貧窮的人，教育水準越低，他們的見解也越少，想法也偏差，這是業重的衆生。

所以，我們全省各地的委員，除了要爲他們解決物質上的困難之外，還要彌補他們心靈上的空虛。每個月的發放日，貧民前去領取救濟金與救濟品時，委員們一定會教他們念佛、拜佛，有些地方甚至還固定時間，爲他們講說因果觀念，使他們懂得「安貧樂道」。這就是說，除了幫助他們的生活之外，還要引導其心靈意識進入正道的見解。

有些人在貧困時，常會爲了錢財做出不法之事，所謂「饑寒起盜心」，即是指不甘貧窮鋌而走險，成了不法之徒。看看現今的社會，賭博的歪風漸興，搞什麼「大家樂」，人人都希望能發筆橫財。我聽説一些陶瓷工廠的工人，每當愛國獎券的開獎日，就瘋狂地簽賭大家樂，所以工廠空無一人，無法繼續燒窯，結果導致工廠的休假日不在星期日，而在開獎當日。這是目前社會一種無形的趨向——賭風日盛，這就是不正當的行爲。

又例如「飆車」，根據政府的調查，這些年輕人的教育水準、家庭背景，都是貧困的中下階級，他們飆車的原因之一是希望自己能贏錢，雖然這是以生命爲賭注，但是爲了八千、一萬、五萬元不等，他們也要參加賽車，期望自己在這幾十分鐘之內，贏得獎金。這種不勞而獲的心理，也是賭博的傾向，盡管社會各方面一再取締，他們仍然不斷擾亂社會；使每個家庭的父母困擾萬分，這就是由於見解偏狹而引起的社會問題。

富有的衆生也有偏邪的見解。現代的臺灣，人民豐衣足食，經濟繁榮，難免有一些人飽暖思淫欲。人的生活太安逸富足，往往無法安分守己，例如有的婦女，由於生活太過享受、無聊，而不能守好身爲家庭主婦的責任，她的工作只有爲先生與子女準備早餐，等他們上班上學後，所有的家事都讓現代化的科技電器產品代勞，用洗衣機、洗碗機、吸塵器……，一下子就整理乾淨、打掃清潔了，甚至有人還請佣人清理房子；那麼，一整天的空閒時間，她應該做什麼呢？

閒在一間空無旁人的房子中，真是度日如年，無聊又痛苦，沒有正當的康樂活動及工作，乾脆跑去打牌，不是三缺一，就是三溫暖，要不然就跑去舞廳……種種不正當、容易迷失的場所。這是貴婦人家的苦惱問題。

也有很多先生，家庭幸福美滿，妻子溫柔賢淑，子女天真可愛，他卻仍不滿足，在外事業顯赫，便金屋藏嬌，三妻四妾的，招惹一些麻煩，使整個家庭煩惱重重。

這就是富有衆生心靈上的空虛。這些富有家庭中的先生太太，心靈爲何空虛呢？因爲欲念易漏啊！欲念多就容易漏失，像一個破桶一樣，再裝多少水，仍然會漏掉，永遠不會滿。這些都是邪見的人生，而我們若是學佛的話，就可以走在正道上。

佛陀濟度的有四衆弟子，在家衆皈依後，必須守持五戒，這五戒是我們人生的正道法，即不殺生、不偷盜、不邪淫、不妄語、不飲酒。孔子教導世人也有五種常規——仁、義、禮、智、信；佛教所謂「五戒」，即如孔子所說的「五常」。五戒中的不邪淫戒，就是孔子所說的「禮」，在家者若想擁有天倫之樂及幸福的人生，必定要守夫妻之間的禮節，彼此敬重、互相信賴、誠信忠實，若能如此，就可以做子女們的模範，此即是愛的教育。

身為長輩的人如果走正道，就像一個好的模子一樣，複印出來的物品一定是完美的；如果行為稍有偏差，則像壞模子一樣，複印出來的物品一定是壞的。在家者應該好好守持人生正確的規矩，何況是我們學佛出家的人呢？出家修行者乃是人天導師，我們不但要做為人的模範，也要做天人的引導者，所以要更加守持自己日常生活中的舉止行為。

當然，在家的佛弟子，若想在社會上得到同事朋友的敬重，在家中得到家人妻小的信任，都要修身養性，安分守己；所以大學中也教我們「修身、齊家、治國、平天下」的道理。總而言之，一切事業與道業，無不是從自己本身做起，我們的心念若正確，則所做所為都能正確無誤，而這些都是靠我們心行一致，守正法、守規矩而得的。

因此，此處所談的八種方法，一一是引導我們行正道的方法，諸如在家弟子應該以什麼觀念待人處世、出家弟子應抱持何種觀念，做為自己日常生活中修行的正規；所以這裏說：「此八法不依偏狹而行，故名為正。」做人一定要正直，否則講話不能取得別人的信任，不能取信於人，則如同廢物一樣，對人世一點作用也沒有，所以我們一定要以「正」為規。

修行的人若能心正行正，就可以達到涅槃的境界，「涅槃」乃修行者夢寐以求的境界，這是真正寧靜的境界。心地若能時刻保持寧靜，則正大光明；光明又寧靜，是多麼美好的境界啊！所以這就是修行者所要追求的目標，也就是「道」。

人生是苦的，但是苦的標準是什麼呢？有的人雖然欠缺物質享受，但是生活得非常快樂，有的人物質豐富，但是悶悶不樂，非常痛苦。

有一句話說「知足常樂」，能夠知足感恩的人，一定時常感到快樂滿足，知足之人乃正道之人。一個家庭中的每個人若能知足，則能享盡天倫之樂；不知足的人，得到一樣還想再得一樣，有了歸屬的家庭之後，還想另築香巢，這就是不知足者，這樣子多麼苦惱啊！

涅槃的境界就是心靈寧靜光明。涅槃就是道，只有大家多多守持正法，才能時時刻刻快樂、寧靜。

# 1 正見

## 人人要修無漏道

我們說「八正道」，這八種道法可以使我們的人生絲毫無差錯、不偏邪，所以這可以說是人生最穩當的正道，現在，逐一分析此八種正確的道法。

正見──

謂人修無漏道，見四諦分明，

破外道有無等種種邪見，是名正見。

「見」乃見解、觀念，一個人在人生道上，分分秒秒之間都存著許多複雜的念頭，而且每個人的心思皆不同。例如你們坐在我的面前，此時此刻你與我的心念必定有所不同，何況你們每個人彼此間也有不同的觀念，這就是說，「一念心」是最複雜的。單單一個人，就有許多互相矛盾與衝突的心理，若是衆多的人聚集在一處，則更加矛盾了，這都是由於一個觀念問題而已。

所以，如果我們大家都學佛修行，觀念就能一致，沒有衝突；我們若不修行，在世俗上就會爲了生活而與人競爭，爲自己的利益而爭鬥；這都是世俗人爲了日常生活、工作、學業……等等，而產生的競爭現象。每個人的心念有如野馬一樣，各朝不同的方向奔馳，這是因爲世俗人沒有「道念」的緣故。

那麼，現在我們既然學佛了，就要將奔馳於八方的心念收攝回來，同行於一條道路上。有如一羣已經受過訓練的馬一樣，只要發號施令，就能整齊劃一，踏步前進，若沒有經過訓練，就會散亂各奔前程。所以，我們修行就是要統一心念，而其目標在於「無漏道」。

「漏」，就是流失，就像一個破水桶一樣，即使裝滿了水，在不知不覺中也會全部漏失掉。我每天向大家解釋佛教與人生的教法，但是，聽我講話的人究竟能接受多少道理？昨天的法水滋潤了心窩，今天是不是已經流失了呢？

如果能得一善而拳拳服膺，在日常生活中身體力行，待人處世、言談舉止，都遵循這句善法，就稱爲「無漏」。也就是説，善法保留在我們的心中，永不遺忘漏失，這就是「得一善，則拳拳服膺，而弗失之矣。」

## 一勤天下無難事

「漏」也可以説是煩惱，我們的善念不斷漏失，卻被惡念取代。就像一個水桶，經年累月地放在外頭，受風吹日曬和雨淋，沒人看管，垃圾雜物都丟在裏面，積滿了灰塵沙土。乾淨的水裝進桶裏，很快就流失掉，一些污穢的東西則堵塞在裏頭，流不出去，這就是煩惱。人與人在日常生活中常會互相猜疑，你不相信我，我也不信任你，就會生出煩惱。自以爲學問比人高，而瞧不起人，這就稱爲「我慢」，也叫做「貢高」；既然自以爲學問比人高，那對於別人所説的法，又怎麼會重視呢？

聖人之心，時時都非常謙虛、恭遜，以平常心及平等心對待一切衆生。有一則孔夫子拜七歲小孩爲師的故事——

有一個七歲孩童用土堆成一座城，正好孔子乘在馬車上，由子路駕馬車路過此處，子路性情魯莽，見此孩童不避開讓馬通行，就大聲吆喝説：「喂喂！小孩童，你難道沒有看見馬來了？趕快讓路吧！」

這個小孩抬起頭天真無邪地跟子路說：「你先看看這地上有什麼？」子路答：「這是土城啊！」他就說：「自古以來是城讓馬？還是馬讓城呢？」子路一聽，竟無言以對。孔子在馬車上見此情景，立刻下車，雙手作揖，恭恭敬敬地拜他爲師。因爲孔子自認活了五十幾歲，從來沒想過這個道理，果真如孩童所言的——是馬繞過城池而通行，並非城池讓路給馬過啊！

這就是一個道理，所以孔子非常敬重這位孩童。

凡夫與聖人的差別就在此。凡夫像一個裝了半桶水的破桶子一樣，容易搖晃漏水；如果裝滿了水，則重心穩固，不易搖晃。農夫在收割稻米之前，只要看看田中的稻米，就可以估計今年的收成好不好——如果稻穗都長得直直挺挺，農夫們就擔憂今年的收成不好；如果看到所有的稻穗都彎倒下去，農夫一定很高興今年可以大豐收了。

有時候聽弟子們說：「我已經學很多、懂很多了……。」我就非常擔心他像一棵沒有飽滿的稻穗一樣，半生不熟的。如果他常常低聲下氣，不論何時都非常謙虛，我便暗自歡喜，因爲，佛教慈濟志業的慧命將可以延續下去。

一個凡夫時時刻刻都想表現自己的能力與才幹，實在是不算什麼，最好是能在日常生活中，處處表現自己的苦幹；苦幹比能幹還重要。我曾告訴大家，不可眼高手低，應該手比眼高才對。一個正常的人是手比眼高，你們了解這個道理嗎？或許有人說，眼睛長在臉上，手在肩頸下方，怎麼可能手長得比眼睛高呢？

其實，手是比眼高的，凡是眼睛看得到，手就能做得到，也就是說，我們的見解正確時，行動就一定會正確。我的心中想要「為衆生、為佛教」盡一份力量時，就會專心致力地做到「為衆生、為佛教」，這是手比眼高。所以，這都是見解。「一勤天下無難事」，普通人認為天下之事都非常艱鉅，我希望大家的人生觀及見解，不要存有「難」字，心無難則事無難。

所以，我們學佛要好好去除煩惱，在凡夫而言，煩惱就是障礙——覺得事事皆難，就會造成障礙，如果我們常常貢高我慢、心存貪瞋癡，就是佛教中所謂的五大病——貪、瞋、癡、慢、疑。若能夠除去這五大病，就稱為「無漏」，無漏則無煩惱；污穢骯髒的東西不會沉在桶底，乾淨的水更不會裝滿後就流失。

## 凡夫被業轉．聖人能轉業

人不能離開水，心也不能染著污穢之物，所以我們要去掉染著的心，常常裝滿甘露法水，這就稱爲「無漏」。若能如此，自然能見四諦分明。佛教中不論是修小乘、中乘、大乘等各種法，都不能離開四諦法的真理——苦、集、滅、道。想透徹此四種真理，就一定要修無漏道；四諦法的道理透徹之後，自然能產生智慧、明辨是非，破除外道的種種邪思邪見。

外道的見解都是極端的，一種是「有」，一種是「無」，所以印度的宗教非常複雜。當初佛在世時，有九十六種外道教，這些教法都不離「無」、「有」兩種極端的道理，而且都是邪見。而佛陀教導我們的是中道思想，可以說是透徹人生「一切皆空」的道理。

我常常分析「空」的道理，宇宙世間一切萬物，從我們的身軀到所有的一草一木，都没有離開「四大」因素，而每一個「四大」因素，也都是由「四大」所組合而成，如果我們將「四大」慢慢的分離，則最後——「四大皆空」，一切萬物都是空的。

這只不過是透徹世間萬物的道理，而佛教中尚有一甚深微妙的無上道，稱爲「真空妙有」，說「無有」真的是「無有」，但是只有在真正「無有」當中，才能發現一個真正微妙的「有」，那就是——每個人的本性。「本性」是什麼模樣？「本性」根本無「形」與「色」，就是因爲它無形無色，所以我們才稱它爲「妙有」。

這個微妙的真理，是佛教最透徹的教育，並非「有」就永遠有，也不是「無」就永遠無；如果說事事都「有」則會迷，說樣樣都「無」則會斷；說「有」則執常，說「無」則執斷。人間若是「無」，則什麼都沒有，無因也無果，作惡不可怕，爲善無果報，這就是「斷見」。如果說人間什麼都是「有」，什麼都永遠存在，則會「執常」。

佛教教導我們「一切唯業」。業力是我們自己造成的，「業」，無形也無色，一個人的起心動念無不是業。如果你今天想要保持平和寧靜的心情，卻遇到一位和你有障礙緣的人，一看到他心裏就不高興，聽到他說話，心中就起煩惱，無形中便會說出不好聽的話，而招惹很大的困擾與麻煩。等你說完話之後，才發覺自己錯了。本來打算心平氣和地對待人，心念卻不自覺地從溫和轉成瞋恚暴怒，這就是心力的影響，造成彼此之間緣的歧異，也稱做「業力」。人被業力牽引，註定了一生之中的一切果報，這也就是佛陀所分析的「種如是因，得如是果」。

一切的「因」，都是由我們的心力所造成。凡夫被業所轉，因爲過去業力的影響，使現在的心念無法控制；若是聖人，則能夠轉業。學佛，就是要學得能夠轉業，用心力控制自己所有的行動，這些都必須由「正見」修得；我們若能修無漏道，見四諦分明，自然不會被外道的邪思、邪見分散精神。

在家的學佛者，若能修無上道的正見、無量的正見，則日常生活中一切事業皆在正法的道上，不會有任何偏差。佛性平等，不獨是出家人才可以稱爲「修行」；在家人從事任何事業，無不是在修行。今天聽了佛法，就要表現在今天的行爲上，力行「正見」，不斷增長智慧，則所做所爲都是福業。

佛法所教導的，就是爲了端正我們的心念、見解，爲了清淨我們的觀念及心病，所以佛陀設教三藏十二部經，其每一篇經論的教育都大同小異。就是要端正我們的心念及見解；因此「正見」是學佛的要道。

修行要修「無漏道」，「漏」是煩惱也是無明，我們因常有煩惱與無明，所以叫做凡夫；若是能去掉煩惱、捨除無明，就可以成聖成佛，所以學佛要先修無漏道。所謂「漏」，就是心靈智慧有明顯的缺漏，也就是無明遮蓋了清淨本性，「無明」有五種——貪、瞋、癡、慢、疑，心生無明則不能照了諸法事理。

## 「知識」也是一種障礙

「貪」是無盡的欲念，為了永遠無法滿足的貪欲而不斷地向外追求，是非常苦的！

有一輩以前曾從事醫護工作的高階層社會人士到院參訪，他們都已上了年紀，但還在為培育下一代的護理人員而工作。其中有一位等到周圍沒人時才來和我談話，看到我就說：「師父，我要來請教您！」問題不外乎現在一般社會家庭存在的煩惱。

她雖然富有卻不知足，而且和下一代有代溝。她出身名門望族，但是年輕時就遭喪夫之痛，所以把一切希望都寄託在獨生女身上。這唯一的愛女非常上進，努力認真地求學，使她更加歡欣，對這個掌上明珠愛得入骨入髓，照顧得無微不至。

等她女兒醫學院畢業後，她就想為女兒找一位門當戶對的理想對象。正好她女兒在班上有位很要好的同學，而且教育程度與家庭背景都符合她的理想，但是她提出一項條件——他們將來生下的子女，須有一個跟從母姓，才允許這樁婚事。因爲她只有一位女兒，所以希望能傳宗接代，香火不斷。對方接受後，女兒就結婚了。

她辛辛苦苦地讓他們倆到美國留學深造，支付所有的學費及生活費。他們小倆口在國內結婚，在國外深造、立業，並育有四個子女。她無比期待這四個孫子中有一位能爲她家傳遞香火……。但是事不如人意，四個孫子中竟沒有一人從她的姓氏。

人就是這麼執著。男方認爲娶妻生子，應該都從父姓，即使有四個子女也是一樣；而女方卻認爲，當初爲了要求其子女中有一人從母姓，而千辛萬苦地付出心血，不計一切爲他們籌款，安排未來的生活與學業、事業……，如今卻事與願違，結果鬧得雙方感情破裂。

做母親的想不開，竟然要自殺，一了百了，到現在她還是非常苦惱。我聽她說完，安慰她這不是什麼大不了的事，只是爲一個姓而已，不值得如此煩惱痛苦，她卻執著於中國古代傳統的觀念，不惜與愛之入骨的獨生女及唯一的女婿鬧翻臉，值得嗎？在我們看來是微不足道的事，而她卻認爲這比生命更重要，她寧願自殺，也不願見到沒有一個孫子從她的姓。

後來我說了許多話安慰她，她也很坦白地說：「師父啊！這些道理我都明白，但是我就是看不開，做不到。」我到最後沒辦法，就告訴她：「你應該心滿意足了，你就是太空閒了，才會看不開。」

她聽完一想，就回答說：「是啊！我大概就是太閒了。我一個人住在這麼大的大樓裏，請一位佣人，有時候她幫我打掃房間，我會和她說話，但話不投機時，也是半句多；何況我若多說她一句，她就不願意做了。如今，佣人已不住在我家，我每天起床就只有孤單單的一個人，我覺得非常痛苦。」

我便對她說：「你既然這麼空閒，沒有談話對象，何不出外做些事，把愛心散佈給需要溫暖的人？你這麼能幹，又有豐富的醫學常識，為什麼不出來做事，把你的能力和愛心奉獻給更多的人？」她就說：「有啊！師父，我曾做過這些事，以前我收到您寄來的慈濟月刊，就將月刊上所刊登的貧戶一一查對，因為當時我心想：世間真的有這麼好的人嗎？所以想證實被救濟的貧民是否真確，因此一一去看過了。」「你看完後是否覺得自己應該很滿足？」我問。她竟然說，因曾從事社會工作，所以不覺得怎麼樣！

這就叫做「所知障」。有一種人是不太懂道理，常識不多，心中有結而痛苦；若開導他，他會自我反省，對自己的生活感到滿足，若是再讓他親眼看到別人不幸的遭遇，他會更覺得有信心，因為還有人比他可憐，他會更加知足。你們想想，有許多委員和會員加入慈濟以後，人生觀完全改變了，這就是因爲他們的無明尚未受到洗鍊以前，貪、瞋、癡、慢、疑等煩惱，都覆蓋在良知上，等到接觸佛法、領受真理之後，忽然間如夢初醒，看得開也放得下，並且盡力發揮良知與良能。

反觀剛才所說的那位女士，有財力又有能力，卻懷著滿心的怨及滿腹的苦，她若是看得開，以目前擁有的財力，不知可以救多少人？但是她卻自尋煩惱，還想自殺；如果真的自殺身亡，那所有的遺產還不是被她最痛恨的人得去！這實在是得不償失啊！

## 愛的真諦

有一位委員非常難得，過去也和這位母親一樣，把所有的愛心全部放在子女身上。她剛加入慈濟時，雖然也受過兒子和媳婦的氣，但是她還是很愛他們，她得悉慈濟要興建醫院，就發心捐贈病房，連續捐了十幾間，一間病房需三十萬的經費，她就以自己本人和兒子、媳婦、女兒們的名義捐善款，爲全家植福。

此後，她慢慢從事慈濟的工作，又常常去訪問貧民，這一段時間，她真正體會到人生愛的真諦，她認爲，自己不一定要把愛心全部放在子女、兒媳的身上，她可以將這份慈母心擴展爲大愛的慈悲心，可以把自己的能力擴大，獻給更多需要幫助的人。所以她不斷地、無限量地付出，至今已捐了將近七百萬的建院基金。她還告訴我，她還有很多的股票、現金——該爲子女們做的，她都已經做了，不但爲他們買房子、置產，還爲他們打好事業基礎，一一將他們安頓下來。而且她又把銀行的幾百萬元和股票，乃至在她名下的財產，全部捐贈慈濟。

她可以說是完全付出，不求回報；她唯一一個要求——希望這筆基金的利息，在她有生之年能由她領用，其餘的本金完全歸屬慈濟，如此一來還可以避免將來子女們爭分母親的遺產……。我覺得她真是一位很有智慧的人，將自己的全部財產捐給慈善機構，由慈善機構不斷地爲她做好事，而且還爲她設立專戶，每個月有幾萬元的利息自如使用，不必爲生活煩惱。

這是一位很平凡的女人，而先前那一位女士自稱是受過高等教育，所有的道理她都知道的人，兩者一比較，後者常跟我說：「師父，我什麼都不懂，師父教我怎麼做，我就怎麼做。我現在很快樂，我的人生已了無掛礙，我會快快樂樂，高高興興地過一生！」她除了物質的捐助之外，連身軀都奉獻出來，願將自己的器官捐贈給需要的人。

同樣是女人，各自接受不同的教育，也有不同的觀念及修養。所以說，我們學佛者應該有一種認識及見解——有知識的人不一定能領受到佛法的好處，而普通人也不一定不能接受佛法。像我剛才提到的這位委員，她走入慈濟之門後，不迷信也不盲從，她說：「師父教我們時時好心則時時吉祥，心正則事事順利。」所以她不擔心何時會犯沖，也不覺得佛祖安位的時間與位置有何不對。

而這位女士一來就問我：「師父，我家只有安設祖先牌位，沒有安置佛像，不知是否因爲這樣，所以最近幾年這麼不如意，一直想尋死？我也曾經請一位老師父幫我看風水，教我如何安神位。」這就是那位高級知識分子所提出來的問題，她甚至還問我說：「那位老師父幫我算命，說我去年有一個很大的死運，要趕快安佛祖，又告訴我要安設在那裏。我現在想請問師父，我應該安什麼佛？」

我問她：「你喜歡什麼？」她答：「我喜歡觀世音菩薩。」我就叫她請觀世音菩薩像。她又問我立像或坐式的好，我便說：「你喜歡立像或坐式？」她回答：「我曾經看過一尊立像很莊嚴、很好看，但是有人告訴我，家中不要安設觀音菩薩的立像，所以……」

她的教育程度很高，卻迷信地理、風水及命運，甚至對觀世音菩薩像也如此執着。反觀我們的這位委員多麼開明、多麼可愛啊！她已經七十多歲了，卻不會有任何執着，她常說：「師父教我們心正則風水吉祥，祖先平安。」什麼是解脫呢？只要觀念見解正確就是解脫了。

## 公主的迷惑

我們日常生活中應該常存有這種觀念：

**常觀水上泡，亦觀幻野馬，**

**如是不觀身，亦不見死王。**

以前有一位國王，他有一個獨生女，愛之入骨。自女兒出生後，在日常生活中，他的眼界從來没有離開過她，可以說兩人形影不離，身心相隨。有一天國王和女兒走到池邊，看到池中魚兒跳躍，池水生起許多小水泡。當時正是黃昏，夕陽西下，水上的泡影被霞光照射，映出美麗的七彩五色，這位公主看得高興極了，立刻向父親要求將水上泡串連起來，做成她髮上的珠花。

公主自出生以來，要什麼就有什麼，金銀珠寶從無匱乏，現在竟提出這種要求，國王無可奈何地對她說，水上泡是無法拿來串成花圈插在髮上的。她女兒一聽就說：「我什麼都有，就只缺這樣，若不肯給我，我就不要活了！」國王非常煩惱，就趕緊貼出告示，叫大臣立刻召集能幹的工匠，用他們精湛的手藝挑起水上泡，串成髮上的花環。如果無法辦到，就必須接受刑罰，終身監禁。

没多久，國王的牢獄已關滿了無法串起水上泡的工人。後來，有一位老者看到國王爲了女兒無理的要求，竟把全國的工匠幾乎都關起來，而那些人家中還有挨餓受凍的妻兒子女，心中非常不忍，就自告奮勇地到國王面前說：「我可以辦到！」國王聽了很高興。老人又說：「不過我有一個請求，因爲我無法選擇那一顆水上泡最美麗，怕串成花環後不合公主之意，所以想請公主親手挑選水上泡，看她喜歡那一顆？多大顆？幾顆？我再將其串在一起。」

國王就說：「好！只要你能夠串起水上泡就好。」於是趕緊告訴女兒此事，他女兒也認爲由自己挑選，串起來一定很漂亮，便跟著老人一起到池邊挑選。没想到她挑起一顆就破一顆，一挑就破、一破再破，怎麼挑也無法挑起一顆水上泡，最後她累得把器皿丟掉，對他父親說：「我不要什麼花環了，這些水泡根本挑不起來，我願意放棄，不要了！」

老人運用智慧，轉一個念就可以救出牢獄中的那些人。牢中人爲了世間根本無法完成的事而受苦，而有智慧的人卻能在短暫的時間內，解開這麼多業。如果我們人人都有智慧，能透徹人生無常的真理，就能夠快樂自在了。

佛陀以這個故事譬喻：世間的東西，即使用盡心機，也不可得。人忙忙碌碌於世間，這麼辛苦到底得到什麼？縱然社會上有許多白手起家的大企業家，他們的生活從過去的貧賤到現在的富有，但是他們真正得到什麼？這只不過是人生舞臺上的一齣戲，只不過是他的角色必須扮演的過程；舞臺上的戲是一場鏡花水月，一旦結束，又帶走什麼？

時光無聲無息的逝去，人生同樣是無聲無息的跟著時光而逝。到最後，究竟得到什麼？所以我們應該將人生一切的物質、欲望當做水上泡一樣。一些哲學家、智者，視富貴如浮雲，把一切物質生活視做天上的雲一般，似有似無，如夢如幻。富貴只不過是幻景迷色，到底它真正的色彩是什麼？我們應該看得開，了解水上泡無常、幻化的道理。

## 韓幹畫馬變馬的傳奇

所以說：「當觀水上泡，亦觀幻野馬。」我們除了要了解人生如水上泡的道理，也要將其視如幻野馬。幻是幻化、幻影的意思。

以前有位畫家——韓幹，有一天他在野外看到萬馬奔騰，景象非常壯觀。他本身是個文人，手無縛雞之力，但是他見到勇士操兵的高昂氣慨，騎馬的英姿無比威武自在，心中非常羨慕；他一直有個願望，就是希望能展現他的馬上功夫，能得到一匹千里駿馬。

他當天回到家裏，就在紙上下功夫，用畫筆全神貫注地把那些記憶中的馬畫下來，一匹馬、兩匹馬……，每天他都在畫紙上畫下無數匹奔馳於曠野的駿馬，經年累月下來，滿腦子都是馬的形象、馬的影子。他的腦中無一秒是靜止的境界，整個心性都是萬馬奔騰的狀態。

有一天，他畫得很疲倦，一趴在桌上就睡著了，他睡著後，腦海中還是有奔騰於野外的馬影子。這時佣人正好送點心來，開門竟然看到一匹奔騰有力的馬在桌上，佣人嚇一大跳，驚叫著向外奔跑，吵醒了趴在桌上睡的韓幹，他就向外探望究竟發生何事？只見佣人叫了一羣人來，大家往裏面一看，什麼都沒有。佣人述說方才所見的景象，韓幹這時候才覺悟這是幻化的野馬，因爲他本身的精神集中於那裏，所以心影幻化於外。他覺得非常可怕，真是「一切唯心造」啊！

## 人間原是五趣雜居地

佛教說：「一念之間，十法界周圓。」只要轉一念的時間，就能遍行十法界。何謂十法界？「四聖」、「六凡」——四種聖人及六種凡夫界——合稱十法界。「四聖」包括：佛、菩薩、聲聞、緣覺；「六凡」包括天、人、阿修羅、地獄、餓鬼、畜生。

既然人的心念一下子就會周遍十法界，如果生起一念的慈悲心——佛心，心境就與佛境融合在一起；若是生起勇猛精進心救度衆生，只願衆生得離苦，不爲自身求安樂，這時心念就已經在菩薩的境界中，這就是菩薩心。

「聲聞」是指聲音入耳根，啓發了慧識。由聲聞而了解，開啓慧根，這是「聲聞」。「緣覺」是既沒聽到教法，也沒遇到聖人，但是他可以由本具的慧性緣外在的境界，而了解道理。例如他抬頭看到樹葉變黃、枯落，就知道到了；聽到水聲、看到水流，就會聯想逝者如斯，歲月像流水一樣不再回頭。

孔子有一天站在河邊，看到流水奔馳而去，他感慨萬分地說：「逝者如斯夫，不舍晝夜！」他能由此領悟時間、年齡的逝去像流水，一去不回頭，這可以說是「緣覺」，也是聖人的境界。

一般社會人士付出愛心幫助貧困的衆生，但是他不了解佛的教法與道理，他付出一分就期待一分的回報，這是「天」的境界。有人說：「信我者上天堂。」——只要信仰我，就會上「天堂」。甚至也有人說：「你若來聽我的道理，信我的教，就可以天堂掛號、地獄除名。」許多人因此進入這個宗教，這就是有所求。

現在社會上許多人在做好事，救濟他人，但是往往不是爲名便是爲利。有的人常常說：「我做好事，我得到好人好事的名聲」，當他接受表揚時就很高興，這就是爲名；而有些人則說：「我做好事有好報，所以多少要做些」，這是爲利。

這些都是世間的善，這份世間善當然是很好，世間若有這些善人，則人間世界一定會很美。不過這些善人若能百尺竿頭更進一步，不爲任何代價、不爲任何回報而付出，則能達到更真、更善、更美的境界；只要超越了凡夫心，就能到達菩薩的境域。

「天」還屬於凡夫的境界，「天」接下來的是「人」。人間多凡夫，五欲具足，善惡不分，住於世間，所以這個娑婆世界又稱爲「五趣雜居地」。五趣是五種去向——衆生由業因之差別而趣向之處：天、人、畜生、餓鬼、地獄，也稱爲「五道」。而阿修羅可以説都包含在五趣中，所以又可合稱爲「六趣」或「六道」。

阿修羅的意思是有福無德，這種人只因爲過去生中曾做過善事，憑著做好事的福報而感生天堂，但是他沒有修養，還是發脾氣、起煩惱、鬥爭，樣樣都有。

世間充滿了阿修羅道，例如新聞報導菲律賓政變，一些叛軍背叛政府、起內鬨，此次政變造成幾百人的死傷；街道上佈滿屍體，真是慘不忍睹。菲律賓在這短短的一兩年之中，已有多次政變，這就叫做阿修羅，好鬥、好爭、好戰……。

在此次政變中，菲律賓總統的兒子也受了重傷，他的侍衛有三人當場死亡，多悲慘啊！但是對立的兩方仍然宣稱無任何商量妥協的餘地。政府不肯讓步、叛軍不肯投降，再繼續這樣下去，後果真是不堪設想。這就是人間的阿修羅道。

畜生之中也有阿修羅道，愛爭、愛鬥、愛戰……，例如鬥牛、鬥雞。其他又有地獄、餓鬼道，所以娑婆世界稱爲「五趣雜居地」——雜是很複雜的意思。佛是在人間成就的，賢人也是在人間成就的，世間更有許多十惡不赦的人，不論善人、惡人、聖人、賢人、凡人……都聚居在一起，因此稱爲「五趣雜居地」。

## 撥開雲霧見青天

人間應該要以智識去分析，心念不可迷惑於世間的幻相。學佛應該有所覺悟，以「幻野馬」的智識去體會，假如不去分析了解「水上泡」與「幻野馬」的道理，則「如是不觀身，亦不見死王」。

若是不善於將身體與世間的物質看開，那麼，無常何時顯現於眼前都不知道。「死王」就是無常，我們的生命無常，無常的死王時時都在人的周圍，若能透徹世間的幻相，就能夠了解生命的真諦；要透徹生命的真理，必須多了解世間幻化的景象。我們應該視富貴如浮雲，看得到卻摸不到的是虛幻不實的東西，若能如是觀，則修學佛法便能徹見人的真正本性。

有句話說「撥雲見月」，雲霧撥開之後，月亮才會顯現；衆生心本如明月，但是多數人都被有色無實的烏雲遮住心中的明月。所以我們要撥雲見月，把世間一切的物質及一切的人與事，當成水上泡，如此還計較什麼呢？我們要真正自我警惕，時時抱持佛心，則我們就是佛；常常行菩薩行，則我們就是菩薩。

設若心中充滿阿修羅，看到人就發脾氣、遇到事情就計較，將種下其他惡道的種子（因），將來就會顯現在人生，得到三惡道的果報。金剛經有句偈說：

一切有為法，
如夢幻泡影，
如露亦如電，
應作如是觀。

人生有什麼好計較的呢？多思惟這幾句話，則能福慧無量。

## 2 正思惟

正思惟——

**謂人見四諦時，正念思惟，觀察籌量，令觀增長，是謂正思惟。**

文句淺顯易懂，簡單的教法就是無上的法寶，善於運用者就能終生受用；不善加利用者，花一輩子的時間去追求，還是一無所得。

佛陀的每一句教法，我們必須用心思惟，所以佛法中有「聞思修」之學。我們每個人都是學而知之者，不是生而知之者。如果一個人出生後什麼都懂，不必學習就明白事理，那必是一位超凡的聖人，我們一般人都是凡夫，所以要學而知之。

學法一定要先從「聞」開始，「聞」就是聽。學法須多聽法，但是聞而不思則罔——聽了之後就忘得一乾二淨，完全不經過思惟，那就沒有一點用處了；所以我們聽完道理後，要好好做一番思惟與考量。

所謂「思惟」，是用心去體會所聽的法，聽了道理之後，要實踐於日常生活中，這就稱爲「行」，行是行動，也可以說是修養。所以，將所聽到的道理運用在日常生活的行爲舉止上，就是「修」。「聞、思、修」若能同時力行而無漏失，就可以修得「戒、定、慧」，完成三無漏學。

所以，這雖然是簡單的幾句話，我們還是要好好地思考。

## 開口動念無不是業

我們日常生活中一切的行爲動作，都是由內在的觀念、見解所表現出來的。如果我們的思想、心念稍有偏差，就會「差之毫釐，失之千里」，所作所爲，最後必定與目標相差非常遙遠。我常常說，聖人與凡夫之間的距離很遠，凡夫是聖人的起點，聖人是凡夫的目標，如果我們在起點上稍微有偏差，則走到終點時一定與目標相差千里之遠，所以我們平時的觀念、思想，不能稍有一點偏差。

「謂人見四諦時，正念思惟」——四諦法是三十七助道品的根本道法，學佛、學法，不論是大乘或小乘，都離不開四諦六度的道理，這四種真理與六種行動是佛法的全部內容。四諦法是佛法的基礎，六度是學佛的過程。這裏說「人見四諦時」——「見」是透徹、了解，若是了解四諦的道理，透徹四諦的方法，就能「正念思惟」——見解與觀念就會很正確；見解觀念正確，行爲舉止就會非常端正。

地藏經中有段文說：「南閻浮提衆生，舉止動念，無不是業，無不是罪。」我們在日常生活中，口一開、舌一動都離不開業。當然，所謂的

「業」，有善業與惡業，若是勸人爲善，教人守正道，那開口動舌就是修了善口業，這就是福業，能引導人走入正道。如果人家要行善事，卻從中阻撓破壞，開口動舌就想阻礙人家的道業，那已經造了惡業。所以地藏經說，善業與惡業無不是在開口動舌中。

我們要愛衆生，使衆生造福，首先要考慮的事是——莫讓衆生造業。普賢行願品中有句話說：「恒順衆生」，每天課誦，經文迴向十大願王：「一者禮敬諸佛，二者稱讚如來……九者恒順衆生，十者普皆迴向。」十種大願中爲何要提出恒順衆生呢？就是不要讓衆生造口業，不要使衆生有障礙道法的罪業。所以必須先迎順衆生，先使衆生歡喜，而起讚歎之心，若生讚歎心，就可以成就功德。所以菩薩修行時，首先要注意不擾亂衆生的心思，要恒順衆生。

開口動舌無不是業，既知業有善業與惡業，我們要把握因緣，使衆生造善口業，使他讚歎佛法、稱讚善法，種下善的種子。絕對不可執著在自己的理上，使衆生造業。世俗有句話說：「理直氣壯」，得理不饒人，我有理就要爭到底，爭到贏爲止，這是錯誤的。我們應該將這句話改成「理直氣和」。我們雖然有理，但是要時時「氣和」，不可「氣壯」；認爲自己有理，什麼都要爭到贏，這樣就太剛强了，太剛强就會破壞人與人之間的和睦。若能「理直氣和」，態度溫柔，這樣不是非常完美嗎？

普賢菩薩就是以柔和善順來引導衆生，使衆生的一切動作都能合於佛法、讚歎佛法、完成佛法。所以我們學佛一定要非常謹慎，所有的思考與觀念見解要時時爲衆生著想，不可只爲自己爭個「理直氣壯」，要爲衆生考慮，行道時要使衆生培養善業，這樣就稱爲「正念思惟」。

## 循序漸進老實修行

「觀察籌量，令觀增長」——在這個人生道上，我們所做的一切與所求的一切，要好好運用智慧觀察與思量。學佛並非今生此世能成就的，也不是無中生有的，總而言之，是「如是因、如是緣、如是果」，因緣必須長時間來成就。

看看佛陀的修行，經過三大阿僧祇劫，累生累世都在積功德。他不但積福也同時積慧，智慧必須不斷累積增長，才能夠成就。「籌量」的意思是指時間的長短，有些人認爲，若是有心想修行，就一定要與佛一樣去完成道業。須知世間沒有不須用時間來修行成就的道業，例如學生在校求學唸書，也是要依照學校安排的課程進度來修學分，何況是學佛求道？總而言之，學習任何事都要按部就班。

有智慧的人，一定會依照順序去修行，循序漸進。佛在世時曾說了一個故事：

有一位國王有個心愛的女兒，自從出生之後，國王就非常疼愛她，每天盼望女兒快快長大，期待她變成一位美麗可愛的青春少女；國王每日朝思暮想，希望能早日見到他所求的理想。

於是他向全天下的人提出一個問題，看看世間有沒有一種使人馬上成長的靈藥。慈悲的佛陀知道國王的思想不正確——也就是說，智慧缺少籌量；所以他派遣一位精通醫術的醫生，並囑咐他向國王說他有方法使其愛女馬上成長。精通醫術的醫生懷疑地對佛陀說：「世間沒有藥物能令人馬上成長的，爲何叫我去呢？」佛陀跟醫生說：「你告訴國王，你必須去尋找靈藥。在這段時間內，禁止國王與女兒見面，這樣就可以了。」

醫生遵照佛陀的教法，就到國王那裏，對國王說：「我有一種靈藥，可以使公主快速長大。」國王說：「你什麼時候可以拿到這個靈藥來呢？」

醫生答：「這種藥的產地非常遙遠，你必須給我一段時間去找尋，只要能找到這種藥，任何時間服用都會馬上成長。不過，我有一個要求，希望國王在我尚未找到靈藥之前，先與公主隔離一段時間，目光不可接觸到公主。」

國王爲了女兒能快快長大，就答應醫師的要求，與女兒分離一段日子。時間飛逝，轉眼間十二年已過。有一天，這位醫生終於又來到國王面前，對國王說：「我辛辛苦苦，好不容易從遠地取來這種藥物，今天，你就可以看到你的女兒，他已經長大了。」

醫生就把公主請出來與國王見面，國王一看，自己的女兒真的已經長大成人。十二年前，她還是襁褓中的小嬰兒；十二年後，她已變成一位亭亭玉立的美麗少女。所以他深信是這種靈藥使女兒長大的，卻忘了這段時間已經過了十二年，這是沒有籌量時間的問題。

## 透徹四諦十二因緣法

佛陀就以這個例子來跟弟子說，衆生只想要立地成佛，學佛見道，但是卻忘失十二因緣的過程。學過小乘法的人都知道四諦十二因緣。十二因緣法，第一是「無明」、第二「行」、第三「識」、第四「名色」、第五「六入」、第六「觸」、第七「受」、第八「愛」、第九「取」、第十「有」、十一「生」、十二「老死」。

人在六道中受苦，反覆輪迴，就是因爲一念「無明」起，無明即煩惱，「無明」緣「行」，「行」緣「識」，業識推動七識，七識即思想，在思想觀念中又向前推至「六識」，六識緣著外在的塵境，身體就會造業。業識的因種下去後，便帶業投胎，稱爲「名色」。「名色」緣「六入」——有了名色，六根在胎內就會慢慢生長。十月懷胎，六根具足，出世後就與世間接觸，這是六入緣「觸」。與世間接觸後便會慢慢成長，帶著先天的業因，加上後天的緣來培養，所以有種種感受，苦受、樂受……，這就是「觸」緣「受」。有了感受就會造業，因爲有感受就有愛或不愛，此稱爲「受」緣「愛」。依愛與不愛而造業，就生「有」——有新的因產生。過去種下的因，現在已經得到果報，在果中又造因，就繼續種下因。因與果不斷輪迴，直到一世的「生」、「老死」，又種下來世的因。

這就是十二因緣，每一個衆生來人間，都離不開這十二種因素。

佛陀舉國王爲例是一種譬喻，國王希望女兒快快長大，卻忽視了十二年的時間；像一個修行者，想學道修行，卻忽視了過去的因——也就是「福」

與「慧」。

我們想成就道業，必須有過去的福慧，才能夠統理大衆、成就道業。有的人修行了幾十年仍然未成道業，便怨天尤人，埋怨人爲的因素，卻忽視了自己過去的福慧。所以，學佛時，要用心於四諦十二因緣法，不只要透徹了解，還必須把握時間去受持，努力累積福緣與慧業。

有智慧的人不會斤斤計較，多付出就是積福德；能夠與所有的人和睦相處，就是積福慧。在日常生活中請該多加注意，不可離開四諦十二因緣法，一偏差則「差之毫釐、失之千里」，若能如此，就稱爲「正思惟」，也就是「觀察籌量」，增長正因、正緣。

## 3 正語

每個人都應該多注意自己的觀念、思想以及言語，而這幾項中最容易犯過、最容易造成業因的是口，因爲開口動舌是非常簡單的事，不必花用多大的氣力就能輕易地出聲説話。我們出聲與人談話時，常會使人改變觀念，若以正語（正當的語言）來引導人，可以使人改變觀念，向於正道；設若有一句戲言，或是不負責任的話，很容易導人誤入歧途，墮落深淵，而不得自拔，這種言語真是可怕啊！

所以我們修行，一定要謹慎注意日常生活中的開口動舌，必須説正確、負責的話，這就是「正語」——「八正道」中的一種道法。

正語——

**謂人以無漏智慧常攝口業，**

**遠離一切虛妄不實之語，**

**是為正語。**

人必須時時發揮無漏智慧，無漏就是斷煩惱，去掉雜念；能自佛法中得一善而拳拳服膺，就稱爲「無漏」。

斷煩惱就像取盆盛水飲用一樣，必先將盆洗淨。有從事廚房工作經驗的人，都知道廚房的工作該怎麼做，當食物煮熟要放入鍋子之前，要先洗淨鍋子，則這鍋食物會非常衛生、可口。鍋子盛食物，除了必須洗淨外，還必須沒有漏洞。

斷煩惱、去雜念，就是要先清淨心地，然後恭聽佛法；聽後要想實際應用，就必須沒有漏失，如此清淨又無漏才能受用。所以說，「以無漏智慧常攝口業」的「無漏」就是清淨、智慧，修行要修得心靈清淨，也要修得無漏。

孔夫子稱讚顏回能「得一善而拳拳服膺」，因爲顏回聽孔子的法很少有疑問，也很少發問，他能靜靜的聽，用心去思考，然後表現在日常的修養中。只要他聽取一項善法，就能謹記於心，守持奉行。

一般人平時聽法，任憑法師說多少教法，總是一面聽進去，一面漏出來，到底受用的有幾句？千言萬語，得不到一句！

佛陀曾有一偈文：「雖誦千言，不義何益？」雖然你聽很多法，口中也能宣讀千言萬法，卻不能實行，那這些道理有何用處？聽而不受用就叫做「有漏」。故佛陀說：「不如一語，聞得可度。」——不如聽取一句話，謹記心頭並時時拿來應用，那我們這一生就能自度。

## 杯子的缺角不去看它便是圓的

記得臺北有位委員，有一次端出一杯茶，杯子稍有缺口，我與她之間簡單的對答，竟能傳遍無數個家庭，使衆人都受用。她說道：「師父，真是抱歉，這杯子缺了一角……。」我回答：「缺角的地方不去看它，整個杯口就是圓的。每個人都有缺點，若不去計較缺點，則每個人都是很好的人。」

這句話不只一人受益，自從傳出去後，每個知道的家庭都能和睦相處，受益無窮。

在家人能聞一知十，而我們修行人到底能聞多少？得多少？佛陀在法華經中有一段文句說：

「一位父親，精通藥理、醫術，他的兒子全身都是病，他幫兒子看病下藥，兒子卻不相信自己的父親是高明的醫生，不肯服藥。

「有一天，這位父親將兒子必須服用的藥準備好，留在家中，然後外出周遊他國，他到了遙遠的國家後，就派人回去告訴兒子說：『你父親已經死在他國，再也不能回來了。』這個兒子一聽到父親在遠地命斷身亡，永遠不能回來時，心中無比悲傷。此時他才自覺身體有病，醫術高明的父親爲他準備藥品，他卻不知服用，全身的病痛，有誰能救治呢？

「他心焦如焚，於是開始找尋父親爲他準備的藥物，找遍了父親的書房，才找出這帖治病藥方，他再無疑心，非常珍惜地服用，不久就將疾病治癒，恢復了健康。」

佛陀在世時舉此例子爲譬喻，說明人們都有貴遠賤近的通病，人與人之間相處的距離愈近，對方所說的話與所談道理，愈無法體會與了解。大部分的人爲了錢財爭生拼死，招惹許多煩惱與痛苦，也有許多人在銀行中一天到晚算錢記賬，算得非常厭煩，一點也不快樂，那是爲什麼呢？因爲他是爲別人數珍寶，那些財物都不是他自己的！

有許多傳道者或說法者也和銀行、珍寶店的人一樣，都是爲他人算錢、揀珠寶，不知自己究竟得到什麼？既然什麼都沒得到，也不覺得歡喜快樂，實在是非常可惜，錯過許多時機。

我們學佛，最主要是希望能在日常生活中藉人事以鍊心——藉人事來警惕我們、藉外在形象來教導我們，使我們自我反省、斷除煩惱。我們不知善用人我是非，做爲修行的工具，反而處處計較，招來全身煩惱，未免可惜。所以，我們必須放掉昨天的雜念，謹慎於今天的道念，把心思放在舉止行動上，這就叫做「道心」。

我們平時工作，若是拿起這個、掉了那個，叫做散亂心。拿東西時，若是能輕輕拿起、輕輕放下，使周圍的動態環境安詳寂靜，則稱爲涅槃。日常生活中的舉手投足，應該輕輕地提起，溫柔地放下，使我們都生活在平和靜定而不動粗的氣氛中，若能如此則容易修得「無漏」，若能心常存道念，就能增長智慧。其實，無漏與智慧是我們修行的最終目標，若會應用於日常生活上，就能很簡單輕易地修得；若不會應用，則這個目標離我們就非常遙遠了。善用者當下即開悟，不善用者，即使經過三大阿僧祇劫，還是同樣在迷途中。所以說，我們要勤修無漏智慧。

## 一句戲言墮五百世猴身

「以無漏智慧常攝口業，遠離一切虛妄不實之語。」——有時候我們說一句話也會影響「無漏智」的修得，所以日常生活中要時時注意，自我警惕，若能得無漏智慧，就能常攝口業。

開口動舌無不是業，欲不造業，則必須以無漏智慧來收攝口業。口業爲重，有時候一句戲言、玩笑話語，或是取笑別人，也是會造下不可收拾的因果。

佛在世時，有一羣婆羅門教徒行於樹林、溪邊（婆羅門教的修行法不是拜火就是修水行），這羣修水行的外道者，在溪邊的樹林中看到一羣獼猴在水邊戲水、在林中跳躍，他們心中想著：「人與畜生究竟造了什麼業，而生爲人、生爲畜生？」心念轉動，就互相議論研究。

這時候，他們遠遠地看到佛陀，威儀莊嚴、形態安詳地沿著山路向他們走近。這些修水行的外道者立即離開溪邊，來到佛陀的面前，起了恭敬心，也生出疑惑之念，他們就提出剛才互相議論的問題來請教佛陀。大家指著獼猴羣問佛說：「這些猴是因造何業而來？」

佛陀很安然地回答說：

「過去無量劫以前，有一位得到無漏智慧與神通的修行者，他在山中修行，在溪邊生活，行動非常輕盈。走路離水離地，過河時如行於陸地一樣，輕盈靈巧，走路時像風吹雲而過月，無比威儀、無比自在。

「那時有數百個外道者看到這位修行人，起了嫉妒之心，不但不讚歎他的修行，大家還一起開玩笑，說修行者輕盈敏捷、翻山過嶺的行動，好像獼猴登山爬樹一樣。一羣人邊說邊笑，結果，由於一句戲言，取笑修行者像獼猴，而墮入五百世的畜生獼猴羣！」

這多麼可怕呀！我們存心說一句戲言，或是取笑別人，這個因果就累世不得開脫。佛陀爲這羣外道修行者說這段過去生的小故事時，那羣獼猴看到佛來說法，本來在樹上跳躍不止，聽了佛陀的說法後便停下來，邊聽邊流淚。這足以證明這羣獮猴在無量劫中受了畜生的身形，是多麼地痛苦啊！

一句話輕易地說出，竟然招致五百世墮入獮猴身，實在是非常可怕啊！所以我們平時說話，必定要慎重其事，絕對不可輕視他人，也不可輕易造口業。學佛，必定要以無漏智慧來收攝口業，若能如此，則可「遠離一切虛妄不實之語」。

我們所說的話句句實話，所說的事，句句負責任，就稱做「正語」；反之則造口業。我們的口有四種惡語，即「妄言、綺語、兩舌、惡口」，我們要好好地、時時地爲自己所說的話負責，不可妄言、不得綺語、不可兩舌、更不可惡口，日常生活要記得放棄昨日的雜念，要謹慎今日的舉止行動，行茲在茲，時時刻刻處寂靜之境界中，在工作體驗中也必須善加用心，若能如此，則可得到正語及智慧。

## 4 正業

「業」是種子，延續過去也造就未來，是一切作爲所造成的結果。業有善業有惡業，業是動作之後的結果，但是業有在前、在後，前後不斷的延續，而成因果輪迴，說明白些——業就是果。

譬如種樹，一切植物之所以能生長起來，就是因爲有種子，種子可以長成大樹，大樹生纍纍的果實，果實內的種子又會成長……。業就和樹一樣，因過去的動作而成就現在的形象，由於現在的形象而應現未來的果報，業的種子即由此而來。

業必須正，要有正確的業，心保持正直，心正、念正、見解正，行動自然會端正。正是正道，我們必須善加選擇所要走的道路，無論是見解、思惟，或是開口動舌，都要好好警惕自心及外在的行爲，一點也差不得。「差之毫釐、失之千里」，走路時若方向稍有偏差，則到達終點時會與目標距離非常遙遠。與此同理，我們一定要守持正確的方向，心念正確、見解正確，則我們一切動作的業果都會正確。

正　業——

謂人以無漏智慧修攝其身，住於清淨正業，

斷除一切邪妄之行，是謂正業。

熱心消退之後，猶如廢鐵。

我們已經在學佛，學佛最主要是修心養性，必須將心修得端正，將性好好地培養。修心是表面的功夫，養性是往下紮根、堅固道心。我們過去身爲凡夫，心思散亂、觀念偏差，所以產生無明的凡夫心。無始以來，我們就是以無明來延續業因，才造成今世凡人的果報，現在我們必須修心返回平靜的本性，把浮面的凡夫心好好修養，回復清淨的聖人性。

凡夫是一種虛幻不實的形態，凡夫心就是無常。今天很熱切地發心、很堅定心志地發願，熱心勃勃，志願堅定，認爲自己必能將工作做好、完成理想，但是卻經不起時日的考驗，日一長、月一久，那份熱心很快就消退了。

熱心消退之後，衆生剛强的心態和廢鐵一樣，既冷又硬，這就是凡夫心。聽了善法而發心，就像廢鐵丟入鎔爐中，一遇熱火，頑硬的鐵就會軟化；但是爐火熄滅後，這些廢鐵、雜鐵、壞鐵還是還原成硬幫幫的形態。

廢鐵在過去是新鐵時，是非常有用的精良器具，因爲年久日衰，缺乏妥善的照顧與保養，而變成無用的廢棄雜鐵。衆生與此相同，在尚未成爲凡夫以前，皆有精密、可發揮功能、可利用的性能，因爲在世間沾染各種習氣，所以成爲雜亂污濁的凡夫心。

所有的鐵都有成爲好鐵的可能，等到變成廢鐵時，就已經成了廢棄無用之物。不過這些廢鐵若再放入烈火之中，燒鍊錘打，再以冷水散熱，然後繼續千錘百鍊，則這些廢鐵將可以還原爲精良的器具。與此同理，凡夫的心只是外在的、表面的，並非本性就這麼壞、這麼硬，不過它的習氣就是這樣，經過無數生世的時間而成凡夫之劣根，我們修行就是要加强意志，將凡夫心再修鍊，使它回復到原來光明的本性。

在「五根」、「五力」中，已談過，一個人只發心是沒有用的，愛心發芽後很快就會敗壞、斷損，所以必定要向下紮根，往上生長。根是本性，好好培養根源，自然會向上增長得很茂盛。因此我們要修心養性，仍必須先藉人事、環境、時日開始做起，多多利用時間、人事、環境，來培養自己的耐心與耐性。欲成就道業，必須好好修心、好好養性，如此，一切動作就可以歸於正業。

## 人應以無漏智慧修攝其身

所以此處言：「人以無漏智慧修攝其身」——無漏就是清淨，要清淨心地才能看到自己善美的風光。每個人的心性都有真善美的本性，只是我們內心堆滿垃圾，真正清淨美好的風光被骯髒之物污染；我們修心就是要清淨自己心地本來的風光。清淨身心、清淨心地，然後才能將佛法拳拳服膺，常常將善法記在心中；而舉手投足無不是美好的形態，所作所爲，一切都是善的動作，這就是把佛陀教育的善法時時放於心念中。

例如，說話時，心要放在言語上，說負責任的話。若能說出一句負責任的話，就可以叫做佛法或教法，若所說皆戲言，迎合人心，則稱爲不負責任的話。所以我們說話時，心一定要放在語言中，若能如此，則句句都是法語、字字都是教法、我們做事時，若能時時將心放在舉止動作中，則心地時時都是涅槃的境界，希望諸位好好記住，此即無漏的智慧。

若能在日常生活中學以致用，心意清淨，讓佛法深入心中，發揮我們的智慧與功能，則能「修攝其身」——心念與動作不放蕩散亂，不做無謂、無用之事，所爲的一切無不是佛法、無不是引導衆生的舉動，以身作則，就叫做「修攝其身」。

修就是不亂，攝就是專，所以身與意能平齊。凡夫常常身不由己，身體的動作與心不能配合，所以稱爲凡夫。爲何身的動作與心意不配合呢？是因爲受了業力的引導。平常我們就一直想做好事、想要行菩薩道，並站在菩薩道中來引導我們的身與心，卻常常被非內心的本意所牽引，做出遺憾終身的行爲。所以身與意不能時時配合，這是沒有修身、沒有攝意。我們現在要修攝身心，從身體上好好修行，在意念上善加修攝，使身心一致，稱爲「修攝其身」。

## 柔能調伏眾生，剛能堅強己志

若能做到這些，就會「住於清淨正業」，心常處於清淨正業，行爲也就清淨正直。清淨就是公德心，也就是發心，我們的心若污染了，就有煩惱業；若是清淨就有公德之行，而一切的動作皆在清淨的正業中，這就是菩薩的行爲。

我們心若不清淨，就會表現出凡夫的行動，這是自私自利的污染心，所做的都是染著的業。清淨之行則是爲衆生，一切作爲皆以衆生爲重，沒有自我，這叫做「清淨心」，也叫做「清淨業」。

「斷除一切邪妄之行」——若能好好修身正行，自然能斷除妄念邪行，斷除邪妄之行就是修養好本性。修攝身行是表面的、外在的，藉事練心是指修攝凡夫心。我們必須注意，心念與行爲都只是修心的階段而已，若能夠安然自在，不特別注意自己的行動，仍能表現出和諧清淨的行爲，就稱做「養性成就」——由習慣而成自然的行爲。凡夫的雜亂也是一種習慣，聖人之所以開口動舌就能震撼人心，是慢慢培養成的，久而久之就成了自然而然的習慣，他一切的動作行爲無不是本性的表現；此即已經修養的本性，也就是已經「斷除一切邪妄之行」。

「斷除」是完全滅除的意思，絕對不會起退道心或退轉念。平常一般人看到別人行善事時，常會感動而發心，但是凡夫心的劣性還會再產生，道心很快就會退掉，經不起時日的考驗，很容易就會生出懈怠頑劣之心態。凡夫心是軟弱的、有污染的，若根性沒斷除，隨時就會再復發。

真正的聖人稱爲强人，他的强是柔中帶剛，剛中帶柔；柔能調伏衆生，剛能堅强己志。能堅定自己的心志，則能肩挑如來重擔。如來的擔子有多重呢？普天之下的衆生有多少呢？若沒有堅强有力的肩膀，就沒有辦法擔荷如來的家業，所以，對自己要堅强心志，但是對衆生必須有柔軟、溫和的氣度，如此才能恆順衆生，統理羣衆。這就是聖人、賢者，也就是强人。

## 凡夫外表剛強，內心荏弱

凡夫看起來非常剛强，但是卻很頑固軟弱。法華經中說，佛將涅槃時，非常擔心娑婆世界的衆生，所以一直在口頭上明說，希望弟子能擔起如來家業，但是他的弟子中，沒有一人敢在佛前發心說：「佛啊！請你放心，我爲你負擔普天之下的衆生！」唯有他方世界的菩薩顯現在佛前說：「我發願爲娑婆世界的衆生擔起如來家業。」他的弟子就向佛說：「佛啊！並非我們不肯發心，而是娑婆世界的衆生太剛強，我們若是發心度衆生，絕對不敢再來娑婆世界，但是卻希望能在他方國度度化衆生。」

佛在世時，他的弟子都不敢擔負娑婆世界衆生的如來家業，可見娑婆的衆生有多剛強呀！凡夫很難受教，很容易退卻道心，所以無法斷除邪妄之行，有如在苦海中沉浮一樣。看他似乎快浮上來，但很快又再沉溺下去。佛陀爲了救度衆生，真是費盡心思、費盡口舌。

我們在這娑婆世界，時時有人事來洗鍊自己的心，也有佛法常常鞭策警惕我們，在這麼好的修行環境中，何不好好把握目前的機會，柔和善順地對待別人，堅定心志地求法修行，這是最佳的修行道場。請好好以無漏智慧修攝己身，希望我們日常生活中的一切動作行爲，都在菩薩清淨的正業中，不可只爲自己私人的利益而著想，應該爲衆生服務奉獻，這就叫做——清淨正業。

這是我們修行的目標，若能做到這樣，日長月久，我們一切的污染自然就能消除，道業便常在正道中，不會有邪妄的行爲，此即稱爲正業。應好好把握時間，利用環境，藉事練心，對自我堅强，對衆生柔和，請多多用心。

## 5 正命

業的成就是因爲衆生有活命（生活的命根），有生命就有動作，有動作就會產生業。福業與惡業，無論是幸福或是罪惡，都是由於衆生有命的存在，才會造就這些善惡的業，我們若能正確的利用生命，則生命力可累積福分。

蠢動含靈皆是命，有知覺的衆生都稱爲命，有氣息的出入就是有命的存在。氣即呼吸，呼吸存在則衆生還活在世間，當一氣不來時，命就斷了。一期的壽命稱爲「分段生死」，如幻的命根也有變異生死；斷了變異生死，就是四聖慧命的慧根。學佛就是希望能去掉如幻的變異生死，進而延續四聖的慧命。

四聖的慧命就是出家修行，這裏所謂的出家不是形式上的出家。出家有所謂身與心俱出家、心出家身不出家、身出家心不出家的形式。當然，因緣具足時，身心出家則能延續佛的慧命，假若因緣不具足，寧可心出家而身沒出家，如此尚有功德。以出世的精神入世、發揮生命的功能，成爲正信的在家居士，這也是功德。假使身出家而心沒出家，不但在修行的道路上無法自立，反而破壞了佛法，這就是一種邪命。所謂出家，有上述的不同形式，我們都是身心俱出家者，心出家而身沒出家的人，也是修行者；總之，發心修行的人，就是真正學佛的修行者。

## 正　命──

**謂出家之人，當離五種邪命利養，常以乞食自活其命。**

真正要學佛修行的人，應該遠離五種邪命。五種邪命是指一些人爲了自我的利益而不擇手段，爭取世人對自己的供養，以求不勞而獲。

佛在世時制定弟子日中一食，托缽活命。佛本是一位王子，他可以享盡人生榮華富貴的生活，但是爲了清淨心地，先割捨利養的思想，然後辭親割愛，離開了利誘的環境，外出修行。經過五年的參學，六年的苦行，終於完成道業，徹悟宇宙奧妙的真理。

佛自覺自悟之後，便開始教化衆生，引度衆生。既然要度化衆生，就必須先以身作則，雖然他已成佛，在迦毗羅衛國時，父親貴為一國之王，富甲天下，但是他仍然以身作則，守持身心、遠離名利，他沿門托缽，也領導弟子沿門托缽，沒有師徒之別。他的弟子羣中，甚至包括他的姨母、妻子、堂弟及兒子。當初印度的社會背景包括四種階級，劃分得非常清楚，地位高低懸殊，若身為奴隸則永遠都是奴隸。但是若走入佛的教團，則衆人一律平等，沒有誰該侍奉誰，或高低貴賤之分，為了生存，就得親自出門沿路托缽，那怕是貴為王子、王親貴族，皆與庶民同等。

譬如佛的弟弟是王子的身分，佛的堂弟也是王族，身分地位非常高貴。而地位低者，尚有在皇宮打掃、剃頭的奴隸；這些奴隸是當時印度地位最低下、最令人瞧不起的人。但是無論何人走入佛門，就完全平等看待，無高下之別，所以佛陀特別制定乞食的生活。

若僧團中自設爐灶，就會有人做事、有人不工作的情形，這就是不平等。佛制定乞食的生活是為了領導僧團，為了調伏弟子們的貢高我慢心，使那些皇親王族的出家人，去除驕傲自大的心理，也使本來具有慈悲善心者能提高自信心。佛陀為此制戒：「日中一食，樹下一宿，各自托缽以活己命。」

這就是所謂的「常以乞食自活其命」，這是原始佛教僧團生活的形式。佛陀領導一千多人的僧伽團體，而能人人相安無事、和睦相處，就是給予每個人平等的待遇，才能人人和平相待；這是佛在世時教團的制度。

## 比丘托缽不得超過七家

佛法傳至中國，背景形態與印度不同。因為佛教尚未傳至中國時，中國已有道教，道教是修仙道，也是修行的一種，修道者通常選擇安靜之處去修仙鍊道。中國人的思想比較保守，名山勝地奇多，這些人就在風光明媚、山明水秀之地建造道觀。

中國的地理環境與印度不同，印度僧團多遠離人羣聚落而居；而中國則山明水秀，修行人就選擇山水優美之處安居，自耕自食，自謀生活，不需要離開居處到人煙較多之聚落乞食，所以中國的修行者多於深山各立叢林，於是寺院道場漸漸增加。有了叢林，便自己種菜、種稻、五穀雜糧……，生產食糧供養自己。當然，他們並沒有將佛陀的托缽制度廢除，只是變成「化緣」的形式，所以人們都認爲出家者沿門化緣也是修行的一種方式。

但問題就是出在這裏，佛制定的托缽只是一碗飯而已，以今天吃得下多少飯，能填飽肚子爲限，故稱爲應量器。現在人稱碗爲缽，在佛教中亦可名做應量器。佛陀制定出門托缽只能乞討七戶人家，第一戶若出外工作，無人在家，則托空缽，到第二戶時，他們剛下工還未煮飯，則又是空缽，再至第三戶人家，他們連本身都養不活，所以沒有剩餘的飯菜分給僧人，便又是空缽。

總之，佛制定規則，沿門托缽不可超過七家。七家都托空缽時，就要好好自我反省：今天自己欠缺德養，沒有受福的份，所以回去要善加修行。若出門只托一家就滿缽時，要爲自己祝福，並感謝衆生的恩德，要爲衆生祝福，爲自己慶幸。托滿缽時，雖只經一家，也要知足而回。這是佛的制戒，只以一碗飯爲滿足。

而中國將托缽演化爲化緣，化緣則不限食量，多多益善。這就叫做邪命，已非以應量器爲限，變成毫無限量；不是什麼功德無量，而是貪求無量啊！

過去的祖師，把中國修行者容易犯的過爲分成五種，稱做「五種邪命」：

一、詐現異相。

二、自說功能。

三、占相吉凶。

四、高聲現威。

五、說所得利，以動人心。

## 第一種邪命——詐現異相

「詐」是不實、虛僞，例如「未得謂得」——自己尚未得道，一點功德也没有，但是爲了使衆生供養自己、尊重自己，便告訴他人說自己已得道放光、驚天動地，說法時天龍八部都會現前！衆人所以没看見，因爲是凡夫、是肉眼。有的人聽了這些話，就會認爲對方很了不起，他說的法雖然平凡人聽不懂，而天龍八部卻都很歡喜地來聽；爲了怕丟臉，就乾脆說自己也聽得懂、也很感動，這叫做「詐現異相」。

有的人甚至說：「我處於深山之中，人煙隔絕，不食米、不飲水、不吃果，卻能存活，這是我得到了神通的緣故。我坐禪時，得到宿命通，知道你過去生是如何、如何……。因爲我能告訴你過去生是什麼，所以你應該相信我所知道的。」

總而言之，詐的意思是不實，是奸詐、狡騙，詐騙衆生、對自己不忠實。這是佛陀教誡中最嚴重的罪業，在法華經中佛說：「未得謂得，是大妄語業。」尚未到達某種境界，卻告訴他人我已得到什麼、什麼……，這是大妄語業，也是大邪命。

佛陀嚴厲地教導我們，不可顯異惑衆。縱然有德，明白道理，有種種內涵，也不可宣稱自己能知過去、預測未來，應該隱己之光明，現凡而不可現異。因爲佛設教是爲了人間衆生，所以講法時必定要講他們日常生活能了解的教法，不可說些高深莫測之事，如此反而擾亂衆生心，而且迷亂顛倒。

看看現在有多少說要熱心修行的人，精神錯亂、是非顛倒，那就是因爲他所接觸的宗教太過於高深莫測；脫離現實的人生，而追求「詐現異相」的境界，使得初學者不解道理，道未得而神先亂。所以，縱然已得到宿命通或其他神通，還是要隱藏這種凡人無法理解的境界，不可有詐現異相的邪命。

所謂修行者，不只是指出家弟子，在家的佛弟子也包括在內；佛弟子要遠離五種邪命，不可以邪求、邪思以利養，應以乞食自活其命。

學佛是希望能回我本性，人之本性是純真、單純的，純則不雜、真則不詐；修行是要回歸本性、徹見十相。法華經的經義是教導我們去除小乘的無明，回歸一乘的實相，亦即返妄歸真。凡夫皆有污染、妄念，要歸返真如本性，就要遠離詐現異象，遠離不實與虛妄，不可爲了爭取人們的供養和尊重，而造下妄語業──「未得謂得」。尚未得道、尚未徹見真理，卻說自己已得道、見道，說自己已經開悟了，這就是妄語；尚未證果，心性還未與理會合（性與理互相會合才是真正的開悟），而說自己已證果、已得果，這都稱爲「詐」。

「異」是指神通變化，凡夫所言是神通莫測的異相，我們必須自我警惕、遠離異相，不可犯了這種毛病。世俗之人也是一樣，要小心謹慎，日常生活中莫貢高我慢，以爲自己懷才不遇，這就是「未證謂證」。

慧能祖師慧性本具，聞一理即能通徹人之本性，盡管他未曾受過教育、未曾讀過書，連一個大字都不認得，卻能一聞道理即悟人之本性。他初入僧團時，就在僧侶們的石磨坊中工作，一進去就是八個月，連師父五祖的面都沒有見過，只在工作房中默默地劈柴、舂米。八個月後，他在前庭遇見五祖，五祖問他來多久了，他答說八個月，五祖對他的應答很滿意。

他雖然不識字，卻非常有忍性、耐性，就這樣在工作房待了六年的時間。諸位，六祖慧能大師劈柴舂米，前後經過六年，無人教他，無人鼓勵他，他卻能專心一意地做好本分事，將耐性放在他修養的功夫上。一般凡夫，能找到幾個具有這種耐性、耐心的人？他每樣道理都懂，假設他不懂得道理，就無法以一偈來透徹禪宗原來的本性、真理，這就是聖人。聖人與凡夫之別在此，凡夫所犯的毛病是詐現異相，聖人之所以爲聖人，就是透徹實相。

## 第二種邪命——自說功能

何謂「功」？即內能自謙。謙虛是內在修行的功夫，一個愈有修行的人就愈是謙虛，愈有學問的人愈覺得不足。因爲世間的學問浩瀚如大海，何況出世的教育，更是無量無邊。了解道理後，才知道自己距離真理尚遠；與道差一大截，才自覺渺小；愈覺自己渺小，才愈會向前精進。

所以，人最怕的事就是自大。以爲自己很偉大、功能很充足，這樣容易貢高我慢。學佛就是要縮小自我、擴大心胸、求取學問。縮小自我就是我們的內在功能——謙虛，擴大心胸就是求取學問。佛陀的三藏十二部經，若以圖書館收藏而言，總有所極限，假設能放在自己心性的藏經櫥中，則無有限量。人人都有一個廣大無邊的藏經櫥，那就是自己的本性。

若能以自己的內心來吸收佛的教育，不斷地追求、不斷地發揮效用，則「一理通、萬理徹」。只要能體會一理的真相，就能像一個無量廣大的藏經櫥一樣，日常生活中的人與事，無不是三藏經典中的文章。

過去有位祖師說了一個譬喻，他說：「蒼蠅在紙窗前一直飛鑽，再怎麼飛鑽，也無法飛過那層薄薄的紙。」所以，一個人若只在紙上的文字中轉來轉去，再怎麼鑽也沒辦法鑽出道理來。因此我們應該心胸開闊，包容宇宙的一切教化，這就是我們所擁有的寬大藏經櫥。日常生活中的每一事、每一人，無不是我們應該容納接受的教育，我們應透徹實相，這樣才是真正廣大的心胸；不可稍微了解事理就自滿自大，必須善加警惕，學佛不可自誇功能廣大。

## 第三種邪命——占相吉凶

學佛不可動不動就求看命、相命，須知道我們原是依善惡業而來的人，「凡夫被命轉，聖人能轉命」，因為凡夫一切都是因命運來安排——所謂命運，在佛法中稱做「業力」，而世俗人則稱做「運氣」。

「業力」是說我們這輩子所受的果，是由過去生中的因而來。現在有許多人前途茫茫，不知所從，是因爲業力無形也無影，既看不到又摸不著。這種無形無蹤、無影無相之物，稱爲「業力」。世俗人說「運氣」，氣與力是同樣的意思，是無法看見，人的心理與形態在無形中會被運氣所轉變。

## 「相」隨業而轉

凡夫非常關心自己的命運，但自己無法知道，所以必須找人算命。過去的算命先生大多是盲人，他們由於眼睛看不見才去學算命，而許多眼明的人卻拿自己的命給瞎子算，這不是很矛盾嗎？既看不見東西還要幫人看命，命不是他的，要如何看呢？這就值得深思啊！

人的命在八字，八字是時辰；時辰八字，何時落地，八字命已被定下來，由不得自己。至於算命算得準嗎？對於那些迷茫、不知所從、此路不通的凡夫，都能算得準。爲什麼呢？因爲算命先生怎樣說，他就怎樣做，所以自己的命已經被人掌握、控制，也就是說命被轉了。

譬如有個人想作生意，不知最近自己的命是否通達，就去算命。算命先生說他上半年運不亨通，最好諸事莫做；他信以為真，所以即使有很好的創業機會擺在眼前，他也任其白白地喪失。看別人做此事業發財賺錢，他更相信自己的運不通，別人能賺錢，而自己就是命不好，沒有這種運氣好發財。其實，他就是因為聽信算命先生的話，上半年都不工作；自己不肯去做，而別人已經賺大錢了，他仍說算得很準，這就是迷信。

算命者是個凡夫，因為他無法看自己的命，命若看得準、算得好，我想這些算命者都可以當大事業家了。若能算出何時可賺錢？何時可避免災難？我想，世間的好事、大事業、成功之事，都是那些會算命的人做去了。但是這些盲者對自己的命茫然無知，他們跑江湖的人，算命多是為了生活，不得已才從事這項工作，所以不值得人們迷信盲從。

出家人若學會這種占相吉凶，就是邪命，不是出家人的本分，也不是佛弟子應該學的事。所以我們不可幫人算命卜卦、占相吉凶。人的相會隨著業而轉，不可由其面相說此人是如何壞、何時會遭遇什麼……。雖然他過去面有凶相，但如果他無形中做了善業功德，相就會因此改轉。若由我們出家人當面立斷此人是何種凶相，那會使此人的身心受損，也會影響旁人對他的見解，所以我們不應幫人占相，也無須為人看住宅吉凶。福人居福地，任何屋子、任何地理，都是此人過去所帶來的福業與惡業，由不得人。一間屋子的位置若只憑粗俗的見識來論定其風水，則居住下來一定不會平安，因爲居住人的心態已經受到影響。

有一位教育水準很高的人曾來告訴我：「師父！我請一位人士幫我看地理，他說我的住宅風水不好，人住進去不會平安；這是不是真的？」我就說：「心安則地靈，人心若很平安，地就清靈，住宅也會很吉祥；心若不安，則土地即使有靈也會變成凶地，一切唯心造。請問你當初買這房子時，是否非常高興？」他回答說當然很高興。我又問：「那你搬進去住時，覺得如何？」他說不覺得不妥。我就說：「既然高興便是吉地，便是吉祥；你若能抱持當初喜歡這房子的心，那就吉祥！」

他聽了之後對我說：「師父！這可能是真的。當初我買這房子時真的很高興，但是後來我的女兒搬出去住，我便開始懷疑是否房子有問題，否則女兒與女婿爲何要搬離家？所以我才請人幫我看住宅，結果他看了之後說這房子住了會不安定。」

我問他的女婿、女兒從事何種行業？他答說女婿當醫生。我又問他的居處在何地？他說在天母的一個社區，並且是第八層的公寓房。我問他女婿搬家的目的？結果原來是想開診所。

我就說：「對呀！你這是八樓的公寓房子，要如何開診所、看病患？他娶妻子是要成家立業，不是入贅到你家和你作伴，他搬出去在外面發展自己的醫學技能，這並沒有錯呀！」他恍然大悟地說：「那我懷疑這房子不好，是不對的囉！」他馬上說要抱著歡喜心回去住，我就告訴他：「你當然要抱著歡喜心回去，否則你這八百多萬的房子豈不白白浪費掉了。你一直說這房子不好，要賣人，別人也會覺得你的房子不對勁，所以你當然要抱歡喜心回去住吉宅！」

他高高興興地回家了，經過兩個星期後，他又和朋友一道來找我，他說：「師父，我真是心理作祟，過去那位先生說我的房子不好，我就住得很煩、很不安。自從我來此聽了您所說的話後，回到家裏，覺得這兩個星期心情非常輕鬆，這房子怎麼看怎麼漂亮。以前別人說它不好時，我一直想賣掉，不過現在即使有人出高價要買，我反而不想賣了。」

抱著歡喜心來守我們的本分，就叫做正命。如果隨便爲人看地理，有時會造成人心靈不安、家宅不祥；所以學佛要盡量避免，這就是我們平時應該注意的地方。要常常自我警惕，不可學那種顯異惑衆的邪理，而把真正做人的道理都抹煞掉；只一味談鬼論神，說些高深莫測的事，那就錯了。請大家多多用心於日常生活中待人接物的道理上，不可脫離做人的道理，而去談論鬼神；也不要去看命或問地理，這都不是我們的本分。

修學佛法要有正命，生活態度要正確、待人接物不能偏差。命，是生活形態、是動作根源，一切的行動舉止、思想觀念都必須正確。

正命的相反是邪命，邪命的第三項——占相吉凶，看命、卜卦、看風水、地理，都屬於占相吉凶。學佛必定要有正思正念，今生的一切果報都是隨著衆生業力動作而感應的，人的命是一種奧祕不可言說、也不可理解的事情。因爲命隨著人的動作而不斷地在改變，命也是定業不斷的延續；命既是定業的延續，又不斷地在改變，那真正的道理何在？

所謂不斷的延續，是指我們這迷茫的凡夫心懵懵懂懂，隨著這顆種子來種因，然後發芽、生根，最後開花結果，這就稱爲不斷的延續。

已懂得道理或是稍微了解道理的人，若不深入探討、親自體會，則將迷茫地過一生。

例如有兩種人，其中一種是社會上的一般人，他什麼都懂，學識很高，忙碌於自己的學業與事業；他的家庭背景良好，智識豐富，求學過程步步順心如意，自小學、中學、大學，……順利地往前進展，然後成家立業。家庭、事業與名利跟隨著他，他很容易就被這些事務所轉，根本沒有多餘的時間去深思熟慮，了解人自何處來？往何處去？他一點都不去用心體會，所以糊裏糊塗地隨著過去的福來延續現在的緣。他的生活如意、事業順利，可以說是迷迷茫茫地隨著過去的因而成就現在的果。

另一種人是種下過去的因，而得到現在的果報。他一出生就在貧窮的家庭，然後在逆境中成長，一切不如意的事都在他生活環境的周圍；隨著坎坷、不如意的環境，他漸漸成長，既無家庭溫暖的愛，又缺少社會、學校的教育，就此墮落於黑道。這也是同樣隨著業而顯現現在的果，就是業上加因、因上加果，也是一樣糊裏糊塗地生因結果。

這就叫做延續業力，這就是糊塗的人生；不知何處來也不知將往何處去，不肯用心探討人生的來源與去向，一生隨著定業不斷地延續。

也有一種是業不斷地在改變。意思是說，我們雖然在業的生活中常常身不由己，但是有了「緣」，無論環境如何，他都能有所感觸而去追求真理。

看看釋迦牟尼佛，他雖然處在順境中，無憂無慮，但他卻能應用智慧，觀察人世間的苦——生是苦，病更是苦，老則非常無可奈何，死也牽腸掛肚。這是他親自見到的世間人生過程，因此而想像自己將來也有這樣的境界。這些景象使他內心有很多的感觸，也啓發了他的意念，一心想探討人生的真理、宇宙的真義，再進一步思考人生的不平等問題；他覺得自己應該啓發人性，調和人生的不平等。

釋迦牟尼佛若是和我們普通人一樣，承受過去的福，而糊裏糊塗地接受了福業的因緣，則三千年前，印度迦毗羅衛國的悉達多太子，只是一個小國國王的繼承人而已。但因爲他對人生的智慧有所感觸，所以捨離俗緣，而投入宇宙間真理殊勝的因緣；這是他自己斷了目前的俗因，延續未來的聖緣，因此，「命」也是可以改變的。

我們也是一樣，普通的凡夫，有些對「生」有所感觸的人，就想探討生的來源，而走入佛門；有的受外在環境萬般的刺激，消極頹廢，而投入宗教；也有人因本身受到滿身的委屈而投入宗教，去發揮愛心與生命功能。平常人都是對環境有所感觸，深自體會，然後發揮生命的功能，這就是改變命因。

利根之人，一旦發了願就能斷了因；而鈍根之人，就會斷斷續續——發心後若有好的因緣，便可培養一心不退的意念；若遇到逆境，就會因此路不通、受到阻礙而回頭；回頭後，若又有好因緣，他就會再繼續走。如此進進退退，便浪費掉許多時間了。

## 一切無心命無定論

佛在世時，有一個大生意家，善於經營，既得名又得利，堪稱爲長者。但是好景不常，他的家庭突遭變故，他很消極，跑到佛前求佛：「佛啊！我看破了，我想出家！」佛陀就圓了他的願說：「善來比丘！」他因而得出家之福，在僧團中開始修行。

他每日聽佛說法，出外沿門托缽，回來便打坐、靜思，經過一段時間，愈來愈覺得出家修行者的生活千篇一律，僧人就只是聽經、托缽、思考而已。日子一久，他便認爲索然無味，有天他忍不住對佛說：「我想還俗。」佛問：「你爲何要還俗？」他答：「我看透了，所以想還俗。」佛也就隨其心、順其意地讓他還俗。

又經過一段漫長的時間，他在社會上，體力一天天地消退，年齡一天天的增長，事業又是處處不如意；他就回想在佛的座下，每日皆無掛慮接受佛的教育，過著無憂無慮的僧團生活，是那麼安定、那麼自在，無有煩惱。這時，他才後悔當初錯了。

這就是凡夫。凡夫一面對聖人就很容易發心，改變自己的俗念，斷棄俗緣而出家。在僧團中，普通人年久日長便會覺得枯燥無味，想要還俗。如此反覆不定，又再接續過去家累的俗緣，佛也沒有辦法改化他的命。命要自己轉化，利根者肯斷俗緣，一次就會再回頭。

一切唯心，任何事都需要我們用心及用功。命是無定、是不可理解的，但是，卻可由我們自己的願心來決定。雖然算命算得很準，但是一個人的願心若不很堅定，還是很容易改變的，所以命也隨著業而轉變。

我們既然學佛，就應該培養本身清淨的意願，無須去求人算命。自己都不求人算命了，何況是幫人算命？我們並非跑江湖的人，學佛必定要有超然至高的思想，不可占相吉凶，應該多啓發衆生，使他們向善，步步超越，不可以命理控制他們的人生。

## 第四種邪命——高聲現威

學佛修行是修養自己。何謂「修養」？我在此向大家解說可做爲我們修養的兩個準則；也談談敗壞我們形象的兩件事，這就是——聲與色。

說話時若粗言惡口、大呼小叫，這代表個人人格的標幟，如此容易破壞別人對己身的觀感，所以我們對待他人要柔和善順。佛陀僧團中有「六和敬」，教導佛弟子的身形動作要外同他善。即別人在行善、在修行時，身體、行動若配合大家的動作與形態，則稱爲「吉」；也就是不逆他人之意，自己能配合團體、行動一致。

例如在慈濟本會，精舍常住的生活，一日之中，作息時間固定，準時起床、準時開板準備上殿。若別人都已上殿，自己卻還未就緒，這便是沒有和人同修共做，對佛與僧衆不恭敬。修行是善法，做早晚課也是一種修善的行爲，若能與人同修共做早晚課，就稱做「外同他善謂之吉」。

做完早課之後，就開始一天的工作，各就其位、各司其職。有的人打掃大殿，有的人清理前後院，有的人輪流在廚房工作，分工合作。必須不怕勞動自己的身形，應該配合自己的職務、認真工作，職責完成後還要去幫忙他人，這也是「外同他善謂之吉」；因爲你尊敬對方、敬愛他人，所以要幫助他人。一個團體的生活若能如此，就可敬而和之。人人應該常常內自謙卑，自心若能謙卑，即謂之「和」。

和與敬是修行最重要的事，所以身形不可違背了生活動作。對人粗聲粗氣、妄言、綺語、兩舌，這都是在聲中造業，也就是造了口業。所以我們平時講話要柔和善順、身形要輕柔、互相幫忙，才能合乎正命。

這裏所謂的「高聲現威」，「威」是指「色」的表現，也就是形態。若是自認事事比人能幹，就會顯得耀武揚威，即使別人在辛苦工作，也不會想要幫助別人，因爲自認爲才幹過人，怎麼可以去拿掃把、畚箕？像這就不是學佛應有的形態。

## 第五種邪命——說所得利，以動人心

這是自讚——常常自我讚歎，說自己修行得到什麼、又看到什麼，以此來打動人心。學佛要去妄回真，妄是「未得謂得，未證謂證」，這是最大的妄語業。此處所言的「得利」，是說自己未得謂得，利則是誇稱自己利益衆生、自己已經做了很多。

我們應該常常謹守本分，人若說你「功德無量」，我們不只是要在口頭上回答，而且更要出自內心來回答說：「這是本分事，我應該盡我的本分。」居士有護法的本分，只要是佛教利益衆生的事，都要不辭辛苦，趕緊付出。

出家人若也被讚歎說：「功德無量！」這實是我們本分，我們要「爲佛教、爲衆生」，做好本分事。爲佛教而守持自己的形態，禮佛念經，念佛、念法及念僧；爲衆生付出我們的身形，「不爲自己求安樂，只願衆生得離苦」。我們若能把一切的工作、一切的付出，都認爲是自己的本分事，則任何事都沒有特別之處，也不會自覺得了不起。

學佛做人，要做到人格圓滿，如此才能成就佛格。以上所說的五種邪命，我們應該牢記，並好好自我警惕。若能做到，則正命與慧命自然現前。

## 6 正精進

正精進——

不雜名精，無間名進；

謂人勤修戒定慧之道，一心專精，無有間歇，

是名精進。

這是淺而易懂的佛法，我們想修行學佛並不是困難之事，只要能夠精

進，則「一勤天下無難事」——一個人能勤奮努力的話，天底下還有什麼困難艱鉅的事情呢？

我們每一個人都是佛弟子，學佛志在成佛，這個志願非常宏大。當然，首先要有自信心，相信自己發大心、行大道，能夠到達佛的境界。從凡夫到佛的境域，唯有一條路，那就是必須專精無雜念，專心一意，走好這條菩薩道，才能夠到達成佛的目標。所以，「學」一定要「專」。

此處說「正精進」，「正」就是不偏邪。「八正道」不斷地談這個「正」字，「差之毫釐，失之千里」，我們的方向稍有偏差，就會與目標相距日遠，所以我們必須時時自我警惕——心念是否正確？心念若正確，則方向自然不會偏差。

「精進」就是「勤」，如果在不正確的道路上勤奮精進，越認真則墮落的越快、偏差越大。所以精進努力時，必定要用正確的行動、正確的修養、及正確的行道方法，這就稱爲「正精進」。

「精」是不雜、精純，我們若能用天真純潔的這一念心來學佛、來修學道法，就不會有任何偏失差錯。最怕的是心存雜念，有污染的心態。有的人修行只是爲了求取名望地位。例如在「五種邪命」中所談到的第二項——自說功能，就是要顯耀自己的名聲而時常自讚毀他。

讚歎自己而毀謗他人，就如同一般做生意的商人一樣，推銷貨品時，都會誇稱自己的貨品多好多棒，而且還會批評他人貨品的缺點。像這種情形，就是「自讚毀他」，也可以稱爲「自說功能」。一意誇讚自己的功能，就是雜糅污染之心。或有人「詐現異相」，在修行中摻雜大妄語，也是叫「污染心」。

所以，學佛一定要抱持單純的心態。學佛要先學會做人，守本分、守護好今日的道心，絕對不能存有一點虛妄之念；若能如此，就稱爲「不雜」，也就是「精」或「純」。「知之爲知之，不知爲不知，是知也」，不知道就說不知道，知道就說知道，這樣才是真正的「知」，這就是單純、也就是天真本性。

## 黑衣宰相釋慧琳

古代有一位朝廷大臣，他是位出家比丘，名聲威望相當高。人們因爲他是出家人，穿黑色僧衣，所以稱他爲「黑衣宰相」。慧琳大師虔誠拜佛誦經、說法論道，他在朝中是「一人之下，萬人之上」的宰相，在佛教界更是一位虔誠的比丘、大長者。

有一天，他閒來無事，便散步到靜僻優美的地方，欣賞野外的風景，洗滌心靈，以啓發其清淨的靈性。他走入鄉村後，看見一條鄉間小路，非常靜謐，禁不住被這景象吸引，順著小路走去，到了一處青翠嫩綠的田園。看見園裏的青菜長得非常青翠漂亮，一畦畦的菜圃，既整齊又乾淨，沒有一點雜草，於是更加引起他的注意，仔細一瞧，那田裏的三、五個農夫，竟然是修行的比丘。

在那些田園菜圃中，沒有任何雜草，每棵菜都照顧得非常健康翠綠，他內心中不由得生起對這片土地的愛，對那些農夫（比丘），更是心生敬意。於是走近他們的身邊，向比丘羣中的一位問訊，並請教他平常修行什麼法門？這位師父就回答說：「我平時不論道、不打坐、也不立文字相。」

既然不打坐參禪、也不拜佛誦經文、更不在文字上深究論道，那他們懂得什麼呢？這位師父又說：「我們談的是草木之情與大地之愛，將自己的心與大地草木結合在一起。平時我只會勤耕心地，把我的心和大地連在一起；我所愛的是大地，所談的是草木之情。」

他所了解的，就是這些而已，雖然說起來是如此簡單，但是有智慧的人一聽，即明白這是一個大道理。黑衣宰相對這些比丘更加敬重，不由自主地就和他們談論佛陀僧團的生活，在談論佛陀的僧團時，當然難免會提到佛陀弟子們的心靈與個性。黑衣宰相忽然間提起一位與佛陀最親近的弟子——羅睺羅，他說：「佛陀在家時，羅睺羅是他至親的兒子；佛出家後，羅睺羅是他的法親之子。請問師父，知不知道佛陀對羅睺羅有何特別的教導？」

這位修行者就回答說：「佛陀與羅睺羅的親與情，衆生難會；衆生的凡夫心實在無法體會聖人的心意。」同時他也反問黑衣宰相：「大師的見識廣博，應該已經深入研究過羅睺羅的修行，以及他們父子的聖人意境，我非常想聽聽長者對佛與羅睺羅之間親情教育的研究心得。」黑衣宰相就欣然地將自己從文字典籍上所得到的資料，包括羅睺羅的密行、佛與羅睺羅之間的談話，及各種修行過程，一五一十地說給比丘們聽。說完之後，他問比丘們：「我剛剛說羅睺羅密行的修行方法，你們是否都能了解？能不能夠體會他的密行？」

結果，這位和尚竟然回答說：「不知，不知中的不知。」連續說了三個不知，這位宰相一聽，霎時茅塞頓開，心靈乍見光明。

儘管慧琳法師在文字上已經了解羅睺羅的密行，但是密行的境界到底是怎樣，他實在無法體會，當他把這些文字上的道理說給比丘們聽後，他們的心得卻是三個不知——「不知，不知，不知中的不知。」就只有這幾句話而已，但是此時他竟然深刻地體會到其中的大道理。

簡簡單單的三句「不知」，就能夠解開他長期在文字上打轉的迷津，使他完全了解微妙無上的大道，這是不是非常深奧難懂呢？事實上，啓開一句簡單的話，只是智者與智者之間心靈上的默契而已。那些農夫比丘曾跟他說：「平時不修行什麼道法，只是心與大地連在一起。」他們能體會草木之情及蔬菜之意，這即表示他們在工作時，就努力專心工作，其實並沒有修行其他任何道法。

至於羅睺羅的密行，是他自己的祕密，既然是祕密，有誰能知道呢？所以比丘回答的是「不知，不知中的不知。」如果硬要說知道人家的祕密，那就是大妄語。所以說：「知之爲知之，不知爲不知，是知也。」這樣才是單純的心態。你能說那些比丘們沒有修行嗎？他們回答的簡單幾句話，已經表現出天真本性的禪機了。

這是不是非常簡單容易呢？總之，「精」就是不雜，我們每天修禪打坐，究竟知道多少？明白什麼呢？其實什麼都不知道；真正的「禪」是在日常的生活中，擔柴運水無不是禪，能夠專精一意便是禪，所以，「精」就是「純」的意思，沒有任何雜糅。

## 道心不可須臾間歇

「無間」就是「進」，我們的心念不可間斷，間斷則會懈怠。道路若間斷就無法通行，看看一條平直的大路，人與車都能安穩地通行，也能很快到達目的地；如果忽然有一場大水來襲，沖斷這條路，想走過去，除非要冒著千驚萬險，否則只有費盡周章整修，或者搭造橋樑，將兩邊道路連接起來，才能通行。

所以說，道心不可間歇中斷，一間斷就會懈怠，一懈怠則半途而廢，必須重新開始。因此我常常告訴諸位，學道之心要細水長流，不停不斷地流下去，俗云：「滴水能穿石」，不要輕視細微的水流，只要日長月久，連石頭都會被它穿透。

若一時熱心而數日懈怠，則過去的熱心都會消逝；想要精進奮發，就不可間歇。

「謂人勤修戒定慧之道」——「勤」是不懈怠，「修」是修行。若逃避現實則無行可修，必須面對外在的境界，以心轉境，這樣才是真正的修行；如果逃避境界，則心被境轉。人一逃避現實，就等於與時間、道路隔離，不會利用時間；一條道路必須親自去走，不可停留退轉。所以我們不要逃避外境，應該善用道心去轉境，這才是真正的修行。

修行的過程要守戒（持戒），我們對佛陀的教法要拳拳服膺，不斷地進修。現在的佛弟子大多受過戒，在家必須守「五戒」，有的甚至還受在家菩薩戒；如果受過菩薩戒，就一定要做菩薩。什麼是菩薩呢？就是「不爲自己求安樂，只願衆生得離苦」，利益衆生就是菩薩的精神，也是菩薩進修的功能。

受過菩薩戒之後，若只是獨善其身，只顧了脫自己的生死，那就已經毀戒了——也就是没有守持戒律與戒法。佛陀既然制定戒法來教導我們，如果我們停滯不前進，就是没有守持菩薩戒。

「定」——是心定，若一暴十寒則叫做「不定心」。今天聽了佛法，就發心行菩薩道，認爲自己應該犧牲小我，完成大我——與地藏菩薩一樣，有「地獄未空，誓不成佛，衆生度盡，方證菩提」的志願。設若只是用口誦誦而已，不能心口合一，秉持其志願發揮身心的功能，則誦經與没誦經差不了多少。没誦經的人，尚未接受佛陀的教法，不知者無罪；已誦過地藏經的人，便已接受佛陀的教法，佛陀以地藏菩薩的精神做我們的榜樣，如果不去實行這種精神，就是違逆佛陀的教誡。

發心之後一定要有恆心，不可一暴十寒。今天誦了經，就説要趕快發心；事過境遷之後，仍然以自己的生死解脫爲大事，根本將地藏菩薩發願入地獄度衆生的心志置之腦後，這就是定力不夠。

定力既然不夠，要怎樣產生智慧呢？世俗有一句話説：「不經一事，不長一智」，智慧是從人與事之間磨練出來的，若逃避現實，離開人與事，要如何產生智慧呢？所以我們一定要有專精的定心，走入衆生羣中去行菩薩道法；如此，智慧與定力就會相輔相成，此即在「戒中修定」、「定中成慧」。

## 博聞愛道，道必難會

「一心專精、無有間歇」——我們既然要行菩薩道，就必須專心一意地往前走，若剛起步就停止或退轉，將一事無成。雖説「條條道路通長安」，但是常常半途而廢，另擇他路重新再走，什麼時候才能抵達目的地呢？所以我們一定要選擇一條道路，專心地往前精進，不可回頭或三心二意；我常常說「好馬不吃回頭草」，既然選定這條路，即使粉身碎骨也要走到終點，這就是——守志奉道。

佛陀說：「博聞愛道，道必難會；守志奉道，其道甚大。」堅守一個志願，力行一條正道，那麼就能很快地達成理想與目標。所以：「一心專精，無有間歇。」若能如此就能增長道行，這就是「正精進」。如果平時心存邪念，以自我爲重，有所求，就會考慮很多事，走了一段路後，發現對自己沒有利益，便想走另外的路，很快就間斷休歇下來，這樣必難會道。

所以，若要精進努力，一定要記住一個觀念：學佛達到成佛的境界，必須經過菩薩道；離開菩薩道則無佛可學，離開菩薩道也無佛可成，要行菩薩道就必須在菩薩道上無有間歇，這才是真正的學佛，才是學佛道上的精進者。

## 7 正念

**正念——**

**謂人思念戒定慧正道，及「五停心」助道之法，堪能進止涅槃，是名正念。**

我常强調思惟、觀念的重要性。一個人的外在行爲，最主要是由內在修養所表現的，所以「大學」曾說：「富潤屋、德潤身。」只要看一間住宅房屋的裝飾，就可以知道這家主人是富有或貧窮；一個人是否真正有修養，只要觀察他日常生活的舉止行爲，以及待人接物的一切舉動，即可知道此人內心的修養境界到何種程度，所以說「德潤身」。

「德」者「得」也，外在的行爲有修養，則可建立內心的道德觀念。例如我們尚未拜師學藝之前，還無所得，因爲功夫沒有學成；如果用心努力下功夫，把師父指導的過程都細心地加以練習，再配合專一的精神，久而久之就會不斷地進步，自然能練就一手好功夫。今天比昨天熟練，則多得一分，而且不只得一分，還可以將它再創造、創新，然後傳授給別人，這就是所得之後的功能。

與此相同的道理，初學佛之人，不知佛法是什麼，經過專心的學習，慢慢體會什麼是佛法，體會之後再身體力行。在實踐佛法、力行正道時，會感覺到這條路的風光與境界，這就是真正體會的心得。若是你已經走過這條路，就可以回過頭來，以真誠的心境，去教導他人，告訴大家如何行走這條道路，走到何處會得到何種境界……等，這就是由「得」而成「德」，所以說「德」者「得」也。

## 有定才能產生「慧」

心念可成就人的德行、充足人的德業，因此必須由心修起。心念若正，則用心下的功夫一定也是正的；思維與觀念若正確，則所追求的目標就會正確；追求的目標正確，精進用功之後的體會就稱爲「德的成就」。設若心念不正、思惟偏失，則所走的道路就會偏邪，走上邪道後，所做所爲就是惡業——墮落的惡業。這些結果都是由心念所生。

我們現在所談的「正念」，是警惕大家舉止動作、待人接物要時時善加思量。思就是警惕之意，每個人都要自我警惕，想想自己應該以何種聲調、形態來待人處世；與人交接時，應該考慮自己要採取何種觀念，爲將來的立身處世奠定根基，這都稱爲思與念。「思」就是警惕，「念」就是觀念。

我們過去與現在所思念的是「戒、定、慧」，這是學佛者應該注意、時時反省警惕以及實行用功的道路。「戒」就是防非、預防錯誤，必須時時刻刻謹慎注意自己的言語行動，「開口動舌無不是業，舉手投足無不是罪」，所以要時時預防過失錯誤，這就是「戒」。

「定」是心靈的訓練，我們要時時刻刻自我訓練心念的定靜。學佛最怕的是心念散亂；心若散亂，則一生之中，絕對無法成就任何道業。所以我們應該培養定力，選擇一條道路，選定道路之後，要下定決心走完路程，這就是「定」。

人之所以修而無得，就是因爲欠缺一個「定」字，我們拜佛、念佛、打坐、讀經，無不是爲了收攝雜念心、訓練自己的定心。佛陀慈悲，爲了收攝衆生的散亂心而設教，開啓八萬四千法門，其實他只爲收攝我們的心念專一靜定，所以這個「定」字對學佛者而言是非常重要的。

有定心才能夠產生「慧」——智慧，欠缺定力而想開啓智慧，那是不可能的。有的人說：「我拜佛，求佛開我智慧」，拜佛並非要求佛開智慧，拜佛只要拜得心念專一，自然能開智慧；心不專一，意念散亂，要如何開啓智慧呢？

阿難陀尊者是佛陀的俗家堂弟，也是佛陀出家的侍者。我們今天有經可讀、有法可學，都是靠阿難陀尊者的文力、文德所攝受而傳承下來的，所以阿難稱爲「多聞第一」。他跟隨在佛的身邊，時時聽佛的教法，運用他的記憶力，將每一句佛法記在心裏。所以有句話說：「佛法如大海，流入阿難心」，佛法如大海一樣浩瀚無邊，但是點點滴滴的海水都能進入阿難的心中，佛陀所說的教法，都是阿難所攝受的。

有一天，阿難跟隨佛陀出外托缽，佛陀走在前面，阿難持缽隨行於後。阿難見佛陀在他的面前行走，全部的心思精神都集中在佛的形態，不論何時何地，阿難總是覺得佛陀的一切舉止行爲都能收攝他的心；他心中自忖：「這莫非就是佛陀智慧的威德？」他禁不住生起歡喜心與嚮往之念，趕緊加快腳步，跑向前去請示佛陀說：「佛陀的智慧德相，時時令我們望而生喜，產生一種不可言喻的歡喜心，這就是佛陀您的智慧威德。佛陀啊！我是您的弟子、您的堂弟，到底要如何修行，才能夠成就三十二相——福慧威德的莊嚴相？佛陀，您是否能夠賜給我一些智慧呢？」

佛陀回頭看看阿難，沒有回答他的問話，依然加緊腳步向前走去，繼續托缽。等到他們受到供養，缽中得到食物，佛陀與阿難各自持自己的缽，就找了一處涼快的樹下坐下來。佛陀一拿起缽就專心地吃完這缽飯，阿難心中生疑：「佛陀為什麼不出聲、不回答我的問題？他的動作究竟表示什麼意思？」所以他看得出神了，佛陀已經吃完飯，他卻仍眼睜睜地望著佛陀。佛陀吃完這缽飯，回過頭就說：「阿難，你還沒飽啊？」阿難搖搖頭說：「佛陀，我尚未吃飯。」佛說：「我吃飽了，為何你還沒飽呢？」阿難說：「我還沒吃，當然沒飽。」佛陀就說：「對啊！我吃是我飽，你還沒吃，當然還未飽，你剛才叫我賜你智慧，你自己不去修，那我如何給你呢？」

阿難從此頓悟，並開始把心收攝於一處，他心中想著：「我要求慧，應該自己去求取，必須將心統攝專一，於定中生慧。」所以阿難就成為多聞第一。心不專則聞不入，即使聽再多的法也聽不進去。大部分的人都是一耳聽、一耳漏，這叫做「有漏」——用一個耳朵聽，聽一半而已，所以一知半解。那應該如何聽呢？要靠耳根聽，然後專心攝受，這稱為「無漏」。用無漏根來聽，才有辦法攝受佛法。

我們學佛希望佛法與心相應，除了心與佛法相應之外，還要會應用。所以我們有心專一來學佛、體用佛法，必須全心全意去體會。佛書千經萬律，就是只為了要以佛法引導眾生心；眾生用心學習，也是希望能體會佛法，真正有所體會才能夠發揮效用。若無所體會，則儘管千經萬律都入了你的耳朵，還是會漏失，無所用處。就像一個容器一樣，盆子、桶子要裝水的時候，應該正面放好來裝，有多大的盆就能裝多少水；設若將其覆蓋，不但無法裝一點點的水，而且水一倒下去，就從盆底漏掉。

接受佛法與此道理相同，儘管每天都聽法，若以有漏的耳根來聽，就像倒放的水桶一樣，一邊聽一邊漏，很快便流失；如果聽法時像正放的水桶，裝多少水都裝得住。用正心正念來接受佛法，就像以大根大器來接受佛法一樣，一聽就能受用，一裝進去就能發揮效用；越是發揮它的效用，越能發揮「聞性」的功能。所以，希望大家反觀自性，觀賞自己本地的風光明月。

只要用正念之心來接受佛陀的教育，則我們的心地時時光明，刻刻啓用。

## 五停心觀修習法

學佛要從基礎學起，學佛的基礎主要在「戒定慧」，戒是遵守做人的規則。孔子教我們「五常」，一個人若不守「五常」，就不像人了；而學佛若離開「五戒」，就無法稱爲學佛者。

「戒」是規矩，也就是規則。想成爲一個佛教徒，必須以戒爲先，戒能防非——預防過失錯誤；我們若不犯錯，則心能時時平安，心安則理得，能得到真理。這裏所謂的「心安」就是「戒」，「理得」就是「定」，也就是「慧」——「定」能生「慧」。心安生定，由定生慧，所以稱做「心安理得」。

「戒、定、慧」是學佛的基礎，我們要好好順從佛陀的教法，也就是要有「正念」。佛陀的教法我們要時時刻刻拳拳服膺，行茲在茲、念茲在茲、學茲在茲。我們學習佛陀的教法叫做「學茲」，身體力行佛陀所教的方法，叫做「行茲在茲」，學什麼就要表現所學，時時記在心裏，這就叫做「念」，念必定要有正念——正確的心念，必須實行「戒、定、慧」，力行正道。

若想求得戒、定、慧，一定要有正確的方法。當然佛陀設八萬四千法門，門門都能達到戒、定、慧的目標，只是快慢的差別而已。若要直截了當，達到這個境界，就不能離開五項方法與原則，這些方法稱爲「五停心觀」，也稱爲「五停心助道法」。這五項方法是：

**一、多散衆生數息觀。**

二、多貪眾生不淨觀。
三、多瞋眾生慈悲觀。
四、愚癡眾生因緣觀。
五、多障眾生念佛觀。

## 多散眾生數息觀

眾生的心大多是散亂的，散就不能專，心不專則念不定，心念不專不定則無法產生智慧。所以要增長智慧就要將心念安定下來，不可像狂猿野馬一樣動亂不安。有句話說「心猿意馬」，是比喻心意如狂猿野馬——像猿一樣到處亂撞；如同没裝鞍的馬一樣不受控制。若要使狂猿安定下來、使野馬溫馴聽話，一定要有正確的訓練方法。

五停心觀就是訓練心念的五種方法。第一種是「多散衆生數息觀」——衆生心若多散亂，有種方法可治心散亂，那就是「數息觀」。「數」是算的意思。人都有後天的習氣、習慣，修行就是要將過去的習慣收攝聚集，回復原來的本性。

人的本性都是淨寂光明的，稱爲清淨涅槃的心境，也就是我們常常說的：「衆生皆有佛性」。只是有時無明生出，和外界混在一起，而違背了我們原來的本覺，心念就這樣一直奔馳於外面的境界，久而久之就變成習慣。原本清清淨淨的覺性脫離了覺知，從此和外面「迷」的境界交合混雜；所以有句話說：「背覺合塵」——也就是污染的意思。

看看現今社會如此混亂，社會的亂就是因爲人心雜亂。「人心不同，各如其面」，因爲人的心沒辦法統一、觀念無法一致，所以會亂。心念不一就互相違背，互相違背則所做出來的事難免會亂。

我們的本性都一樣，只是後來背覺合塵，受外在塵境的影響而使心念散亂，原本至高無上的佛性一落千丈變爲凡夫；我們現在就是要力爭上游，回歸清淨的覺性。凡夫的情、污染的心都是向下墮落的，每個人都同流合污，所以叫做凡夫。流是向下流，凡夫心就是往下流、不長進的，我們現在就是要「背塵合覺」——背逆凡夫心，合於本覺性。也就是自凡夫的境地開始往上游、往前進展，這必定要有無比堅强的毅力、勇氣與信念。下墮容易上游難，要往下落是不用著力、非常快速的，因爲下面有股吸引力；但是要向上游就得靠自己的力量了。上游要靠什麼呢？必須以我們的力量好好向外鍛鍊。要如何鍛鍊？很簡單，想要控制雜亂心成爲一念心，只有一個方法：

「以毒攻毒、以念攻念。」心念向外散逸時，唯有以一念心才能控制心念不外散。用什麼念？用「數息」，數就是算，息就是呼吸。

我們在打坐時，坐下來首先要調好身體的位置，將腿盤好、小腹收縮、挺胸展胸，肩膀順齊胸部，眼光下垂、控制身態，不讓身離了心，然後再以念來束縛心。用念縛心，用什麼念呢？就是用數息的念。開始時，將丹田（小腹）的氣，慢慢向上流通，呼、吸，把氣慢慢往下面呼；慢慢吐出去之後，再用自己的精神觀想「氣」從小腹慢慢吐出來，吐到氣息和小腹平齊時，再將氣慢慢吸回來，如此一呼一吸、一出一入，爲「一」。

調氣時，我們的精神集中在自己的身上，能將氣息自身體內慢慢吐出，吐到內外距離一樣時，再慢慢吸回來，如此我們的精神就是貫注在我們的身上，專心地數念一、二、三、四、五……十；一出一入、一呼一吸，前後不亂，數息不會斷停，氣息也沒有長短不齊，這就表示我們用精神來控制心念，將雜亂的心控制爲一念，在我們的身心而言，這是一門功夫。若坐下來還沒數到三，就想到今天要做什麼？還沒到二，就考慮將來要如何、如何？或是回憶昨天、過去的事，沒多久心念就會散掉。人的心不能二念——一顆心不能同時有兩種作用。能夠從一到十都無妄念，則再回頭自一到十數息，這樣，功夫就會慢慢進步，第一次、第二次數息都不散亂，第三、第四次……也不散亂，一直連續不斷，則心自然會專一。

所以，學佛要有次第，初用功的人想要心不渙散，第一個步驟就是要用數息治散亂心，心若不專，則意不能定；意若不定，則慧不能生。所以要增長智慧，首先須將散亂心控制爲一念，想要使心念專一，就要用功於「數息觀」。數息觀不一定限於打坐，有時在寫文章或考慮事情時，心思不知跑到那裏去，也可用數息觀。總之，心思散亂時，不論行、住、坐、臥，都可以用數息觀來收攝我們的心念。

## 多貪衆生不淨觀

衆生心之所以會散亂，多數是由貪欲而起，有了貪念就會生散亂心，所以我們想要使心不往外奔馳、使心能淡泊，就要用「不淨觀」來警惕多貪的欲心。貪就是有所愛，以爲這樣東西是多麼好的東西，所以心起貪愛；對物質貪愛就會去爭取，爭取就會因而造許多業。這些業都是起於太愛我們的身，因爲有身體才會貪婪外界的物質，所以要去除貪愛就必須先從自己本身做起。我們要反觀自身全是不淨物，若能觀身不淨，就會反省自己爲什麼要這樣爭取？到底是在爭什麼？我們的人身究竟能在世間留存多久？何必為了這個身軀而競爭？世間萬物爭得最厲害的就是人與人，有的人甚至為愛人而起瞋怒忌恨，造下罪業；我們若能用「不淨觀」，自然不會生愛、生恨，也不會生嫉妒心。

有的人為了愛一個人而不顧一切，即使毀掉自己的前途也在所不惜，有句話說：「不愛江山愛美人」，就是為了愛一個人而寧願犧牲自己的名利與地位。古今人物比比皆是，這些人為何會如此呢？就是心念迷失、散亂，不知此身原是多麼不淨之物。

佛陀的教育，時時警惕我們身為不淨物。當初佛在世時，阿難具莊嚴之相——佛陀三十二相，阿難三十相。有次舉行無遮法會，佛陀帶領許多弟子去受供，阿難由於外出為佛陀辦事，所以沒跟上。大家來請佛去受供，阿難還沒回來，等阿難回來時，佛陀已經將全部的弟子帶出去了。阿難心想：既然佛陀走了，我就單獨去托缽，佛陀往東邊去，我就往西邊托缽。所以他一路往西走。

最後走到一個聚落，印度地方天乾地燥，他走了一段路後，缽還是空的，他又熱又渴又餓，雖然耐過飢餓，但是渴卻不堪忍。剛好前面有一口古井，一位女子正在那兒打水，阿難走到井旁時，這名女子抬起頭看到這位出家人，眼前一亮，心想：「多麼莊嚴的比丘啊！」

這名女子名叫摩登伽女，她一看到阿難，心裏無形中生起强烈的愛念，所以當阿難將缽伸出去，拜託她將打起來的水分給他一些時，摩登伽女便高興地將水倒入缽中，瞪著大眼注視這位莊嚴的比丘，直到阿難離開。

她一回到家，就要求母親設法讓她擁有阿難。她的母親是個外道教徒，並操賤業（不是很良好的職業），她知道比丘是神聖不可犯的，女兒這種愛戀之心，根本不可能實現。可是她的女兒死求活求，一心只愛這位比丘。母親愛女心切，只好成全她，即使造業也在所不惜。

她請了一位念符咒的人來，用邪術迷引阿難，使他迷迷糊糊，懵懵懂懂，身不由己地受邪術吸引而來。天明時，阿難不知不覺地離開佛陀，等佛陀要講經時，發現找不到阿難。佛知道阿難已受難，趕緊派遣文殊菩薩到摩登伽女家附近去找回阿難，並且叫所有的比丘要全心一意持楞嚴咒。

此時阿難正在摩登伽女的室內，在即將破戒時，忽然間清醒過來，馬上離開摩登伽女，跑回佛陀的修行地。摩登伽女見阿難忽然離她而去，心中非常難過，便一路追奔，來到佛陀的面前，請求佛陀成全她。佛就說：「你是否真的很愛阿難？」她説：「我真的非常愛他。」阿難此時正入內洗浴，佛就叫人把阿難洗浴的水端出來，問她説：「你真的愛阿難，絕不後悔？你愛阿難那裏呢？」她説：「我愛阿難的全身。」佛就説：「你既然那麼愛阿難，這盆是阿難的洗澡水，你就將它喝下吧！」摩登伽女嚇了一跳説：「佛，你是大慈悲者，這麼髒的水爲何叫我喝下呢？」佛説：「每個人的身體原本就是這麼髒的，現在阿難健康時你就已經嫌髒了，那他將來老死敗壞時，你又將做如何想呢？」摩登伽女聽了佛的話，頓然開悟，證悟初果，忽然間能觀察人身的不淨，從此所有的愛念、貪欲都消除了，她再也愛不起來——原來阿難的身體一樣這麼髒，那還有什麼可以愛的？這就是「不淨觀」。

欲治貪心唯有不淨觀，若能善用不淨觀，自然所有的愛欲都會消滅。這是第二種五停心觀——對治貪念的方法。

### 多瞋眾生慈悲觀

衆生多瞋，瞋就是愛發脾氣，這是煩惱的根源。人的煩惱根源有三：貪、瞋、癡，這些根本煩惱若不除去，我們的智慧就無法增長，觀念也無法正確；所以，要使觀念正確、要增長智慧，必定要將煩惱根源去除。多貪的衆生必須用「不淨觀」的方法來對治，而多瞋的衆生，應該要用什麼方法來對治呢？

有一位會員初次來到精舍就對我表示，自從了解慈濟的精神之後，他覺得自己參加慈濟行列，能親身體會的時間實在太少了，因爲他參加會員的行列已經有五、六年的時間，但是一直沒有機會來到本會。當他聽說要擴建病房，將來要設立醫學院，就問其他的委員要如何加入這項活動？

他說，自己這輩子還沒做過一件令他歡喜的事，他希望能利益社會，皆大歡喜。所以聽到慈濟的計畫，覺得這正是時機，就對委員說，第二期工程的病房部分，他要發心捐一百萬，而紀念堂部分，他認爲慈濟紀念堂是佛教徒、甚至是未來宗教追求者的精神堡壘，所以他認爲醫院固然重要，紀念堂更不能忽視；他虔誠發願在紀念堂的興建期間，每年以自己事業營利所得的三分之一贊助。

這就是慈悲心的表現。他並問了我一個問題，他說：「我想請師父開示，應該如何控制自己的脾氣？我因爲脾氣很壞，時常不能自我控制。有時想想，實在没什麼值得生氣，但經常就是忍不住啊！」

我就對他說：「你要多聽經，看得開則脾氣不會發作。」他說：「有呀！我每天都六點起來聽經。師父常常講經，我人雖然沒來，但是我都聽錄音帶。每次聽經，我都感覺師父好像就是在說我，因我確實有這個缺點。我也常常想從今天開始不再發脾氣。但是一聽完經，出門上班，看到不順眼之事，我還是同樣忍不住要發脾氣。」

這就是人的通病，發脾氣非常簡單，但是要控制脾氣真是不簡單。我對他說：「會發脾氣是因爲環境的關係。譬如你今天回來這裏，覺得心靈很平靜，整天都很歡喜，爲何高興，你知道嗎？因爲你拿出了慈悲心。當你聽到慈濟的工作很有意義，你寧願將一整年辛苦所賺的三分之一捐助紀念堂，這就是慈悲心。你今天感觸到境界而發心，發心後能抱持那麼歡喜的心，此即佛陀所說的：『多瞋衆生慈悲觀』，今天所處的環境是在慈悲的境界中，所以會覺得很高興、很平靜。」

佛陀教導我們用慈悲來教導愛發脾氣的衆生，用慈悲來制止暴躁易怒的心靈。我們學佛就是要時時警惕自己，在世俗中的人，由於面對的是事業、領導、管理，所以缺少讓他培養慈悲的環境。如果能有這種好環境，人是多麼可愛啊！就是那麼慈悲、那麼快樂寧靜。所以，我們每個人都應該了解自己非常幸福；周圍的環境，時時刻刻都能使我們培養慈悲心，制止瞋心、控制脾氣，仔細想想，是不是很有福？

有一位從美國回來的青年對我說：「師父到底是修什麼法門？」我說：「我可能是修多忙法門——忙碌的法門。」

他說，以前在臺灣唸大學時曾參加佛學社，當時好高騖遠，因爲「禪」是佛學中最超然的境界，所以他選擇的法門是「禪境」——禪的功夫。在這段時間裏，他走遍了各道場，參訪名師，也常與人參加大專夏令營的齋戒會，並且去打禪七、打佛七。

但是，儘管他鑽研佛學已有四年了，一直到大學畢業，他還是茫茫然不知所從，也不知禪真正的道理是什麼？只是不斷地追求禪最高的境界。畢業後，他抱著對佛教尚茫然、又熱切的心到美國留學，並且組成一個佛學社，專門研究禪理。他將在臺灣所學的「文字禪」——書本上的理論及道理，帶到美國，開班授課爲人講説禪理。然而，一年半下來，他覺得以文字來教導禪功，真是越教越矛盾，一股熱心不斷退除，而聽課的人亦不斷減少，他的心就這樣冷卻下來。

他告訴我：「今天我親自來到這裏，深深體會只有人間的佛法才切實。

師父說『忙碌的法門』，就是忙忙碌碌地為人間的事忙。」他說他也有同感，並且希望能將人間的佛法、慈悲濟世的精神帶到美國去。

他本來抱著一顆對佛法很冷淡的心態自美國回來，但是現在他要抱著一股熱心，將慈濟的精神、人間的佛法帶回美國，這就是慈悲心。用慈悲心來創造人生的前途，除了能清淨我們的心地，也能去除多瞋之心。若想培養慈悲心，聽聞佛法、訓練心思，除了要有佛教的常識、學識之外，尚需有好的環境來培養、訓練。佛法要徹底去了解，並非只研究經藏文字就能透徹。

那位年輕人，抱著一股熱心將禪學文字帶至美國，出國之前的四年加上出國之後的兩年，他不但沒有體會到禪宗的真味，就是連最基本的起點，到現在還是非常茫然，花費了六年多的時間，是不是很冤枉？

然而，他來到這裏就能發起慈悲心，起碼對人間佛教的根本有所了解，起點正確則目標正確。所以「五停心觀」中佛陀說：「多瞋眾生慈悲觀」，想培養慈悲觀必定要創造這一種境界，有這個境界才能身心透徹，才能去觀想。

因此，我們要多多體會慈濟的精神，加强我們的道心，提昇我們的慈悲念；若能時時刻刻不離慈悲之念，則能消除發脾氣的念頭。

這兩種心念，一是瞋恚心，一是慈悲心。慈悲若增長，則瞋恚心會減少；慈悲心佔滿了我們整個觀念，那麼，瞋恚心也會在我們的觀念中完全消除。

所以，要時時培養愛心，愛就是慈悲。我們的愛必須透徹、無任何色彩，這叫做「無緣大慈」，也稱爲「同體大悲」。要有廣博普遍的愛，也要有透徹的愛，若能如此，則我們的觀念無時無刻都充滿慈悲愛念，對人有愛心，還會生什麼氣呢？

那位青年又問我：「師父，您做慈濟事業，規模如此宏大，在建醫院時是否曾遇到最煩惱的事？」我想了想就說：「你問我的是真煩惱還是假煩惱？」他問：「煩惱還有真假之分嗎？」我說：「當然有！若是爲了推動事業，有時我也要表現出有煩惱，如此才能喚起人們的力量；若是說真正的煩惱，我想我還不曾有過。」

他納悶地問：「這到底要如何解釋？」我就回答：「我做事之前有一個覺悟：凡是有事就有煩惱，若要做事，就必須先下決心，絕對不怕煩惱，若不怕煩惱，則任何困擾都不算煩惱。」他又說：「我看您有這麼多事、這麼多人，您可曾發過脾氣？」我回答：「這和煩惱一樣，假脾氣我發過，若是真脾氣，我就不知道要如何發起了！」

我們學佛要有輕重分別，我們面對的都是凡夫，假使面對的是聖人，恭敬都來不及了，怎麼會發脾氣呢？而凡夫都是愚癡的，跟愚癡的人發脾氣，實在划不來！多一念恨，則多一顆壞的種子，倒不如以憐憫心、慈悲心來寬諒他們，種下善的種子。

要如何消除多瞋？就是要拿出慈悲觀來，只要整個觀念都充滿慈悲心，我們的脾氣就不會發作。

## 愚癡眾生因緣觀

眾生多愚癡，愚癡與智慧是相對的。學佛就是希望能學得智慧開啓，要開智慧必須滅除愚癡；滅一分愚癡就增一分智慧，增一分愚癡就是少一分智慧，這原本就是相對的；所以我們學佛要學得開智慧。要如何才能消除愚癡呢？必須用「因緣觀」來對治，也就是「五停心觀」的第四種方法。

佛陀爲人間設教說法，一切學問都在因緣中，我們一切的生活也沒有離開因緣，但是我們多數人都在因緣中迷失了因緣——就因爲沒有辦法徹底了解因緣，所以才會愚癡。人人都應該了解，一切都是因緣和合，從因得果。

因，有「成就的因」，也有「障礙的因」。「成就的因」完成「成就的果」；有「障礙的因」，就不能有「成就的果」。如果能夠於果中繼續培養歡喜心，如此則因就果成。

我們的因都是在日常生活中培養出來的，每個人時時刻刻都生活在因與果中，而且因果循環，因成果就，果又在因中。所以佛陀教導我們，學佛必須時時刻刻不離開因果觀，若能時時不離因果觀，就能滅除愚癡的觀念，滅盡愚癡之後，自然能開啓智慧。

世俗之人，大多執著於情與愛、財與利，爲了愛財、愛名利，計較得自己非常苦惱，如此，不僅毀滅了自己，也毀滅了他人，這是社會上常發生的事。有的人尚能看淡財與利，但卻看不開情與愛，寧可沒有財、名、利，而執著於一分情與愛。但是學佛者或有智慧的人，不只能看淡財與利，也能夠看淡情與愛。

古時，中國普陀山某一寺院，有一位老修行者。這位老修行者未出家前，父親開了一家鐵工廠，全心全意培養他這個獨生子成人，並把全部的技藝教給他。後來，父親漸漸年老，他也慢慢長大成人，隨之繼承了家業。不久，他的父親就離開人世了。

父親過世後，他便獨立門戶、成家立業，日常生活省吃儉用。他常覺得鐵工廠大多打製刀鎗等武器，會殺傷人命，與他的生活意願及理想不合，所以他慢慢疏淡這項家業。最後就放棄工廠，轉而從事農業。每天拿著鋤頭到田裏認真地工作，種菜賣菜，過著安逸的生活。然而，他的妻子卻不安於本分，覺得這種克勤克儉的生活非常苦。

他知道妻子的心不在自己的家，但他不動聲色，更不管她。這位妻子慢慢變本加厲，除了賭博、無所事事，東家長、西家短之外，更進而與人私通；這個丈夫慢慢知道妻子的行蹤，卻也不生氣，更認真地從事農作，努力生計。

除了農耕之外，他還利用時間多親近佛法。有一天，他對妻子說：「我可能要離開家庭十幾天，請你照顧家裏。」但是，在這十幾天中，他並沒有遠離家庭，而是在附近的一家寺院等候時機。而他的妻子真的以為他將離開一段時間，所以約了姘夫在家裏住一個星期。

一段時間後，他先生認為時機已經成熟，就到市場買一些酒菜、魚肉，高高興興地回家去。

這個姘夫一聽到她先生回來了，非常害怕，妻子就趕緊將他藏到房間的床後。而她先生明知她的姘夫躲在房間裏，就故意不進房裏，卻高興地對妻子說：「我在外面賺了不少錢，我們夫婦倆好好來慶祝一番。」說完，就把所有的菜帶進廚房，親自作菜。

這位妻子看先生回來了，也很不好意思，便到廚房幫忙洗菜、煮菜。全部準備好了之後，就把酒菜端到外面的餐桌上。妻子排了兩副碗筷，先生看了就說：「你應該排三副碗筷才對。」

妻子問：「你和我兩個人，爲何要多一副碗筷呢？」先生就說：「我們有客人啊！而且是個貴賓，也是我的恩人，所以你應該準備三副碗筷。」妻子覺得非常疑惑，真的就排了三副碗筷，排好之後，妻子就問他：「你的客人呢？」他便說：「在房裏啊！」妻答：「房裏怎麼有人呢？」他就對她說：「妳放心吧！去把貴賓請出來。」妻子說：「你是不是精神不太好？」他答：「不是我精神不好，今天是個良辰吉日，妳不必害怕，趕快去請他出來。」

就這樣，妻子一直說沒有，先生一直說有。最後，先生生氣地說：「若不敢出來，敬酒不吃，必須吃我一刀。」妻子嚇著了，床下的人更是害怕，就趕緊爬出來；兩人面無血色，非常惶恐。而這個先生竟然把他當成貴賓，非常有禮貌地請他上座，向他叩頭跪拜並感激地說：「你真是我的大恩人，我很感謝你，今天是你們的良辰吉日，從今天起，你來代我的業，我要把自己的妻子和所有的財產都送給你，請你接受縛我的業。」

這位姘夫何樂不爲呢？既可得到現成的妻子，也可以得到現成的家業，更可以得到現成的財產，爲什麼不好呢？他看這先生態度如此認真，要送他所有的東西，就高高興興地接受了。而先生非常輕鬆自在，身無牽累、心無掛礙，只穿了一套衣服，向他們問訊、再祝福後，就抱著歡喜輕鬆、萬緣放下的心情離開家庭，跑到普陀山修行去了。

這對私通的姘夫姘婦，已經變成正式的夫妻。而這個後任丈夫接掌前夫的家業後，不務正業，既不種田、也不管工廠，一天到晚在外面吃喝嫖賭，回到家裏便打妻子。這位妻子覺得後夫不比前夫好，但是她投訴無門，想向人哭訴，而大家都知道她的過去，每個人都笑她傻，說她遭受報應。她有話無處說，越想越覺得以前的丈夫真好，於是跑到普陀山，求前夫原諒，回家與她重修舊好。

已經出家修行的人，怎麼可能接受她的要求呢？他苦口婆心地勸她回家，要她好好與後夫和睦相處。結果，她最後還是回家了。

但是，這個後夫變本加厲，連田地房屋都賣掉，去當乞丐，到處乞討。於是這位妻子再度到普陀山，第二次要求前夫；但先生心如止水，一點都不起波動，妻子便又回家了。

她非常絕望，後夫已經離開她，要如何繼續生活下去？這時她想，以前的先生最愛吃鯉魚，於是想盡辦法討前夫的歡心，希望他能回家再結為夫妻。所以她跟人討一些錢，買了一條黑鯉魚，用心烹煮，煮成前夫過去最愛吃的口味，然後迢迢將此魚送到寺院。

這個先生看她送這條鯉魚來，高興地接受，並對她說：「你既然記得我當初的喜好，並且布施給我，我就接受這條魚，將牠放生。」妻子問：「已經煮熟的魚，怎麼可能放生呢？」他就回答：「既是已經死去的感情，那有辦法再復活呢？物死尚能復生，情死不得再活。」他說完便將這條魚拿到放生池放生，這條魚竟然又復活了，所以後世之人將這個放生池名為「黑龍池」。

世間人說：「我什麼都能忍，什麼都能讓……」，但是一談到田產、妻兒，則什麼都不能忍讓。這位老修行者，他年輕時，雖然父母遺留給他龐大的家業，也娶了一位貌美的嬌妻，但是他的妻子卻不守婦道。由於他親近佛法，所以了解「因緣」的道理，他不願勉强無緣之人，便成全他的妻子與新歡，並且把所有的家業都留給他們，讓他們成爲夫婦，自己跑去修行。

他向妻子的姘夫致萬分謝意，並把所有的家業都讓給他，爲什麼要感謝他呢？他所感謝的是：人生因緣，緣生緣滅，有了這份因，就會造這份業；有了一分業，就會多一分責任。既然有人要來接續他的責任，那麼，他何樂而不爲？何樂而不捨呢？所以他將這個家業全部捨給他們，心無牽掛地去修行。

因爲他心無牽掛、無怨尤，故能「斷除煩惱」。煩惱一去除，則求法法正，用正當的心念來求取佛法；由於佛法就是正法，所以正念與正法相會合就能開悟。當他的妻子拿一條煮熟的魚供養他時，他竟能將這條魚放生，使熟魚在池中復活。若非已成道之人，如何使死魚復生呢？

我們的人生，大多生活在因緣中，別人對我們如何，我們若能夠原諒他、心不懷恨，就是智慧。別人對不起我們，我們懷恨在心，就稱爲愚癡。所以，學佛應該以因緣來破除愚癡，若能如此，則可開啓智慧。

某次我在臺北，有一位會員來到我的面前痛哭流涕，一再對我說：「師父，我罪業深重！」我等她哭完之後，就問她是什麼事？她就說：「幸好我接受佛法，幸好這一年來我能夠親近慈濟，否則我現在已經無法再生存下去了。」我問她：「你到底發生什麼事？」她回答：「我最近可能會被關進監獄。」

她說，她有三個孩子，她最疼愛的是大兒子，而其他兩個孩子都已成家立業。大兒子平時非常孝順，甜言蜜語，說什麼話都讓她喜歡，所以她對大兒子百般信任，萬分寄望。大兒子事業心很強，在外與人創業，投資設立公司，他跟母親說：「媽媽，我想做事業，爲了方便起見，希望以媽媽的名義，在銀行設一個專戶，領一本支票。」母親就說：「只要你的事業能有成就、能方便，我就相信你，但是你絕對不可以辜負媽媽。」兒子就說：「不會啦！媽媽，我們母子相處這麼久了，你怎麼還不相信我呢？我絕對不會辜負你，何況我是你所生所養的，我怎麼會害你呢？」

母親聽了，心花怒放，真的去領一本支票簿。想不到支票一領出來、印章一刻好，兒子竟然不斷開支票。母親既不識字，更不知道兒子在外面已經做到什麼程度，支票與印章都在兒子手裏，結果外面支票滿天飛。由於無法兌現，而且金額龐大，無法向對方交代，兒子不能償還債務；於是便不管母親吃上官司，而自己逍遙法外。

所以這位會員非常痛苦，她跟我說：「記得師父曾說，業來的時候，要歡喜接受，所以我很歡喜地接受這一份業，我只是非常對不起被辜負的人，我這些業不知要還幾生幾世才能還完？」我用了很多話來勸慰她，要離開的時候，她一再對我說：「師父，我平時在外面做慈濟，說不定我入獄後，也可以用慈濟的精神來感化裏面的人。」

所以她離開之前，請了許多我開示的錄音帶，又用一個塑膠袋裝了許多慈濟發行的小册子，並且跟我打招呼說：「師父，我非常滿足，我能在入獄前見到師父，師父跟我說這些話，我一定會歡喜地接受；我進去之後，也一定會把慈濟精神散播給裏面的人。」

這就是地藏菩薩的精神——我不入地獄，誰入地獄？有時候佛陀也會顯現入地獄的形象，來感化那些受苦的衆生。監獄中是一個不自由的地方，與外面自由的空氣完全隔絕、與外面的宗教精神完全遠離，若能將外面宗教自由的精神帶進不自由的監獄裏，把這份人間互相敬愛的形態也帶入裏面，在那裏那怕只是影響三、五個人，都可以彌補這一生辜負人的罪業。

希望大，得失就大，她把所有的愛與希望完全寄託在大兒子的身上，這個兒子難道不是從她的腹中生出的？十月懷胎，二、三十年所培養下來的感情，請問，親情是何物？這種親情到底是什麼？能對它寄與多少希望？如果這位女士，還沒看開因緣、還未接觸慈濟之前，她可能無法面對事實。因爲她加入了慈濟，看開了因緣，所以能帶著清淨之心走入人間地獄，這就是看開因緣，也就是打開得失之心。

## 多障衆生念佛觀

衆生多障礙，學佛本是件很簡單的事，人人皆有與佛同等的智慧與佛性，既然是本具的特質，學起來當然很簡單，只要一複習就能本性全具。但是其中卻有障礙，障礙我們這份智慧光明的反照。

每個人的心地都有無盡的光明，只是這份光明常向外發散。舉例來說，我們所使用的桌燈，都有燈罩，只要打開桌上的電燈，則它所投射出來的光線一定在桌子上，因爲燈光被燈罩罩住，所以能集中焦點於桌上；若是將燈罩掀開，那麼，這個電燈的燈光就會發散於其他地方。

現在我們這一份心光，就像是被燈罩完全遮蓋住，使發散出來的心光無法反照本地心性，而變得愚癡闇昧，這就是障礙。障礙有自障、他障。他障是外來的障礙；自障是自我的障礙。外來的障礙無法障礙我們的道心，最令人害怕的是自障——自己起障礙的心去障礙自己的道業。

佛陀在成佛之前，以自己的實力來降服十種魔根，這十種魔根就是因爲自己內心起障礙而生的。我們若是有心向道，則即使外面有再多的困難，也無法障礙我們；如果內心起障礙，盡管外面環境多麼順利、有再好的緣，而我們內心欠缺這份自生的因，那麼，道還是不能成就。

因此，最重要的是自己的心念。有句話說：「一勤天下無難事」，勤就是毅力，我們若能有勤的心念，自內心生出一股毅力，不斷精進、撥開萬難，那麼，世間有什麼困難的事呢？古時的祖師或成功的賢人，沒有一個不是出自內心勇猛的毅力與信心，每一位聖、賢人能有所成就，絕不離開這三種要件。

## 請轉逆緣為善緣

一個人必須自信、信他。對自己的能力要有自信心，對他人也要有一份信任。在日常生活中與人相處，無論如何，必須相信人生在世是互相幫助、彼此切磋的。

例如一塊玉石，若要成爲人見人愛、價值很高的寶玉，必須經過粗石的琢磨。人也是一樣，我們若想要有成就，一定要面對許多惡劣的環境、不好的臉色、難聽的言語、難辦的事情……，而且要一一將其克服；克服之後，還要對這些事情起感恩的心態——我們必須相信，這些人事是要成就我們、愛護我們的。

世人有句話談起來很簡單，但是深刻感受卻不容易，那就是——「愛之深、責之切」。雖知每一個嚴厲責備我的人，就是愛我的人，但是我們往往無法接受這種「責之切」的境地，只想追求「愛之深」的感受而已，這也可以說是心理障礙。

我們若能夠透徹這個道理，看到再難看的臉、聽到再難聽的話，就可以將它善解，不但能接受這些教法，還能向它感恩；若能如此，我們的道心便成就了，這樣可以轉障礙爲道念，轉逆緣爲善緣。所以，人都是自障，而非被世間外緣所障礙。

## 心如明鏡被塵遮

學佛，想撥開障礙，必須回光返照。

無明就是暗，被陰影遮蔽；有陰影則自己不了解自己，非但對自己起疑心，而且不能信任他人。因爲我們的心先自疑，看到不好的面色，就會以爲他人對我們不信任；其實當我們心中懷疑對方不信任我們時，我們已經不信任對方了！

自疑則無信；信念一被搖動，毅力就會消失，毅力一消失，勇氣便淡弱了。總而言之，我們要先建立信心，這份信心就是智慧的光明，回照於內心本性，也稱爲「反觀觀自性」。想要建立自信，必定要先生起信心；要生信心，唯有一種方法——念佛。

念佛要念得以佛心爲己心。若能夠以佛心看人，則人人皆是佛；如果用疑心去看人，有句話說：「疑心生暗鬼」，有一份疑心，就有一份陰影將我們遮蔽；自己生疑，卻總認爲對方是鬼。所以，用鬼心看人，則人人是鬼；用佛心看人，則人人是佛。

念佛並非要求佛爲我們開智慧、保佑我身體平安、家人事事如意；而是要使我們凡夫心轉爲聖人性，把狹小的心念擴大爲「量周沙界、心包太虛」——衆生心就是太狹窄了，像針孔一樣，小得只能容納一根線，只求一對一；只求自己得到他人的愛、得到信任、受到別人的重視，這就是狹窄的心。念佛就是要念得這顆如針孔一樣細小的心，能夠開擴成「量周沙界」。

看看我們人的眼睛——瞳孔、水晶體只有這麼一點點，而我們的視界卻能夠包容山河、包容大地，能夠放眼天下、容納天地。想想看，外面的境界是這麼大，進入我們的心裏卻只剩下這麼一點點，如此是不是有很多障礙呢？我們對外所看、所要求的是這麼多，能容納入心中的只有一點點，這樣的心怎麼會沒有障礙呢？

念佛應該念得心如眼睛的水晶體一樣，只要看到什麼，就能夠容納什麼。我們若能夠以佛心來包容天下的衆生，那麼，我們就不會有障礙了。所以，佛陀在世時以種種方法來引導衆生，以許多人事事實來開導衆生，使衆生化解各種障礙。

## 阿闍世王殺父篡位

人都有愛自己的心，這種愛己之心通常會推及親人，但是這個親情是不是很牢固呢？不見得！親情容易受私人的物欲所推翻，阿闍世王就是一個例子。

佛在世時，領導弟子修行，弟子中有一位叫提婆達多，他是佛陀俗家的堂弟。提婆達多學佛之後，不但沒有縮小自己的欲心，反而更增強欲念，對佛生起不恭敬之心，甚至背叛佛陀的教誡，煽動僧團中的弟子——領導五百位出家人造反佛教；這就是由於欲心所使。他同時煽動阿闍世王，叫他背逆親情，並跟他說：「你做新王，我當新佛。」阿闍世王受到他的煽動，便將自己的父親囚禁在監牢裏，斷絕糧食及飲水。

阿闍世王的父親頻婆娑羅王在執掌國政期間，非常尊重佛陀，他深刻體認到佛的教法很好——佛陀一再强調，衆生的情與愛是一種無常，而欲念則會破壞人與人之間的親情。盡管佛説如此，他卻没有親身受過世間任何苦難，所以對此存有疑惑，認爲世間最可信的就是親情之愛。

直到兒子阿闍世王背叛了他，他才深深體會到佛陀真是一位包容天地的大智慧者！也透徹了人性及親情——原來人性就是受了這份欲心所遮蓋，原來親情不敵欲愛啊！

所以他非常慨嘆也非常苦惱，在牢裏受盡飢寒之苦，回想當初在位時，一點都不覺得世間有什麼苦；等到身爲一國之尊的他，受盡飢寒困苦，才深深體會到，莫非這就是因果？國家雖然尚存，卻因一子之背叛而受盡折磨……。

這是不是障礙呢？什麼來障礙他呢？欲！這就是被欲念所障礙。父親已經這麼老邁，阿闍世王若能安心守本，父親過世後，就可繼承王位了；但是他卻無法忍受長時間的等待，急著想當王，得到名利地位，所以把父親禁閉起來。阿闍世王不顧一切，大逆不道的行爲，造下了業，結果於現世墜入地獄。

提婆達多也是一樣，他光明的本性受到遮蔽、障礙，而造下重業——殺佛、害佛、反叛佛。本來他可以成就正果慧業，卻因爲這份欲念，而使他生起這份罪的障礙。

## 心存感恩不著相

頻婆娑羅王雖然信仰佛法，卻沒有親身體悟，而不知道人性的苦難，等到他親身經歷之後，才真正體會出佛陀智慧的深廣。

提婆達多與阿闍世王兩個人，可以代表人們純真的佛性受到欲念所遮蔽，產生了陰影而動搖信念；由於信念動搖，所以造就重大的罪業，不但無法成就佛果，反而造下入地獄之因。

因此，罪業的障礙到底是自造還是人造呢？無法成就道業，到底是自障或人障？總而言之，一切的道業，都是自生障礙，而一切罪業也是自造。所以，我們要以佛心爲己心，若能夠時時以佛心爲己心，則看普天下的衆生皆是佛；用佛陀的心來包容一切衆生，則對人不怨、對事無尤；不生怨尤之心，就能常常快樂自在，而且會時時精進，不受外境所障礙。

總之，不論是不好看的面容、不好聽的言語、不好做的事情，我們都要抱著感恩接受之心；若能如此，一切障礙都可以破除了。

這就是「五停心觀」最後的一種方法——多障衆生念佛觀。「觀」是反省、觀照之意，我們要回光反照，藉外面的形態來反照自己、警惕自己，則世間一切的動態，都是我們最好的教育。所以這個「觀」字，也就是接受人事的意思，要藉事練心——藉著人事來鍛鍊我們的心思；因此，我們要面對人事、接受人事，並且感恩人事。

「五停心觀」全部講完了，心散亂時應該用什麼方法來治散亂心；多貪欲時要用何種方法來治貪欲心；發脾氣時應以什麼觀念來破除瞋心；產生人我是非的愚癡心時，要用什麼觀念來破除人我是非；面對各種外境時，應該以何種方法來面對?佛陀苦口婆心，莫非是要使我們明心見性，用智慧來印證心地的光明。

佛法在東方盛行，佛陀有如一隻手指，衆生則是「因指見月」——依佛手指所示的方向而看見月亮；千萬不可執指棄月；若只注意這隻手指，會失去真正觀賞明月的機會。

佛陀開了八萬四千法門，他不希望衆生執著於法，迷失道理。所以我們應該藉法見理，盡管佛陀是以種種方法來引導我們，但是他卻是只包含一個道理——要我們明心見性。

## 8 正定

正　定——

謂人攝諸散亂，身心寂靜，

正住真空之理，決定不移，是名正定。

**攝諸散亂，心無罣礙**

我們學佛要學得心念正定。三十七助道品中皆不離「正」字、也不離「定」字，因爲我們學佛最主要是要學「三無漏學」——戒、定、慧。這三個目標是學佛者最想追求的，爲了預防我們的錯亂、預防我們心思與行爲的錯誤，所以一定要有「戒」；有「戒」就不會犯錯，身心不犯過錯，心自然能「定」；心定不散亂，自然能產生智「慧」。總之，「三無漏學」就是出自這份不散亂之心。

「正定」法，也是教我們要「攝諸散亂」。「攝」就是專一、統一的意思。大多數的人，心與念都無法統攝在一起，這就是凡夫日常生活中所養成的習氣。有時我們念佛，盡管想專心念，但常常在無意中心念已不知跑到何處去了？凡夫心念容易散亂，所以我們要將心念收攝住。

我們的心好像一張魚網，捕魚時將魚網拋撒出去，魚網就會散開。魚網上方必須要有一個收束的繩索，收網時若能正確地將繩頭收束起來，網口自然緊縮，而網中的魚就不會漏掉。

學佛也是如此，必須有綱領，要學得制服心念的要領，這就叫做「攝」。不論心念多散亂，只要學佛學得正，訓練得精熟，自然心念一轉，馬上就能將再遠的念頭、再散的心思收攝回來；如漁人網魚，收攝於一處必須有綱領。這就是「攝」的意思。

學佛者一定要自我訓練「攝諸散亂」。心散則神亂，常有人說「神通」，立於定才能得到神通，若不定就無法得到神通，佛法中所謂的「六神通」，就是不受障礙。

世間障礙，有自障、他障，有內障、外障；使我們行不通就稱爲障礙。許多人想發心修行，但卻受到很多障礙；有的人因家庭責任障道業，有的則是受到情與愛所縛，這就是外在的障礙，也就是「他障」——身外起了障礙。

其實他障不算什麼障礙，自己內心的障礙才是最可怕的；外在的魔不必畏懼，最可怕的是內心的魔。我們的心若有散亂疑惑，道自然就行不通了，所以，平時要收攝自己的心念，只要心專、意專、神專，自然能道道皆通。

有人問我：「師父，我最近運氣不好，做任何事都不順暢。」我對他說：「放開你的心念、看開你的煩惱，常常培養歡喜心；只要常常開心，心開則運通。」與此同理，運不通則事事受到阻礙，運通則四通八達，處處暢行，完全視自己的心態而定。我們若能時時開心，世間絕沒有難倒我們的事，我們要常常「以佛心爲己心」，常常念佛，念得佛心是我心。若以佛心看人，則人人皆是佛，而佛就能成就我們；若用鬼心看人，則人人皆是鬼，人人都會像鬼一樣糾纏我們。

有的人說：「我最近事事不如意，去相命問神，說是被五鬼纏身。」五鬼從何處來？鬼就是從自己的心生出來的，你若和五個人作對，就有五個鬼在你的心裏；你若能以愛心、佛心待人，則不會跟任何人作對。你會去愛每一個人，而每一個人也會敬重你，你給予人一份愛，人家也會給予你一份敬；敬與愛兩個字，本來就是相輔相成的。你愛他、他敬你，這是一定的道理。盡管對方以不好的態度對我們，我們若能感恩、感謝他，那麼，他也是佛，他也是成就你的一個人。如果他人對我們好、對我們非常愛護，而我時時抱著佔有之心來對待他，那麼，這份佔有的愛心換一個角度來看，就會變成怨心；如此，情與愛纏縛住，也是一種障礙，會使人意亂情迷。

## 動靜皆寂為「賢相」

所以，我們一定要攝心於道。收攝散亂的心思，成爲統一的心念，就稱爲「道」；若能如此，則「身心寂靜」。若能將散亂迷惑的心收攝在一起，成爲一念道心，則身與心皆可清淨寂靜、輕安快樂。

我們不與人作對，則事事如意，有句話說：「爲人不做虧心事，夜半敲門心不驚。」一個人只要平常不做虧心事，即使走在暗路也不會遇到鬼，這就是輕安，不論何時何地都能自在安然。若是與人有恩恩怨怨，就會時時提防被人暗算；如果平時以愛待人，則無論走到那裏都能輕鬆自在、心安身輕，這就稱爲「輕安」，也可以說是「寂靜」。

「寂靜」就是不粗動，粗即是煩躁，煩悶得身、心皆不自在。一個浮動不自在的人與一位莊重定靜的人相比較，那一個人可愛呢？定靜之人就是表示他的心態寂定；浮動輕浮之人是表示他非常煩躁，心不自在、不靜寂。

我們修行學佛，就是要學得無論何時何地都能定靜，讓人看起來覺得非常莊重，這就叫「賢相」。因爲人的身形動作皆由心所指揮，「富潤屋，德潤身」，德行、心思到什麼程度，只要看其身體的行動就能一目了然。所以，「身心寂靜」就是表示一個人德行的成就，而其身心也能夠輕安。

## 萬法本來無所住

「正住真空之理」——我們必須常常住於真空的道理中，看透人間物質之理。學佛一定要三理透徹——物理、心理、生理。宇宙萬物的道理若能看透，則一切皆空。既然透徹三理，還貪求什麼名利、色欲呢？世間本來就沒有一個固定的實相，萬物只是「名相」而已，因爲一切物體都是由「四大和合」而成，四大一分離，則什麼東西都沒有了。所以，透徹物理的人，就能看開一切物質皆無實相，只有「名相」。

過去教學時，必須利用黑板及粉筆，以粉筆寫字在黑板上，這是一種教學用具。而現在由於科技進步，已經不須粉筆，改用水筆，水筆是黑色的，爲了襯托出黑色的字體，所以要用白板，如今所見到的就是白板黑字。以前我們常說黑板，已經很習慣，因此現在即使把白板說成黑板，也覺得順理成章，其實這塊板子在我們的觀念中是白色的。名字只是一個物體的代名詞而已，黑板、白板若以臺語和國語來稱呼，則義同音不同，而英語、日語相差更多。所以說，物質如果有真體實相，那麼，它的名稱應該全世界都統一，同樣的東西，雖有不同的名稱，但是隨著個人心靈上的了解，每個人都會去體會這些物質的名稱。

所以，分析到最後，什麼東西都沒有真實的名相，也沒有真實的體相，這就是「空」的道理。

## 決定不移，是名正定

日常生活中，絕對没有常住不變的東西。例如有一年中秋節，晚上六點多時月亮已經升上東邊的天空了。明明有月亮的存在，但是烏雲遮蓋，我們抬頭望天天無月，是否月亮不見了？事實上，是有月亮的，但是我們卻無法看到。

月亮出來之後，大家都說：「啊！月亮真圓呀！」而十七日的月，已經和十五日所見的月不一樣了。十五的月很圓，十六日的月更大更圓，但是十七日的月就稍成橢圓形了。到底是月變或是人變？都不是，只是觀看的角度不同而已；這是由於地球與月球不停運轉而形成的現象。

然而，日昇月落，四時嬗替，人有没有變動呢？有的，新陳代謝，不斷在生滅啊！一日之中，人的身體就在不停地生滅、延續。一天過去後，我們就已經老了一天、老了二十四小時，這就是「行不住」——生命不住著。因爲我們有生、老、病、死，所以，學佛一定要學得正住真空之理，要透徹物理、心理與生理。

若能透徹真理，就不會對物質起貪戀心、對名利起貪欲心；若能看透生理，就不會有生死的恐懼。

有一次，虛雲老和尚被土匪包圍，這些土匪像凶神惡煞一樣用利刀架在他的胸前，問他：「你怕死嗎？」他安然自在地答道：「我若是註定要死在你的手裏，那麼，我逃也逃不了，怕也沒有用。生命本來就有生與死啊！」土匪見他如此自在，對生死一點都不畏懼，就鬆開手說：「好吧！你去吧，我從來没見過這麼不怕死的人。」

這就表示這位修行者已經透徹生命的真理，所以能不害怕，能自在安然。

學佛就是要學這些，對物理、真理要透徹，若能如此，就「決定不移，是名正定」，我們的心不移動就能靜定，心靜定則道能通。諸位，學佛就是要學得心定，千萬不可起疑心，有正信才能正定，所以我們要保護自己的心思，使心不散亂，也就是攝諸心念。

# 結語

學佛的綱領有「三十七助道品」，現在都講完了，這三十七種修道方法歸納起來就是一個「正」字，如撒出去的漁網，必須有一個收束網口的繩頭，這叫做正確的要領、綱領；多多體會正確的要領，這就是修行。

〔附　錄〕

# 慈濟志言

／釋證嚴

佛教慈濟功德會，秉承佛陀「無緣大慈，同體大悲」之心念，服膺上印下順上人「爲佛教、爲衆生」之志節，從事濟貧教富之志業。

因此，我們的理想是以慈悲喜捨之心，起救苦救難之行，與樂拔苦，締造清新潔淨之慈濟世界。

我們的方法是以理事圓融之智慧，力邀天下善士，同耕一方之福田；勤植萬蕊心蓮，同造愛的社會。

我們的工作是集慈善、醫療、教育與文化四大單元於一爐。而我們的精神是誠、正、信、實。我們深信衆生平等，人人具有佛性，只要能從慈門入，必能一窺佛門的莊嚴美妙殿堂；只要能從善門入，富者施之，必能得福而樂；貧者受之，必能得救而安。

人生無常，生命隨日俱逝，我們應該把握難得的人生，造善因，得善果，才不致有深入寶山，空手而回之憾。

慈濟委員以智慧相結合，以愛心相扶持，以殊勝之因緣攜手闊步於菩薩道上。

我們的委員，因爲能夠「以佛心爲己心」，故一眼觀時千眼觀；能夠「以師志爲己志」，故一手動時千手動，聞聲救苦，即時解難，何異於觀世音菩薩之千手千眼。

「一月普現千江水，千江水月一月攝」，佛陀以慈眼視衆生，法雨普施，故千山競秀，何等慈悲，又何等智慧。凡我慈濟委員都應以正信、正念，勵行慈濟善道，以實際之參與，體悟生老病死、成住壞空之真諦，羣策羣力，共創慈濟志業於千秋，同傳美譽於世代，給自己留下人生美好的回憶，讓子孫以今天我們所做的爲榮。

「欲知前世因，今生受者是；欲知來世果，今生做者是。」人身難得今已得，在菩薩道上，我們應該勇猛精進，讓愛心充滿我們的社會，讓我們的社會有善的循環，這才是福慧雙修、正信、正念的佛門弟子。

願與所有的慈濟委員共勉之。

贈書劃撥　10782545慈濟道侶雜誌社
建設基金　06887791佛教慈濟基金會
濟貧基金　00185332靜思精舍

國立中央圖書館出版品預行編目資料

三十七道品講義／釋證嚴著. --初版. --臺北
市：慈濟文化，民 80
面；　公分. --(法音宣流；1)
ISBN 957-9298-00-9(精裝). --ISBN 957-9298-01-7(平裝)

1. 大乘經典 - 批評，解釋等

222.3　　　80001093

# 三十七道品講義

著 作 者／釋證嚴
發 行 者／釋證嚴
美術編輯／張小華
出 版 者／慈濟文化出版社
台北市忠孝東路３段217巷７弄35號
電話：(02)27780680
郵政劃撥／14786031　慈濟文化出版社
排 版 者／松永電腦排版有限公司
印 刷 者／優文印刷股份有限公司
台北縣土城鄉永豐路195巷29號
電話：(02)22622335
出 版 日／民80(1991)年３月31日一版一刷
民87(1998)年７月26日一版56刷
行政院新聞局局版臺業字第4934號

定價新台幣一八〇元



ISBN　957－9298－01－7
Printed in Taiwan